浙江大学德育与学生发展研究中心资助

德育与学生发展研究
系列丛书

MORAL
EDUCATION
COMMUNITY

高校德育共同体

多元视角的解读

任少波 ◎ 著

THE INTERPRETATION FROM MULTIPLE PERSPECTIVES

ZHEJIANG UNIVERSITY PRESS
浙江大学出版社
· 杭州 ·

图书在版编目(CIP)数据

高校德育共同体：多元视角的解读 / 任少波著. —
杭州：浙江大学出版社，2022.11
ISBN 978-7-308-23305-7

Ⅰ. ①高… Ⅱ. ①任… Ⅲ. ①高等学校－德育工作－
研究－中国 Ⅳ. ①G641

中国版本图书馆 CIP 数据核字(2022)第 226037 号

高校德育共同体：多元视角的解读

任少波　著

责任编辑	陈佩钰	
文字编辑	梅　雪	
责任校对	陈逸行	
封面设计	雷建军	
出版发行	浙江大学出版社	
	（杭州市天目山路 148 号　邮政编码 310007）	
	（网址：http://www.zjupress.com）	
排　　版	浙江时代出版服务有限公司	
印　　刷	杭州宏雅印刷有限公司	
开　　本	710mm×1000mm　1/16	
印　　张	16	
字　　数	220 千	
版 印 次	2022 年 11 月第 1 版　2022 年 11 月第 1 次印刷	
书　　号	ISBN 978-7-308-23305-7	
定　　价	68.00 元	

总　序
从学术共同体到德育共同体

经历千年的风雨，大学从"象牙塔"变成"社会轴心机构"，越来越深入我们的生活。对于大学的认识，无论是古希腊吕克昂学园中的辩论，还是现代大学中的诸多职能，都没有离开过对一个问题的探讨：大学何以使人过上有意义的生活？换言之，对知识的习得，对道德的养成，对意义的追求，一直是大学难以割舍而又矛盾存在的"集合体"。那么，大学到底应该扮演一个怎样的角色？

布鲁贝克在《高等教育哲学》一书中指出："大学确立它的地位主要有两种途径，即存在两种高等教育哲学，一种哲学主要以认识论为基础，另一种哲学则以政治论为基础。"认识论把以"'闲逸的好奇'精神追求知识作为目的"，在知识和现实之间划上明确的界限；政治论把教育作为政治的一个分支，强调教育对国家、社会的深远影响。两种论点的背后，恰恰是对大学使命、目标、定位、功能的"合法性"论证和哲学化思考。高深学问的探讨是大学的源起和初心，是摆脱价值左右的"自由探索"；而国家、社会对大学的深度关切和外部介入，带来的是价值问题，大学已经成为它们所服务的社会的不可分割的一部分。因而，在大学里存在着学术—市场、自治—共治、学术中立—价值选择等冲突，而且这些冲突在不同时代反复被提及，形成了大学的不同价值取向。

我们追溯大学的起源，"知识的探究"一直占据着灵魂地位，"知识的堡垒"也从未被攻破，知识的创造、生产、传播和继承是大学的核心使命。长期以来，大学存在的合法性基础在于对知识的索求和真理的探究，而无关现实的生活和政治的价值。在这样的场所里，学生可以"自主地去学习"，教师可以"随心所欲地去研究"，这个团体充满理性和人文精神而且高度自治，是一个"学术共同体"的角色。在全球化日益深入、互联网广泛应用、科技竞争日趋激烈的当代社会，大学教育不再是遥不可及，大学生也不是"养在深闺人未识"的大家闺秀，而是更好地贴近市场、产业、生活的时代宠儿。正如联合国教科文组织在《学会生存：教育世界的今天和明天》一书中指出的："社会已经连续不断地巩固改组它们的结构。……现在社会难道不应该把'学习实现自我'，即人的教育，放在最优先的地位吗？"其实关于这个问题，联合国教科文组织在《学会关心：21世纪的教育》的报告中就给出过答案："归根到底，21世纪最成功的劳动者是最全面发展的人，是对新思想和新的机遇开放的人。"

关于人的全面发展，马克思的经典著作中有大量的论述。马克思认为，人的全面而自由的发展是未来社会的价值目标，是实现人的发展的最高理想境界，并提出"教育与生产劳动的结合是培养全面发展的人的唯一途径"。纵观大学的演变历史，特定历史条件下的教育有着特定的价值和意义。柏拉图时代对"哲学王"的培养、中世纪对"僧侣、骑士"的培养、文艺复兴时期对"爱弥儿"的培养、工业社会对"良好的社会公民"的培养，都是特定社会标准下的教育，无不反映了教育对人的影响。面向新时代,经济、政治、文化诸方面的综合发展成为历史潮流,技术的进步让人摆脱自然的束缚和个体的局限,人的需求和能力得到极大的提升,自由、充分、个性的全面发展成为可能。在这样的时代里,培养适应现代生活、改造现存世界的人,让个体理解和选择有意义的生活,应该成为大学的核心活动。

从西方大学反观中国高等教育,近代中国大学的发展一直受到两条逻辑路线影响:一条是以科学主义为主的西方高等教育,另一条是以人伦教化为主的传统文化教育。近代中国大学创办于救亡图存的危机年代,无论是中西学堂、南洋公学还是京师大学堂,无不以西学为榜样,设新科、启民智、重实用,在办学体系、课程内容、教学方法上大量模仿西方。中华人民共和国成立以来,高等教育的培养目标、教育理念发生了变化,高等学校得以迅猛发展。然而机械地照搬苏联模式,一度也使大学偏离全面发展的航道。随着改革开放的深入和经济体制的转变,高等教育发展进入新的历史时期。人民群众对高等教育的需求不断高涨,现代教育理念不断创新,大学正焕发新的生命力。在这条路线上更多是现代性的逻辑,隐约展现的是西方大学的身影(或镜像)。我们"洋为中用",积极吸收西方一切先进经验和文明成果,从落后走向发展,逐步建立起与世界高等教育发展同步的理念、目标与方向。与此同时,在另外一条路线上,传统以"仁义"为核心的德育思想长期"统治"着教育领域,深深地影响着高等教育。《大学》开篇提到,"大学之道,在明明德,在亲民,在止于至善",说明了知识及其教育的首要目的是培养社会发展所需之人。《论语》指出,"弟子入则孝,出则悌,谨而信,泛爱众而亲仁,行有余力,则以学文",把道德修养放在知识学习之上,浸透着"修身"的价值追求。青少年阶段是人生的"拔节孕穗期"，最需要精心引导和栽培。因而，在当代中国大学里，"培养什么人，如何培养人以及为谁培养人"是教育的根本问题，"立德树人"是教育的根本任务，德育、智育、体育、美育、劳育的全面发展是教育的根本出发点和落脚点。尤其可贵的，是把"德育"放在首位，突出"德育"在人的全面发展中的核心地位和统领之义。正是这种以德为首、融合全面发展的教育思想传统，创造性地塑造了大学作为"德育共同体"的角色。

但丁说过："一个知识不全的人可以用道德去弥补，而一个道德不全的人却难以用知识去弥补。"我们认为，从"学术共同体"到"德育共同体"，是对大学合法性基础认识的再深化、再发展。大学离不开学术，但是学术不是大学的全部；大学离不开政治，但是政治终究无法替代大学。中国特色的世界一流大学，应该是现代性的大学构架和道德性的文化传统交织在一起的时代产物，应该展现出多维度、多目的、多功能的教育生态，真正成为生活的中心、社会的工具、思想的源泉和发展的动力，最终承担起"生命共同体"的角色。

教育实践本质上是一种道德实践。当前，国家全面推进中国特色世界一流大学建设。对标世界一流大学的显性指标，我们充满信心，扎根中国大地的"特色指标"需要我们不断充实自身。我们也深信，在中国特色社会主义的伟大实践中，德育一定是高等教育的题中应有之义，也是高校办学"特色指标"之所在，具有重要的现实意义。尤其在现代大学的开放办学中，在重视德育的优良文化传统中，在人的现代化不断丰富的过程中，"德育共同体"的理论研究和实践探索恰逢其时。为此，浙江大学德育与学生发展研究中心组织力量，从"德育共同体"的理论、体系、实践、案例等方面开展研究，形成了"德育与学生发展研究"系列丛书。丛书包罗德育养成和个体发展的多方面,既着眼于德育新要求,探讨"德育共同体"的生成、发展和趋势,构建德育工作的新理论、新体系;又面向学生发展新需求,研究思想政治教育、心理健康教育、创新创业教育、队伍建设等,探索德育工作的新方法、新路径。在丛书的编写过程中,我们坚持马克思主义理论的指导地位,积极吸收和借鉴现代各种德育思想和理论,从学生全面发展的角度出发,试图在高等教育的内涵发展中审视德育体系的独特功效,摆脱长期以来德育与智育分裂、思政教育与专业教育割裂、道德养成与知识习得断裂的高等教育沉疴,为新时代高校德育工作的改革创新提供理论支撑、解决方案和本土样本,让教育真正回归初心、回到本位,让青年过上快乐、充实和有意义的生活。

　　是为序。

2018 年 9 月 10 日
于浙江大学德育与学生发展研究中心

目 录

引　言

　　自大学诞生以来,学者们对"大学是什么"的研究就不曾间断。通过追溯大学的起源可以看到,"知识的探究"一直占据着灵魂地位,"知识的堡垒"从未被攻破,知识的创造、生产、传播和继承是大学的核心使命。就此而言,学术共同体是大学的自然属性。中国特色社会主义大学将立德树人作为根本任务,其本质特性建立在世界大学之学术共同体这一自然属性的基础之上,是在学术共同体的基础上形成的德育共同体,强调多元主体价值目标的一致性,强调协同育人,注重大学全体成员价值共生、互相砥砺、互相欣赏,在尊德性道问学中实现共同成长。德育共同体是大学之中国特色的体现,是中国大学的本质特性,它在德育系统、德育交往、德育范式、德育生态等方面与传统的德育工作体系具有明显不同。

学术共同体:大学的自然属性

　　自大学诞生以来,学者们对"大学是什么"的研究就不曾间断,形成的著述浩如烟海,其中既有形而上的哲学追问,也有形而下的实践探索,但大学的共同体属性却得到了普遍认可。

　　"大学"(university)一词源于拉丁文"universitas magistrorum et

scholarium",其词源意义是指"为了共同目标聚集起来的一群人"①。大学从本源上讲即是一个群体概念,这群人既包括教师也包括学生。我们可以简单地将大学理解为"教师与学者的共同体(community of teachers and scholars)"②即师生共同体。从大学的缘起看,大学自产生之初,就是以共同体的形态存在的。古代的大学没有校园也没有任何建筑,只是一个"教授和学生的松散共同体(a universitas et scholarium)"③。博洛尼亚大学作为"世界大学之母",最初就是由语法学、修辞学和逻辑学的学者们聚集在博洛尼亚而形成的,后来又聚集了许多天文学、医学、哲学以及算术的学者,"远在它被正式确认为一个教育机构之前——用现在的行话来说——实际上就是一个学习的共同体"④,它由许多学术团体组成,这些学术团体给出了"最早的也是最好的大学定义"即"教师和学生的社团"⑤。

从现代大学的职能看,欧洲中世纪大学主要由教会学校发展而来,具有高度的独立自治权,其唯一职能就是教学,即为学生提供课程,传授知识,培养专门人才。正如纽曼在《大学的理想》中指出:"大学是一个传授所有知识的场所。"⑥以柏林大学的创立为标志的现代大学鼓励科学研究,倡导学术自由,引导学者追求真理,由此发展了大学的第二职能。洪堡提出:"大学的主要任务是追求真理,除了要提供课程,传播知识,更重要的是要通过教学来辅助开展

---

① [美]弗兰克·H. T. 罗德斯. 创造未来:美国大学的作用[M]. 王晓阳,蓝劲松,等译. 北京:清华大学出版社,2007:2.

② 黄达人. 大学是一个"学术共同体"[N]. 中国教育报,2009-03-23(5).

③ [美]弗兰克·H. T. 罗德斯. 创造未来:美国大学的作用[M]. 王晓阳,蓝劲松,等译. 北京:清华大学出版社,2007:2.

④ [美]弗兰克·H. T. 罗德斯. 创造未来:美国大学的作用[M]. 王晓阳,蓝劲松,等译. 北京:清华大学出版社,2007:3.

⑤ [美]查尔斯·霍默·哈斯金斯. 大学的兴起[M]. 王建妮,译. 上海:上海人民出版社,2007:5.

⑥ [英]约翰·亨利·纽曼. 大学的理想[M]. 徐辉,顾建新,何曙荣,译. 杭州:浙江教育出版社,2001:1.

科学研究,唯有如此,才能培养出真正的人才。"①以威斯康星大学为代表的大学,走向社会中心,为社会发展提供服务,使服务社会成为大学的新职能。后来,随着文化在社会经济发展中的作用日益凸显,大学逐步具备文化传承与创新的功能。知识的传播与传承、理论的创造与检验、真理的追求与实现、成果的创新与增值、文化的传承与创新,更多地取决于教师之间、学生之间、师生之间的交流、对话、质疑与争辩。雅斯贝尔斯形象地指出:"如果要用一个词来形容大学所进行的教学、研究和服务等多种任务的独特方法,那么这个词就是'共同体'。"②

就大学本身而言,现代大学是一个学术共同体,这是大学不同于其他机构、组织的重要属性,也是学术界对于大学认识中很少有争议的观点。德国哲学家康德认为:"大学是一个学术共同体,它的品行是独立追求真理和学术自由。"③这一观点明确了大学的共同体属性,指出其共同目的是追求真理,学术是联结共同体成员之间的纽带。施莱尔马赫认为:"大学是学者们自由联合而成的,这种联合是由于学者们对于科学的追求需要集体的讨论和促进而产生的。"④雅斯贝尔斯在《大学之理念》中指出:"大学是一个由学者与学生组成的,致力于寻求真理之事业的共同体。"⑤

在我国,不少学者基于大学的性质提出大学是学术共同体,其中较有代表性的就是中山大学原校长黄达人和武汉大学原校长刘道玉,他们结合办学治校的实践和思考论述了大学作为学术共同体的特征表现及使命担当。黄达人

①　[法]克里斯托弗·福尔.1945年以来的德国教育:概览与问题[M].肖辉英,陈德兴,戴继强,译.北京:人民教育出版社,2002:221.

②　[德]卡尔·雅斯贝尔斯.大学之理念[M].邱立波,译.上海:上海人民出版社,2007:17.

③　刘道玉.什么是大学的真谛[J].中国地质大学学报(社会科学版),2018(2):126-130.

④　徐超富.大学的多维审思[M].长沙:湖南师范大学出版社,2011:209.

⑤　[德]卡尔·雅斯贝尔斯.大学之理念[M].邱立波,译.上海:上海人民出版社,2007:19.

认为："大学在本质上应该为学术而学术，为科学而科学，对真理的向往不会因为外在环境的变化而改变。"①刘道玉指出："大学是知识分子最集中的地方，是从事学术研究与传播的主要场所，也是学术真理诞生的园地，因而最能够体现'学术共同体'的特征。"②简言之，大学作为学术共同体是中外学者对大学属性的普遍认知。

大学作为学术共同体，其产生、运转和发展都是以学术为核心的，知识的创造、传授、转化都离不开学术。具体表现为以下几个方面。

第一，以教师和学生为主体。教师和学生是大学的主体，是大学作为学术共同体的基本要素。从产生之初，大学就是由教师和学生组成的共同体，离开了教师和学生，大学就不能称之为大学。在洪堡看来，"大学就是一个学者讨论和交流思想的社团"③。美国学者爱德华·希尔斯认为："一所大学应该是一个由发现者、教育者和学习者组成的共同体。"④在学术共同体中，教师之间、学生之间、教师与学生之间以学术为志趣进行对话与交往，由此实现知识的传授与传播。

第二，以学科发展为基础。学科是大学产生的基本条件，从大学产生伊始，学科就形成并维系着大学的存在与发展。比如，博罗尼亚大学的产生是法学复兴的结果，巴黎大学以研究神学著称。随着社会经济的发展和知识的分化，现代大学逐渐形成以多学科为基础的学术共同体。"大学存在的事实本身，就说明了所有知识门类的统一性与整体性，而每一个单独的知识门类只是为了让我们能够在一个更加广泛的意义上来理解知识的统一性与整体性的含

---

① 黄达人.大学是一个"学术共同体"[N].中国教育报,2009-03-23(5).
② 刘道玉.大学是"学术共同体"[J].书屋,2018(4):51-54.
③ 张斌贤,刘慧珍.西方高等教育哲学[M].北京:北京师范大学出版社,2007:36.
④ [美]爱德华·希尔斯.教师的道与德[M].徐弢,李思凡,姚丹,译.北京:北京大学出版社,2010:92.

义。"①因此,学科在大学学术共同体中发挥着至关重要的作用,它们在实现自身发展的同时,也带动整个大学的发展。

第三,以学术自由为前提。学术自由伴随着大学产生和发展的始终,是学术共同体天生的基因。在中世纪的大学,学术自由主要表现为教师"教"的自由和学生"学"的自由,更多表现为学术组织治理方面的自由。现代大学的学术自由主要表现为学者的权利,这种权利不仅包括教师"教"和学生"学"的自由,也包括师生自由从事学术研究及思想交流而不受外界干扰的权利。蔡元培在担任北京大学校长期间就明确提出学术自由思想,鼓励大胆研究问题、追求真理,提出"大学教员所发表之思想,不但不受任何宗教和政党的束缚,亦不受任何著名学者之牵掣"②。当然,自由并不意味着散漫紊乱,而是受到一定的学术伦理、学术规则、法律规范的限制,是有组织的、负责的、尊重学术精神的自由。

第四,以探究真理为目标。对真理的追求是大学作为学术共同体的终极价值理想,也是共同体成员的共同目标追求。学术共同体的核心在于共同体成员对真理的共同热爱和追求,正如希尔斯所言,"大学整体自我形象的核心是对真理的兴趣,首要使命是传播和发现关于重大问题的真理"③。从大学办学实践看,追求真理是诸多精英大学的办学宗旨。例如,哈佛大学的校训是"与柏拉图为友,与亚里士多德为友,更要与真理为友",耶鲁大学的校训是"真理与光明",剑桥大学的校训是"此乃启蒙之地,智识之源"等。

第五,以大学精神为灵魂。大学作为学术共同体,看似一个基于共同学术志趣的人的集合体,实质上,这些人是基于共同的精神追求而聚集在一起。"大学的内在精神是以每一个研究者及学者所表现出来的哲思活动为标志。"

① ［德］卡尔·雅斯贝尔斯.大学之理念［M］.邱立波,译.上海:上海人民出版社,2007:122.

② 徐超富.大学的多维审思［M］.长沙:湖南师范大学出版社,2011:70.

③ ［美］爱德华·希尔斯.学术的秩序:当代大学论文集［M］.李家永,译.北京:商务印书馆,2007:276.

"这个比学术还要多的东西，正是大学的灵魂所在。而大学的发展则完全视这一灵魂是否渗入大学而定。"①学术共同体既是学者们的精神归属，也是他们共享、共有的精神图腾。在这个意义上，学术共同体也是学者们寻求精神归属、实现精神成长的精神共同体。

由此可见，学术共同体是世界大学的共有属性。它以学者为主体，以学科为基础，以学术自由为准则，以探究真理为追求，以大学精神为灵魂，应社会发展的需要而生，因共同的价值追求而成，通过对真理的不懈追求，实现知识传授、人才培养、社会服务，助力国家和民族的发展。

德育共同体：中国特色社会主义大学的本质特性

习近平总书记指出："学校是意识形态工作的前沿阵地，可不是一个象牙之塔，也不是一个桃花源。"②就此而言，当前中国大学尤其需要体现学术共同体的一般规律和德育共同体的政治属性。③ 中国大学的本质特性，建立在世界大学之自然属性的基础之上。中国特色社会主义大学是在近代中国大学基础上发展而来的，既借鉴了西方的大学制度，又坚守了中国文化中"尊德性道问学"的根本，将立德树人作为根本任务，扎根于中国大地办人民满意的教育。因此，中国特色社会主义大学具有学术共同体的属性，重视学术研究，倡导学术自由，鼓励师生探究和传播真理，并积极对接国家需求，努力将学术成果转化为服务国家和社会发展的动能。同时，它以中国特色社会主义制度为基础，

---

① ［德］卡尔·雅斯贝尔斯.什么是教育［M］.邹进，译.北京：生活·读书·新知三联书店，1991：162，169.

② 习近平.思政课是落实立德树人根本任务的关键课程［M］.北京：人民出版社，2020：6.

③ 任少波.强化战略谋划与规划 高质量建设中国特色世界一流大学［J］.科教发展研究，2022（1）：16-43.

坚持中国共产党的领导，以马克思主义为指导，肩负"为党育人、为国育才"的政治使命，具有鲜明的意识形态特点，更加强调"德"在人才培养中的首要性和重要性，既注重国家大德的培育，也注重社会公德和个人私德的培养；既注重学生"德"的培养，也注重教师"德"的要求，尤为突出"德育"在人的全面发展中的核心地位和统领之义。

由此而言，中国特色社会主义大学更是建立在学术共同体基础上的德育共同体，是高校全体成员以共同的道德信仰和价值认同为基础，以立德树人为共同目标的多元主体的集合。它强调多元主体价值目标的一致性，强调协同育人，加强价值观引导和行为规范教育，突出主体性、实践性、协同性、集体性，注重大学全体成员互相砥砺、互相帮助、互相欣赏，在团结奋斗中实现共同成长。① 这是大学之中国特色的体现，也是中国大学的独特属性。

相较而言，西方大学一般只强调大学作为学术共同体的自然属性，它们将科学研究和学术自由放在首要位置。现代西方大学虽然也教授道德和开展德育，但相较于客观性的科学研究和知识教育，道德和德育显然并不占据首要位次，且其所传达的价值立场和思想观念也是多元化的，宗教理想、共产主义观念、不同的政党文化都可以自由地在校园内传播，因而大学多元主体之间缺乏主导性、一致性的价值立场和思想观念。从这点而言，在道德和德育的维度，西方大学并不足以构成真正意义上的"共同体"。

反观中国特色社会主义大学，则"坚持把立德树人作为中心环节，把思想政治工作贯穿教育教学全过程，实现全程育人、全方位育人"②。与之相适应，我们要建设具有强大凝聚力和引领力的社会主义意识形态。牢牢掌握党对意识形态工作领导权，全面落实意识形态工作责任制，巩固壮大奋进新时代的主

---

① 任少波.强化战略谋划与规划 高质量建设中国特色世界一流大学[J].科教发展研究,2022(1):16-43.

② 习近平.把思想政治工作贯穿教育教学全过程 开创我国高等教育事业发展新局面[N].人民日报,2016-12-09(1).

流思想舆论①，并将德育置于"五育"之首，将社会主义核心价值观作为主导性的价值立场和思想观念。中国特色社会主义大学强调师生都是德育的主体，都有强大的内在驱动力，能够自我建构知识和德性，注重师生自我德性的养成，鼓励师生在追求学问的过程中形成浓厚的精神熏陶，营造德性锤炼成长的良好氛围。因此，"对当代中国而言，大学的属性具有鲜明的意识形态特点，以'立德树人'为根本任务，全员育人、协同育人，事实上构成并不断完善'德育共同体'，从而实现对'学术共同体''学习共同体'的提升"②。概而观之，中国特色社会主义大学的德育共同体特性，具体体现在知识传授的德育化、科学研究的德育化、社会服务的德育化以及文化传承创新的德育化。

一是知识传授的德育化。知识传授是大学教育的基石，"追寻知识的最佳途径是依靠学者在充满活力与挑战的学术共同体中所进行的工作，而不是依靠在孤立状态下进行的研究"③。古往今来，任何大学都按照自己国家和社会需要来传授知识、培养人才。知识传授是人才培养的关键，而人才培养的核心在于"德"的培养。早在我国宋代，司马光就提出"才者，德之资也；德者，才之帅也"，阐述了"德"与"才"的辩证关系。作为学术共同体的西方大学也注重对学生的道德教育和德性培养。比如德国哲学家费希特强调对大学生的道德教育，指出"各个大学中的求学者应享有高度的自由，但应该给他们开设有关道德礼仪以及普遍深入人心观念的课程，使他们耳濡目染良好的榜样"④。中国特色社会主义大学将思想教育、政治教育、法治教育、心理健康教育等都纳入德育的范畴，将立德树人作为教育的中心环节，在人才培养中坚持育人和育才相统一，强调育人的根本在于"立德"，这个"德"既有个人品德，也有社会公德，

① 习近平.高举中国特色社会主义伟大旗帜 为全面建设社会主义现代化国家而团结奋斗——在中国共产党第二十次全国代表大会上的报告[M].北京：人民出版社，2022：43.
② 任少波，楼艳.论高校德育共同体的三重意蕴[J].高等教育研究，2018(8)：86-90.
③ [美]弗兰克·H.T.罗德斯.创造未来：美国大学的作用[M].王晓阳，蓝劲松，等译.北京：清华大学出版社，2007：57.
④ 费希特.费希特著作选集：第4卷[M].北京：商务印书馆，2000：391.

更有报效祖国和服务人民的大德。

在人才培养目标上，主动对接国家发展和民族复兴需求，以"四个服务"为方向指引，提出"培养堪当民族复兴重任的时代新人"的育人目标。习近平总书记指出："我国是中国共产党领导的社会主义国家，这就决定了我们的教育必须把培养社会主义建设者和接班人作为根本任务。"①在人才培养内容上，既注重培养学生的专业知识、专业技能、专业素养，也强调马克思主义理论、马克思主义中国化时代化的最新理论成果和社会主义主流意识形态等教育内容，同时也注重以伟大建党精神为源头的中国共产党人精神谱系教育、家国情怀教育、"国之大者"教育、"五史"教育、理想信念教育和爱国主义教育等。在人才培养路径上，积极发挥课程和教材的载体功能，设立思想政治理论课并将其作为立德树人的关键课程，定期开发和修订思政课教材，并将党的创新理论融入课程和教材当中。同时，积极推进课程思政，挖掘其他课程的德育资源，实现思政课程与课程思政同向同行、同频共振。在人才培养出口上，瞄准国家和区域战略需求，引导学生将个人的理想同祖国的前途和民族的命运结合起来，到党和人民需要的地方去干大事、行大德。

二是科学研究的德育化。科学研究是大学的强校之基，是创造新知识新思想的重要媒介。科学研究本身就是道德建构过程。大学作为学术共同体承担着独特的德性品格、伦理原则和精神风尚等学术道德责任。希尔斯指出："这种德性既包含因对学术天职的确切认知而形成的团体共同感、自我责任感、敬畏约束感、自尊自信、勤奋谨慎、公正善断、诚实谦逊，也包括情感层面的热情、归属感、互相信任尊重、互相激励鼓舞乃至同气相求之友爱。"②中国特色社会主义大学作为基于学术共同体的德育共同体，更加强调科学研究要以国

---

① 习近平.坚持中国特色社会主义教育发展道路培养德智体美劳全面发展的社会主义建设者和接班人[N].人民日报，2018-09-11(1).
② [美]爱德华·希尔斯.教师的道与德[M].徐弢，李思凡，姚丹，译.北京:北京大学出版社，2010:35.

家战略需求为导向，"把各方面优秀人才集聚到党和人民事业中来"①，更加注重科研育人，将科学研究作为育人育才的重要手段，通过构建"科研育人质量提升体系"，明确回答"谁来科研"和"科研为谁服务"的问题。中国大学通过科学研究，"不断挖掘科研学术活动中丰富的思想政治教育资源，发挥价值引领和导向作用，让传统意义上相互独立的科研学术训练与思想政治教育在落实立德树人根本任务中融贯为一"②。在科研理想上，清醒认识到"教育、科技、人才是全面建设社会主义现代化国家的基础性、战略性支撑"③，把服务国家科技自立自强和国家战略科技力量建设作为首要任务，引导师生树立科研报国、科研为民的远大理想，将科学研究与国家富强、民族复兴结合起来，聚焦"四个面向"要求，努力破解"卡脖子"技术难题。在科学精神上，如果说西方大学作为学术共同体强调"为学术而学术"的话，那么中国特色社会主义大学作为德育共同体则意味着在培养学生探究真理、勇攀高峰的科学意志，严谨治学、实事求是的科学态度以及批判怀疑的科学精神之外，更能发挥科学家作为共同体成员的引领作用，引导师生胸怀祖国、服务人民。在科研方法上，将科学的方法论作为提升追求真理、探索未知能力的思想武器，注重科学思维的培养，引导学生在科研训练中认清真理的客观性、无限性和曲折性，使科学研究"出乎其心、入乎其内""由科学达致修养"④，实现探知世界和锤炼心性相统一。在科研道德上，既注重团队协作意识和集体主义精神的培养，也常态化开展学术道德教育，引导师生恪守学术道德，遵守科技伦理，坚守学术底线，培养师生诚实守信的科研品质、淡泊名利的奉献精神和有律有度的伦理素养。

---

① 习近平.高举中国特色社会主义伟大旗帜 为全面建设社会主义现代化国家而团结奋斗——在中国共产党第二十次全国代表大会上的报告[M].北京：人民出版社，2022：36.
② 李晓庆，汪力.提升高校科研育人质量的若干审思[J].思想理论教育，2022(3)：108-111.
③ 习近平.高举中国特色社会主义伟大旗帜 为全面建设社会主义现代化国家而团结奋斗——在中国共产党第二十次全国代表大会上的报告[M].北京：人民出版社，2022：33.
④ 陈洪捷.德国古典大学观及其对中国大学的影响[M].北京：北京大学出版社，2020：73.

三是社会服务的德育化。大学只有在服务社会中,才能培养出符合社会需要的人才,才能找到社会急需解决的问题并将其作为科学研究的主攻方向,从而引领社会发展。但大学服务社会不是"无条件服从社会",更不是"直接投入社会",而是基于大学学术共同体的固有属性,以人才培养和科学研究为前提,在知识传递和讲授、知识探究和生产的基础上实现知识的传播和应用。雅斯贝尔斯指出,大学"服务于国家和人类的方法只有一个,就是通过创造性的学术成果"①。中国特色社会主义大学区别于西方大学的重要原因,就在于它承担着神圣的教育使命,学术、知识的传授仅仅是教育的一部分,服务国家战略需求和社会经济发展更是其重要的时代使命。习近平总书记指出:"我国高等教育要立足中华民族伟大复兴战略全局和世界百年未有之大变局,心怀'国之大者',把握大势,敢于担当,善于作为,为服务国家富强、民族复兴、人民幸福贡献力量。"②因此,中国特色社会主义大学作为德育共同体,将服务社会作为学校的重要使命和职责,把立德树人贯穿于社会服务的全过程,在服务社会中不断适应社会需要,调整学科专业设置、人才培养方案,使育人育才更具针对性。在此基础上,"不断提升社会服务的组织化程度,加快构建新型校地、校企关系,持续完善成果转移转化体系,努力探索特色服务模式"③,不断弘扬社会主义核心价值观,传播社会主旋律,发挥大学引领社会风尚的道德责任,从而不断"巩固全党全国各族人民团结奋斗的共同思想基础"④。社会服务的主体是教师和学生,在教育教学中,中国大学牢牢坚持社会主义大学的人民性立场,注重对师生服务意识的培养,推动师生树立为民服务的道德情怀,做服务

---

①　[德]卡尔·雅斯贝尔斯.大学之理念[M].邱立波,译.上海:上海人民出版社,2007:191.

②　习近平.坚持中国特色世界一流大学建设目标方向　为服务国家富强民族复兴人民幸福贡献力量[N].人民日报,2021-04-20(1).

③　任少波.强化战略谋划与规划　高质量建设中国特色世界一流大学[J].科教发展研究,2022(1):16-43.

④　习近平.高举中国特色社会主义伟大旗帜为全面建设社会主义现代化国家而团结奋斗——在中国共产党第二十次全国代表大会上的报告[M].北京:人民出版社,2022:43.

人民的表率，引导师生明大德、守公德、严私德，增强师生"把论文写在祖国大地上"的意识，提升师生"将科研成果转化为现实生产力"的能力。在行动落实上，中国特色社会主义大学紧密对接国家战略，组织引导师生参与脱贫攻坚战略、乡村振兴战略、区域发展战略等，在社会服务中不断挖掘育人资源，拓展育人渠道，通过组织师生开展挂职锻炼、志愿服务、社会调研，将脱贫攻坚、乡村振兴、服务社会的"大战场"作为德育的"大课堂"。在服务保障上，注重发挥党建的引领作用，将社会服务工作与党建工作同部署、同推进，在校地合作、校企合作等平台中建立党组织，以高质量党建引领高水平社会服务。

四是文化传承创新的德育化。文化传承创新是大学的重要使命，西方大学在知识传授、学术研究、社会服务中强调文化传承创新，并且特别注重大学精神的传承。中国特色社会主义大学从政治高度将"文化传承创新"作为大学的重要职能。胡锦涛在庆祝清华大学建校 100 周年大会上指出："全面提高高等教育质量，必须大力提升人才培养水平，必须大力增强科学研究能力，必须大力服务经济社会发展，必须大力推进文化传承创新。"①"四个必须"首次将文化传承创新与大学的人才培养、科学研究和社会服务等职能并列提出，对于深化中国特色社会主义大学的内涵具有重要理论价值和现实意义。习近平总书记在清华大学考察时指出，广大青年"要锤炼品德，自觉树立和践行社会主义核心价值观，自觉用中华优秀传统文化、革命文化、社会主义先进文化培根铸魂、启智润心，加强道德修养"②。中国特色社会主义大学作为德育共同体，更加注重以文化人、以文育人，将文化传承创新作为大学核心竞争力的重要标志，并将德育融入文化传承与创新之中。文化传承创新的主体是人，文化传承创新的过程就是育人育才的过程，就是提高人的思想道德水平的过程。大学进行文化传承创新"最根本的是要通过人才培养来实现，通过人才培养将优秀

---

① 胡锦涛. 在庆祝清华大学建校 100 周年大会上的讲话[N]. 人民日报，2011-04-25(2).

② 习近平. 坚持中国特色世界一流大学建设目标方向 为服务国家富强民族复兴人民幸福贡献力量[N]. 人民日报，2021-04-19(1).

传统文化一代一代地传承下去并发扬光大,实现人的可持续发展和社会的不断进步"①。在文化导向和传播方面,中国特色社会主义大学坚持"以社会主义核心价值观为引领,发展社会主义先进文化。弘扬革命文化,传承中华优秀传统文化,满足人民日益增长的精神文化需求"②。通过传播中华优秀传统文化、革命文化、社会主义先进文化,占领文化阵地,并用社会主流文化对师生进行价值引导,引导师生自觉认同和践行社会主义核心价值观。在文化的选择和整合方面,通过对多元文化进行判断、甄别、批判、排斥、整合和吸收,回应社会现实需要,大力发展和弘扬有利于国家和社会发展,有利于滋养师生文化情操和素养的文化,排斥、抵制和清除与社会主义核心价值观相背离的文化,在此基础上,确立共同的思想信仰和价值观念,增强师生对社会主义主流文化和社会主义核心价值观的基本思想与价值认同。在文化创新与创造方面,大学既是文化的传播者,又是文化的创新者和创造者。通过对传统文化的研究,对其中的优秀成分进行创造性转化和创新性发展,在文化创新创造中,繁荣校园文化,培育大学精神,以此滋养师生心灵,涵育师生品行。

概念澄清:德育共同体与德育工作体系

德育共同体是从世界大学的自然属性出发,在对中国特色社会主义大学之本质特性的认识基础上,以共同的价值目标来引领我国大学实践的价值理念,是对德育的共同体化趋势的再升华。它并非独立于现行的德育工作体系而"另起炉灶",更不是对德育要素的简单"堆砌"。德育共同体更加强调德育的主体性、协同性和内生性,也更加适应全员全过程全方位育人的要求,以期

---

① 曹国永.文化传承创新:大学的责任与使命[J].高校理论战线,2012(3):39-41.
② 习近平.高举中国特色社会主义伟大旗帜 为全面建设社会主义现代化国家而团结奋斗——在中国共产党第二十次全国代表大会上的报告[M].北京:人民出版社,2022:43.

为高校德育工作体系提供理论框架和现实帮助。

一、从要素分置到系统整合的变化

德育共同体是不同于德育工作体系的学术概念，它建立在学术共同体的基础之上，是对中国特色社会主义大学之共同体属性的再认识、再深化、再拓展。从研究视角看，德育共同体从整个高等教育的视角出发，所指涉的是作为一个整体的中国特色社会主义大学，囊括了德智体美劳"五育"的全员、全过程、全方位，"学校思想政治工作不是单纯一条线的工作，而应该是全方位的"①。就此而言，德育共同体是从现代大学的功能属性和使命任务的高度，对中国特色社会主义大学的再认识，强调中国特色社会主义大学作为德育共同体的整体性、全局性；而德育工作体系是从传统思想政治教育的视角出发，关注的是"五育"中的"德育"，这只是大学整体中的一部分。从形成方式看，"中国特色社会主义大学的每一个人都是德育的责任者和主体"②，德育共同体是伴随着中国特色社会主义大学的产生和发展而形成的，具有一定的自发性，是基于共同的价值目标而形成的；而德育工作体系的形成具有强制性和被动性，是高校根据自身实际设计的落实党和国家德育制度的工作体系，是整个大学工作体系的重要组成部分，具有比较严格的制度规范、行为规范、方式方法、工作模式、组织体系等。从本质内涵看，共同体在概念层面强调的是"人的集合"，关注的是人的共同发展，而体系则更注重"事物的联系组合"，虽然"事物的组合"中少不了"人"的作用，"人的集合"中也有"事物"的存在，但是相较而言，德育共同体更强调"人"和"人的主体性"，也更加强调集体成长和集体关怀。

---

① 习近平.思政课是落实立德树人根本任务的关键课程[M].北京：人民出版社，2020:27.

② 任少波.强化战略谋划与规划 高质量建设中国特色世界一流大学[J].科教发展研究，2022(1):16-43.

正如习近平总书记所强调的:"教育是一门'仁而爱人'的事业,有爱才有责任。"①
从价值目标看,德育共同体将立德树人作为根本任务和检验一切工作的重要
标准,关注的是大学内部所有成员德性的共同成长,其价值目标既体现为共同
体成员对道德规范与德性提升的需要,反映他们对"真善美"的共同追求,以及
在思想行为的导向、精神动力的激发、个体人格的塑造、道德行为的规范等方
面的价值,也指向整个大学对实现所有成员的自由全面发展所作出的贡献。
相对来讲,德育工作体系是落实立德树人根本任务中的一种途径,更加注重对
学生的德性塑造,包括"三全育人"在内的工作体系也是更多利用全员的力量
对学生开展德育,促进学生的全面发展。

二、多元主体在交互关系中塑造德性

德育共同体和德育工作体系的主体都是现实的人,两者既有重合之处,也
有各自的独特之处。就主体范围而言,共同体的前提是每个人都是主体,每个
人都遵守共同的价值规范。德育共同体强调主体多元化,强调共同体内部的
所有成员都是德育主体,包括教师、学生、管理者、服务者。就主体责任而言,
德育共同体强调每个主体都要促进自身的德性发展并相互承担共同的德育责
任,按照既定的"德"的要求规范自身和共同体成员的品格和行为。比如,教师
在德育实践中"既精通专业知识,做好'经师',又涵养德行,成为'人师'"②;管
理人员坚守职业道德规范,将职业道德作为行为之基和发展之源,充分尊重师
生的需求,确保管理制度和政策的规范化、民主化和人性化;服务人员通过积
极营造优美的生活环境,不断在服务师生中彰显自身的道德修养和言行示范;
学生通过朋辈之间的交往、师生间的互动,在自我教育、自我管理、自我成长中

---

① 习近平.坚持党的领导传承红色基因扎根中国大地 走出一条建设中国特色世界
一流大学新路[N].人民日报,2022-04-26(1).
② 习近平.坚持党的领导传承红色基因扎根中国大地 走出一条建设中国特色世界
一流大学新路[N].人民日报,2022-04-26(1).

实现德性的生成。但相较而言，德育工作体系的主体是具有工作性质的主体，各层级主体的任务分工明确，德育的主要责任在思政理论课教师和辅导员为主的思想政治工作队伍身上，"三全育人"是德育工作体系的加强和完善。就主体成长而言，德育工作体系注重聚合多种资源和力量，促进学生的成长与发展；而德育共同体更为强调个体的主体性和个体间的交互性，关照每个个体的自由全面发展，在个体目标实践的过程中，逐渐扩展发展对象以最终实现"类"的共同发展①。多元主体通过平等交往，实现德性的共同成长。在交往中，主体的吸收和沟通尤为重要。其中，吸收是主体自我的反馈，是主体自我教育和道德内化的过程；沟通则是与其他主体的交互，这种交互包含有反馈和新的吸收，同时也助益于新思想的输出与接收。吸收和沟通的过程都是主体间产生思想与思想的碰撞、心灵与心灵的交流的过程，德育的价值目标正是在这种持续的过程中实现的。

三、强调自主建构的德育范式变革

德育共同体创新了德育研究范式，主要依托主体的德性发展实现德育范式的革新。在组织方式上，德育工作体系主要是依靠行政力量驱动的自上而下的科层制模式，这种组织有利于整合资源，实现资源的优化配置，但其本质上还是"物化"德育，个体很大程度上只是接受德育的"工具"，对主体自我成长的主动性和内生性调动不足；而德育共同体强调自上而下与自下而上的有机统一，更多的是建立在多元主体共同成长基础上的自组织模式，其本质上是对个体主体性的激发，主体能够由内而外地进行自我建构，由此实现德性的生成。在德育途径上，德育工作体系主要是将思想政治理论课作为主渠道，将校

---

① "类"概念是马克思哲学的重要概念。马克思认为："一个种的整体特性、种的类特性就在于生命活动的性质，而自由的有意识的活动恰恰就是人的类特征。"（马克思，恩格斯. 马克思恩格斯文集，第 1 卷. 北京：人民出版社，2009：162）。[参见：贺来. 马克思哲学的"类"概念与"人类命运共同体"[J]. 哲学研究，2016(8)：4.]

园作为主阵地,强调发挥社会大课堂的育人作用,建立相应的体制机制来保障
德育的顺利开展;德育共同体则强调师生在"尊德性,道问学"中实现知识传授
与德性塑造的融合以及德智体美劳的全面发展。"道问学"的过程即是锤炼德
性"致良知"的过程,"尊德性"在对学问的追求中得以实现,强调德性发展的途
径是做学问,引导师生在做学问的过程中实现知识和德性的自我建构,并在此
基础上以德促学,在锤炼德性"致良知"后实现对知识和学问的把握。在育人
模式上,德育共同体强调师生都有的自主性,有强大的内在驱动力。在德育工
作体系中,不论是单主体还是双主体,所"育"的对象都是学生,学生是教育对
象;而德育共同体更强调多元主体在育人的同时也要自育,自育的前提是"育
德",教师教书育人、施教育德都要以自身之"德"为前提。习近平总书记指出:
"好老师应该取法乎上、见贤思齐,不断提高道德修养,提升人格品质,并把正
确的道德观传授给学生。"①教师借由"课程思政"改革、师德师风建设等学习实
践将社会对教师的道德要求和教师的职业准则进行内化后,融入自我精神价
值当中,以自我之道德信仰、道德意志、道德行为影响学生的道德认知、道德信
念和道德习惯。学生是学习领悟知识与自我建构生成德性的主体,承担自主
学习者的身份,强调德性的自我建构、知识的自主学习、规范的自觉践行和价
值的自我引领。

四、由科层协同转向共存模式的生态优化

德育生态表现为德育各要素之间有序、和谐、可持续的运行环境。德育生
态理念强调,"德育工作者把德育工作视为相互联系、相互影响,具有生态功能
的整体,从培养学生的健全人格,从社会发展进步的道德需要,从维护和促进
人我关系的和谐出发,选择正确的德育方法、德育手段,构建科学的德育生态

①　习近平.习近平同北京师范大学师生代表座谈时的讲话[N].人民日报,2014-09-10(2).

系统"①。德育共同体则是从大学整体出发，强调多元主体基于立德树人根本任务的目标共识和责任分担结成高校育人力量，协同推进育人的整体行动方案，形成不同场域、不同主体间相互对话、相互交往、相互融合的德育生态环境。一方面，它突出德育的整体性，强调德育并非单一主体的目标任务，而是多元主体协同实践且相互制约的结果，注重德育主体自身经验和智慧资源的重要作用，倡导激发自下而上、由内至外、以己为师的主体意识；另一方面，德育共同体也强调德育要素的整体关联性，各主体以交互关系形成共存模式，主体对德育对象的认知、对德育方法的选择及对德育环境的适应都会导向要素间的多元共生和差异互动。此外，德育共同体还表征了德育系统的动态性，各要素的相互联系是不断变化和发展的，由此使德育系统始终处于动态的平衡状态。德育共同体契合生态系统的整体性、关联性、动态性，融合了德育全要素的整体生态优化，既促使多元主体协同育人，也推动高校德育高质量发展。如此，由德育共同体运行而营造的德育生态环境得以建构，这一生态环境使得每个主体都能够充分发挥自身对学生道德水平提升的积极作用，以众多要素的合理整合、有机互动形成学校德育的强大合力。未来，立足这一生态开展高校德育实践，将不断提升以立德树人为共同价值内核的共同体意识，更好地实现德育共同体内部各主体之间、与外部环境之间的协同互动，优化高校德育生态，全方位提高大学治理的整体效能，不断发展更加卓越和更有灵魂的大学教育。

---

① 刘运喜. 论树立德育生态理念［J］. 前沿，2010(5)：120-124.

第一章 基于德性论的德育合理性诠释^①

德育合理性是道德教育关注的中心问题,它关乎德育何以可能与何以可为的根本性问题。不同的合理性论证框架为德育合理性提供了不同的理论支撑和价值指向。论证框架的多元互竞产生了有关德育合理性根本性之分歧,同时导致在现实中产生了德育自我的遮蔽、德育价值的失衡、德育教化的乏力等诸种困境。麦金太尔把对德育合理性的探寻转化为对诸种传统的合理性论证样式的历史性探究,把对德育合理性的重建转化为对背反美德传统的启蒙筹划的批判性重构,提出基于德性论的同一性的自我、善的优先性和实质性道德观等主张,从而为德育合理性找寻亚里士多德式的开解之路。探讨德育合理性问题,为中国特色社会主义大学之所以是德育共同体提供了合理性诠释。

德育合理性作为道德教育实现其自身价值和功能的前置条件,对其的关注和研究由来已久,且有史可鉴。前启蒙时期,人们对道德及德育成立依据的认识,主要是从作为某种独立于个人并驾驭个人的、超验的精神力量中寻求说明。然而,伴随着人类理性对宇宙因果关系的认知,任何时间和空间内的现象不再完全依靠超验力量进行解释。后启蒙时期开始,人们试图为道德及德育

---

① 张彦,韩伟. 麦金太尔德性论对德育合理性困境的开解[J]. 教育研究,2019(4):58-66.

寻求一种世俗性的合理性基础，在这种尝试中，道德哲学家们对古典美德论的立论基础进行了休谟式的颠覆，对人的平等自由等基本权项进行康德式的重构。但在这场背反美德传统的启蒙筹划中，德育不但没有找到合理性的立论根基，反而陷入合理性困境之中。麦金太尔（MacIntyre）以其独特的德性论视角对德育合理性论证框架的演变、德育合理性的现实困境进行了批判性分析，从而为德育合理性找寻到基于德性论支点的开解之路。这也从德性论角度，为中国特色社会主义大学何以是德育共同体提供了理论诠释。

德育合理性论证框架的嬗变：从角色合理性到程序合理性

麦金太尔认为，关于合理性的论证是由传统决定的。"一种传统即是一种通过时间而延展的论证。"①它在冲突性中逐步形成一种基本确定的理论基础和价值预设，由此构成一种传统。亚里士多德主义传统、苏格兰启蒙传统、当代自由主义传统分别提供了一种合理性论证框架，即角色合理性、情感合理性和程序合理性。在这些框架内部，其主张的论点具有第一原理特性，其他理论包括德育的理论和实践由于是从这些原理中推导出来的而被证明是正当合理的。

一、确立：亚里士多德主义传统的角色合理性

亚里士多德主义传统，主要是指从荷马时代历经后荷马时代的古希腊和公元前 5 世纪前后的雅典，最终延伸至柏拉图（Plato）和亚里士多德（Aristotle）的这段历史时期。在荷马时代，合理性的论证预先须假定一个前提，即宇宙已固有一种单一的基本秩序，这一秩序使自然和社会都具有相应结

---

① ［美］阿拉斯戴尔·麦金太尔. 谁之正义？何种合理性？［M］. 万俊人，吴海针，王今一，译. 北京：当代中国出版社，1996：17.

构,要想成为合理的,就要按照这一秩序和结构要求规范自己的行动和事务。"了解要求你做什么,也就是了解你在该结构中的地位并去做你的角色要你去做的事情。"①按照角色要求去行动不仅体现了对基本秩序的维持,也体现了个体的优秀美德,因而也会成为"善的"。荷马式的合理性建构对"我要做什么?"的实践推理是一种确定的善品质所决定的,这种善品质的主体扮演的角色规定,是这种角色固有德性的实现。在公元前5世纪前后,雅典出现了"优秀善"和"有效性善"之间的持续冲突。柏拉图依然将合理性的重点放置于"优秀善"的优先性上。柏拉图坚持认为,个体如若没有美德,就不可能在实践中达成合理,城邦之正义需要"每一个公民都能在那种为他或她的心灵所特别适合的活动中去完善他或她自身"②。在此可以看到,柏拉图并没有将合理性寄望于城邦秩序,而是将其置于个体的灵魂或心灵本身,它独立并优先于城邦秩序,它强调公民内在德性的塑造,是个体对内在善的追求与符合。继柏拉图之后,亚里士多德进一步修正了该观点,他将合理性论证置于城邦中公民与公民的现实关系中,认为合理性不仅意味着人对"内在善"和"至善"的目的性追求,更意味着人在具体城邦秩序中的地位或角色,人只有在城邦中才能实现其应然所是的目的状态,离开城邦的特殊成员资格,就无法在实践中获得合理性。

在亚里士多德主义传统合理性论证样式下,德育合理性的基本特征是"角色共同体化",德育的目的在于保持个体与共同体之间的张力,推动个体与共同体之间的整合。因此,德育既肯定任何公民的角色塑造都依赖于共同体的构成性设计,又坚持任何公民的德性培养都内在于共同体的共享善观念;既能促进个体对共同体道德规范秩序的理解与践行,又能激发个体对"优秀善"和

---

① [美]阿拉斯戴尔·麦金太尔.谁之正义?何种合理性?[M].万俊人,吴海针,王今一,译.北京:当代中国出版社,1996:21.

② [美]阿拉斯戴尔·麦金太尔.谁之正义?何种合理性?[M].万俊人,吴海针,王今一,译.北京:当代中国出版社,1996:105.

"至善"的目的性体验与追求。这样的合理性论证样式实现了共同体之善与个体之善的统一，为德育合理性确立了理论根基。

二、颠覆：苏格兰启蒙传统的情感合理性

在奥古斯丁（Augustinus）的神圣法与神圣正义学说弥漫性影响了数千年的中古时代以后，随着自然科学及世俗文明的不断发展，关涉神学的思想遭到系统性否定。在霍布斯（Hobbes）和斯宾诺莎（Spinoza）相继被贴上"无神论"的标签后，他们所体现的新价值观很快就蔓延到整个西方社会。当18世纪苏格兰的商业扩展开始压倒古典规范价值时，道德哲学对"道德为什么是合理的"的界说就不再基于某种形而上学目的论或宗教神学的确认。"结果是在道德论证的历史上，出现了左右摇摆的现象，有时人们试图以导致幸福的后果来界说道德，有时又试图根本不依据后果或幸福来界说道德。"①休谟（Hume）即属于后者。虽然休谟的生活语境与古典传统密切相关，但他的理论体系却表达着他对古典道德传统基本信念的深刻挑战与决裂。在《人性论》中，休谟把对合理性的解释建立在人性构成的观点之上，认为人们对善与恶、正义与否的初级判断并不依赖于任何理性推理，而只是自豪与爱、谦卑与恨的情感表达，是"道德准则刺激情感，产生或制止行为"②。情感先于概念和预言为合理性实践提供动力，"发生德的感觉只是由于思维一个品格感觉一种特殊的快乐"③。因此，合理性的标准是：那些能够引起快乐和自豪等同类情感的对象决定价值。而在众多的对象中，最常引起快乐和自豪感的对象是财产关系，合理性实践主要依靠情感和财产利益的互惠而运作。

在某种程度上可以说，苏格兰启蒙传统"脱胎于新教和资本主义的个人主

---

① ［美］阿拉斯戴尔·麦金太尔. 伦理学简史［M］. 龚群，译. 北京：商务印书馆，2003：225.

② ［英］大卫·休谟. 人性论［M］. 关文运，译. 北京：商务印书馆，2017：493.

③ ［英］大卫·休谟. 人性论［M］. 关文运，译. 北京：商务印书馆，2017：507.

义的兴起,瓦解了传统的社会生活方式,这使社会生活的现实远离那隐含在传统词汇中的准则,使得职责和幸福之间的所有联系都逐渐地断裂"①。所有实践活动的合理性体现为其对市场经济催发下新型现代国家的服务程度,及其对资本主义财富积累的促进程度。这种合理性没有情感之外的善与恶的道德意义,实践判断以情感与客体对象的相互性为前提。"在这一相互性中,关键要素应按自豪、谦卑、爱与恨来刻画,而那些财产、亲戚和等级关系在提供那些情感的对象和原因方面发挥着极其重要的作用。"②

建基于情感合理性基础之上的苏格兰启蒙传统,不再要求个体终其一生过着由共同体角色建构的生活,所有个体都依据其在促进社会秩序的利益交换中所拥有的财富、所占有的资源进行身份确认。德育合理性的解释内在于一种依据愿望的满足而建构的社会语境,在这种语境内,它为互利互惠的交易提供动力,并维持着这种交易与交换的关系。这样,情感合理性的论证样式也颠覆了个体对个人之善与共同体之善的根本忠诚,以"德性塑造"为名的德育能力开始减弱,其存在的必要性与合理性遭遇质疑。

三、嬗变:当代自由主义传统的程序合理性

自由主义传统的独特性在于,建构人类不依赖并离开特殊性的普遍性标准,通过求助这种普遍性,为所有理性的人提供行为合理性与正当性的法则。康德(Kant)为此做出了巨大贡献。"康德以各种道德原则是理性选择的目标为始点,它们确定了人们能够合理向往的,以便用来控制他们在一个伦理王国中的行为的道德律。"③

---

① [美]阿拉斯戴尔·麦金太尔.伦理学简史[M].龚群,译.北京:商务印书馆,2003:225.

② [美]阿拉斯戴尔·麦金太尔.谁之正义? 何种合理性? [M].万俊人,吴海针,王今一,译.北京:当代中国出版社,1996:393.

③ [美]约翰·罗尔斯.正义论[M].何怀宏,何包钢,廖申白,译.北京:中国社会科学出版社,2009:198.

当代自由主义以一种建构主义的方式复兴了康德。新自由主义者试图不诉诸任何历史传统背景，仅仅涉及自由和基本善的分配找到普遍性原则的建构方法。在不同的理念和原则层面上，自由主义抽象出一种崭新的合理性论证方式，它不依赖于任何实质性的、叙事性的历史背景，仅仅依靠理论的抽象制定出具有普遍性的程序合理性标准。这一标准使人们平等广泛地介入相同的政治、法律和经济构架中，分享相同的正当性程序，而不管他们拥有怎样特殊的人类善观念。

麦金太尔评价当代自由主义传统的合理性解释有两个关键的特征。第一，自由主义者的承诺中没有压倒一切的善。个体自由平等地据之以其倾向的善概念而生活，只要这种善概念不牵涉权力所及而强制实施的广义善。第二，自由主义者的实践推理是个体仅作为个人而进行的推理。不同于古典美德传统将个体作为城邦公民进行推理，也不同于休谟将个体作为财产多寡背后的情感主义者进行推理。麦金太尔认为自由主义合理性的个人推理模式，其终极性的质料是人的偏好。

这种不依托于任何历史叙事的程序合理性，其所预设的道德概念是非常薄弱贫乏的。为了探寻平等自由的理论根基，自由主义者不要求一切价值教育偏袒某种整全性学说，也不要求对这些学说的终极目的表达忠诚，而只需要做到两点：第一，将任何人视作自由平等的理性人；第二，使人们珍视社会基本善品，即自由权、财产权、机会均等与社会尊重等基本权利。就此而论，自由主义者拒绝国家或共同体借助某种善观念来界定人类生活的目的、价值和意义。德育是一种对人之行为具有应然价值意义的引导性实践活动，"因此，在德育实践中不可能存在理论中立的教育"①。这种无偏倚性的价值承诺使德育难以为其合理性提供最具说服力的理由，进而无法应对现代社会中个体道德自治

---

① Alasdair MacIntyre. How to seem virtuous without actually being so[C]// J. Mark Halstead, Terence H. McLaughlin. Education in Morality. London and New York: Routledge, 1999: 125.

权无限膨胀的现实问题,最终导致自身陷入德育本质异化与德育力量衰弱的困境之中。

德育合理性困境:背反美德传统的启蒙筹划

"如果说现代的道德哲学与文化是'追寻美德',那么现代道德教育就是'追寻美德'的教育。"①启蒙运动之后的几百年里,以古典德性论为基础的道德教育不断地接受着来自互竞的道德哲学立场的挑战。

一、主体特殊性泯灭:德育自我的遮蔽

人的生命存在状态总是与某种特殊的历史传统和人际关系相联系,每个个体的生命都承载于其所归属的独特历史传统之中,任何个体都不产生于抽象概念的逻辑推理,他们最直接的基础是自然与社会的存在物。亚里士多德对个体的预设是具有历史特殊性的城邦角色,他们首先是"偶然所是的人",在共同体的角色履行中或将成为"可能所是的人"。而德育是使个体从前一种状态过渡到后一种状态的关键环节,使个体从未经教化的偶然状态顺利转化到能够充分认识其人生目的和价值的可能状态。

在启蒙筹划中,为了保证普遍性规则对每个个体有效,个体被抽象为非历史的、同质的"目的",他们在程序合理性的道德文化氛围中获得其自身"主权"的同时,"却丧失了由社会身份和被既定目标规定的人生观所提供的传统边界"②。由于它抹煞了文化提供给个体的由道德界定的那种特殊社会角色,德

---

① Roger Bergman. Teaching Justice after MacIntyre: Toward a Catholic Philosophy of Moral Education[J]. Catholic Education A Journal of Inquiry & Practice,2008(1):7-24.

② [美]阿拉斯戴尔·麦金太尔. 追寻美德:道德理论研究[M]. 2版. 宋继杰,译. 南京:译林出版社,2011:43.

育关于教化每一个个体自身存在方式的"优秀善"与其所体现的特性角色之间的关系被割裂了。这种断裂的后果是道德教育不再专注于引导个体探寻一种带有叙事性的人生之善目的，也不再专注于向个体传授美德的践行所带来的一种生命的体验。在现代市场经济背景下，个体的成功与优秀往往和金钱联系在一起。用麦金太尔的比喻来说，无论对学生还是对学校而言，他们都在"亡命寻宝"。在这个过程中，对理性及科学精准性的无限崇尚，使教育领域陷入了技术逻辑控制下的标准化教育对象的生产之中。"学校作为一种输入＋输出机器的高度抽象概念，其活动被理解为把可测量的输入转换成可测量的输出。当产出与投入的比率很高并且生产该比率的成本较低时，学校将会获益。如果该比率低且生产成本高时，学校将会受损。输入的原资料即是入学的学生。输出是测验分数和考试结果。"①流水线式的教育为个体和社会提供源源不断的适应性劳动力支持。一方面，它不仅为个体提供了一个日后可以获得物质收益的投资场所；另一方面，它也迎合和满足了标准化社会对专业精英的需要。

每一个个体的知识和技能被功能性量化，最终以符合企业和社会需要的复合产品的形式输出。教育不再是获得自我规定性的方式，而是作为衡量输出产品的有效性和效率的标准。由于教育将增强就业能力作为主要目标和任务，在技术中立性的影响下，教育的最终产物不再是受教育的人，而是一种社会的功能性和精确性的附属物。这种教育目的的成功导致另一种教育目的的失败。"一方面，那些成功社会化并被塑造为从属工作的个体将无法或不愿意质疑当今资本主义秩序；另一方面，那些已经学会如何质疑这种秩序的个体会发现自己孤立无援，没有机会与他人就如何更好地实现共同善进行理性对话。"②德

---

① Alasdair MacIntyre, Joseph Dunne. Alasdair MacIntyre on Education：In Dialogue with Joseph Dunne[J]. Journal of Philosophy of Education，2002(1)：1-19.

② James Macallister. MacIntyre's Revolutionary Aristotelian Philosophy and his Idea of an Educated Public Revisited[J]. Journal of Philosophy of Education，2016(4)：524-537.

育对自我的遮蔽,不仅造成育人功能的缺失,亦使饱含人性关怀意义的价值哲学事业走向衰落。

二、共享之善的缺失:德育价值的失衡

麦金太尔认为,自苏格兰启蒙传统颠覆了亚里士多德主义传统后,道德哲学事业从此失去了建构个体与共同体共享之善的能力,善观念的共识和通约成为不可能的理想。后启蒙时期的哲学家们试图为不受传统约束的个人建构道德的合理性历史,他们求助于某种可普遍化的正义概念,有些正义概念求助于社会契约原则,有些正义概念求助于道德律令,还有一些正义概念则求助于功利标准。其结果一直存在互竞的情感主义式的争论历史,"我们寄居于一种文化之中,在该文化中,一种无法达到对正义和实践合理性本性的一致合理正当结论的无能性"①。

道德教育在这场"文化争战"中表现出价值失衡与价值内容的不可通约。人们开始怀疑,似乎从来不可能有"普遍的"道德规范或者"至善"的道德生活,也不可能有什么前提或者权威能够成为道德的定论或真理,我们所拥有的似乎只有生活的偶然性和不确定性。道德教育除显示其在价值论证方面无能外,也无法最终合理证明我们为什么必须有道德,以及为什么必须接受道德教育。这种不确定的道德模糊性使"学生从事的活动而言,其结果并不是为了真正的善,特别不是为了家庭和地方政治共同体的普遍善"②。标榜"不干涉"和"中立"的自由主义信条将德育变成了"局外人",它们以"教育宽容"的名义不承认有任何形式的道德契约或者传统共识。某种权威性的、统一性的共享之善的缺失使善被划分到一系列独立的领域,"个体在各种各样鲜明的群体内追

---

① [美]阿拉斯戴尔·麦金太尔. 谁之正义? 何种合理性? [M]. 万俊人,吴海针,王今一,译. 北京:当代中国出版社,1996:7.

② Alasdair MacIntyre,Joseph Dunne. Alasdair MacIntyre on Education:In Dialogue with Joseph Dunne[J]. Journal of Philosophy of Education,2002(1):1-19.

求他或她的善，而他或她所表达的爱好则会表明这一五花八门的社会关系"①。

由于缺乏共享之善的价值前提，关于凝聚个体与共同体之间关系的道德教育走向衰退和无力。在一个既没有共享的规范文本，又缺乏解释性理解既定历史的社会中，通识性德育无异于大众扫盲。麦金太尔认为，这种大众扫盲式的德育更有可能产生教育公众的无知状态，进而易滋生反文化的样态，即个体偏好的满足变成了行为合理性的理由，他们仅需要对自己的行为负责，在不逾越社会最低限度的法律规范下，无须征得任何人的同意，便拥有精神及行为上的最高主导权。这种道德自治与道德唯我论表征着现代社会的一种普遍生活方式。对德育来说，值得注意的是这样一个核心问题，即如何在情感主义文化秩序中建构人类共享之善的问题。

三、道德规则的限度：德育教化的乏力

一般说来，道德教育有三种基本的哲学理论基础：义务论、后果论和德性论。前两者强调，教育的成功与否在于受教育者的行为能否符合社会生活的道德规则，这种道德规则最显著的特征是非历史性和普遍抽象性。这一特征使规则不能把握特殊语境下道德实践的诸种细节，而对这些特殊细节的主体回应恰恰是德育的主题。

启蒙筹划对道德规则体系的建立，使德育对规则的教化成为核心，其最基本和主要的任务是引导受教育者认同和内化规则，促使受教育者的行为符合普遍道德规则的要求。当个体的行为动机出于服从普遍法则的意志或行为结果有益于共同体的最大功利，可由此判断个体的道德德性程度以及德育的有效性程度。麦金太尔对规则正义指导下的德育进行了批判，当德育致力于将一种已经确定了的、普遍性的规则体系作为教学的主题，它便忽视了个体在面对复杂性伦理实践时所能回应的创造性实践智慧。"一条规则，就像一部幽默

---

① ［美］阿拉斯戴尔·麦金太尔. 谁之正义？何种合理性？［M］. 万俊人，吴海针，王今一，译. 北京：当代中国出版社，1996：441.

指南,既做了太少的事情又做了太多的事情:做了太少的事情,是因为实际上有价值的大多数东西都处于对具体情景的回应中,而规则却忽视了这些东西;做了太多的事情,是因为规则意味着它本身就规定了回应,因此就过分侵犯了好的实践的灵活性。"①倘若将德育仅看作规范;那么,德育将无法增进个体应对实践不确定性挑战的能力,而仅仅成为规则的消极服从者。在这一点上,将规则视作比人类自身更权威和坚定的东西,实则掩盖了人类的"实践智慧只是把规则作为总结和指南来加以使用的"②事实,而一个人的德性与品格才是这个人的本质所在。所以,以规则优先性为理论基础的德育培养的公民往往是"消极公民",他们关注的常常是"我应当遵守什么",而不是"我应当怎样做一个好公民"。麦金太尔认为,倘若德育存在于这种约束一致的规则氛围中,学生们将缺乏探索和反思精神,进而也不具备在必要时修正某些教育规则理念的批判推理能力。

德育关注的应是特殊的、创造性的东西,而不是普遍的、限制性的东西。"美的东西并不是由理性的思维根据美学的规则构想和制造出来的,善的东西和完善也同样不是根据伦理学的规范设计和制造的。"③当普遍的规则不再约束真正善美的行为,特殊个体又与普遍规则在承诺中相互敬畏,德育才能充分彰显其教化意义。

---

① ［美］玛莎・C.纳斯鲍姆.善的脆弱性:古希腊悲剧和哲学中的运气与伦理［M］. 2版. 徐向东,陆萌,译. 南京:译林出版社,2018:470.

② ［美］玛莎・C.纳斯鲍姆.善的脆弱性:古希腊悲剧和哲学中的运气与伦理［M］. 2版. 徐向东,陆萌,译. 南京:译林出版社,2018:472.

③ ［德］弗里德里希・包尔生.伦理学体系［M］. 何怀宏,廖申白,译. 北京:中国社会科学出版社,1988:303.

德育合理性正名:亚里士多德式的德性论开解

麦金太尔用一种革命性的古典传统观点批判了整个启蒙筹划以降的自由主义世界,提出了他自己的合理性解释方案:重返亚里士多德主义传统。在这种传统下,德育不仅承担着对个人美好生活的承诺,也寄予着个体对共同体的归属和维护。正如麦金太尔所说,"美德是人们以特殊方式根据特殊理由而行动的品质。美德教育包含着把握、规导和转变各种欲望和情感。这种教育使一个人能够实践各种美德,以使他不仅能因为美德本身的缘故而尊重每一种美德,而且使他把美德的实践理解为也是为了幸福、为了享受构成人类善和最善的那种生活"①。麦金太尔的德性论启发我们重新思考德育,甚至帮助我们厘清最具争议的问题:何种德育有助于个人的卓越和共同体的繁荣。

一、同一性的自我:麦金太尔德性论的人性预设

当代自由主义传统的抽象人性假设造就了一种"不具有任何必然的社会内容和必然社会身份"②的情感主义自我,这种自我"一方面与其在社会中的各种具体体现完全不同;另一方面也缺乏任何关于其自身的合理历史,从而似乎具有某种抽象的、幻影般的特性"③。当德育作用于这种抽象的、幻影般的人性时,便失去了德性教化的意义,因为只有生命概念才使价值概念成为可能。相反,麦金太尔的人性预设是"同一性自我",它包含两个方面:生物学

---

① [美]阿拉斯戴尔·麦金太尔. 谁之正义? 何种合理性? [M]. 万俊人,吴海针,王今一,译. 北京:当代中国出版社,1996:156.
② [美]阿拉斯戴尔·麦金太尔. 追寻美德:道德理论研究[M]. 2 版. 宋继杰,译. 南京:译林出版社,2011:40.
③ [美]阿拉斯戴尔·麦金太尔. 追寻美德:道德理论研究[M]. 2 版. 宋继杰,译. 南京:译林出版社,2011:42.

本体论、历史本体论。

　　首先，任何人在生物学意义上既有先天的脆弱性又有先天的依赖性，他们是具有中心意义的本体。麦金太尔认为，每个个体在生命的最初阶段都像动物一样充满了依赖，需要得到身体所需的最直接满足，包括奶水、温暖、安全、舒适和睡眠；在孩提的成长阶段，依赖于成熟他者的引导，超越动物性阶段，迈向人类特有的状态，意识到某些不同于身体欲望的满足所带来的快乐；在成人阶段，个体过渡成为独立的实践理性推理者，拥有理智德性和道德德性，能够"在实践中认识到特定情境下的好和威胁其实现的因素，并在这些好中找到可以得出正当行动的论证前提，就是要展现出某种反应性，而这种反应性正是德性的特征"①。体现合理性的德育应承认依赖性是走向独立性的关键，应给予学生一系列美德，这些美德是积极应对人的依赖性和脆弱性的"必要善"，它将引导人类完成从潜在的理性动物向实在的理性动物过渡。

　　其次，任何人都具有实践目的性、历史叙事性及社群勾连性，他们是具有历史意义的本体。其涉及三个人类活动层次。一是实践活动层次。整个人类社会是从人类经过长期的实践活动中衍生出来的，建筑、体育和化学等实践不仅是在生产高楼、锦标赛和元素周期表，更解释了人类社会与人类自身繁荣的原因。麦金太尔认为，实践活动内在蕴含了人类对"善目的"的寻求，"真正的实践其本身不仅仅意味着一个世界，而且它还沟通着其他社会成员。它有能力教会我们关于值得追求的对象和卓越的形式的新知识"②。教师的实践并不仅仅是为了完成教学，而是为了激发个体从事实践活动时的优秀与卓越，在对实践卓越标准的趋向中形成繁荣的和独特的现实世界和伦理世界。二是个体人生叙事层面。麦金太尔认为，美德的获得源于每个个体历时性的伦理生活，

---

　　①　［美］阿拉斯戴尔·麦金太尔. 依赖性的理性动物：人类为什么需要德性［M］. 刘玮，译. 南京：译林出版社，2013：76.

　　②　Christopher Higgins. MacIntyre's Moral Theory and the Possibility of an Aretaic Ethics of Teaching［J］. Journal of Philosophy of Education，2003（2）：279-292.

"它是一个灵活的叙事结构，以有意义的方式将我们的过去、现在和未来联系起来"①。当个体在一次偶然状态下学会了游戏中的合作和摔跤中的勇敢，当情境改变后，他必须考虑和决定自己是否还需要合作和勇敢，因此，德育的对象是固有历史叙事统一性与生活历时完整性的人。三是社群关系层面。每个人的人生叙事都无法脱离某个既定的社群，任何人只有在社群关系中才能理解他本身，社群中存在的共享善观念规定了个体人生叙事的形式、内容和背景。这三个层次不是人性的偶然特性，不是为了认识真正的"理性自我"而必须剥除的东西，它们是部分地乃至完全地是我之所以是我而非他者的特殊规定实体。

二、善的优先性：麦金太尔德性论的价值承诺

自由主义传统的价值承诺是"正当的优先性"。正当优先性意味着：第一，为可允许的生活特定主题划界；第二，其正义原则不以任何价值或道德学说为前提。这种中立性和无偏倚性学说，由于拒绝了某种终极价值和最大福祉的概念，因而只是限定了个体的生活方式和手段，但至于个体应当从事何种活动，应当追求何种目的，以及应当实现何种价值，正当优先性却似乎保持了缄默。这样，寄生于此种价值承诺的德育时刻面临着正当优先性的"检验"，在这个范围之内，德育的理论与实践常常面临合理性难题。

德性论"善的优先性"的价值承诺为德育合理性提供了哲学论证基础。它主张"每一种活动、每一种探究、每一种实践都旨在某种善；因为我们用'善'来意指那种为人类本性所趋的目的"②。追求善是人类实现其本性目的的唯一方式，同时善也是人类实践的产物。麦金太尔希望教育工作者能够重新定位并

---

① Christopher Higgins. MacIntyre's Moral Theory and the Possibility of an Aretaic Ethics of Teaching[J]. Journal of Philosophy of Education，2003(2)：279-292.

② [美]阿拉斯戴尔·麦金太尔. 追寻美德：道德理论研究[M]. 2 版. 宋继杰，译. 南京：译林出版社，2011：187.

理解自己的角色,将培养"受教育的公众"作为教学活动的目标,这其中蕴含着对"实践"概念和"受教育公众"概念的理解。

麦金太尔把人类追求善的活动称为"实践",它同时蕴含着内在善和外在善。前者是实践本身所内在蕴含的,具有区别于其他实践活动的独特性,只有个体真正参与实践活动本身才能获得相应的卓越与优秀;后者是指实践本身之外的附属奖励,如权势、地位和金钱。因此,外在善意味着资源的竞争性和有限性,对外在善的追逐也可能侵蚀实践的内在善。"受教育的公众"是指拥有基本共同的信仰背景,能够正确理解共享之善对他们价值观和行为的指导意义,也能根据理性对这些善标准进行独立判断的受教育群体。

实践内在善的获得与受教育公众的培养是德育的核心。德育不仅教化主体主动追求实践的内在善,以使他不仅因为实践本身而尊重每种美德,而且也使他把独立思考共享之善看作为了体验人类至善的那种生活。就教学本身而言,麦金太尔否认其存在实践的内在善,因此不能将教学称之为实践,"相反,教学在其目的乃至其他一切方面都服从于它所要服务的游戏,服从于它所要服务的实践,它的全部意义在于帮助学习者在这种实践中发现自己"①。例如,当教师教学生下棋时,其最终目标是发展个体追求下棋这一实践的技能,使得个体对下棋实践本身内在善的热爱和对运用美德的渴望超过赢得比赛的外在善诱惑。在这个意义上,麦金太尔认为教学仅仅是一种手段,"所有的教学都是为其他实践而存在的,教学并没有其自身固有的善"②。如果教学一味地专注于自身独特的内在善,如教师专注于下棋教学活动本身的乐趣;那么,教育将不利于个体对某种实践内在善的追求和实践技能的掌握。正因为如此,麦金太尔认为,"但是在很多种教学(比如钢琴或小提琴的教学)中,将那些没有

---

① Kenneth Wain. MacIntyre: Teaching, Politics and Practice [J]. Journal of Philosophy of Education,2003(2):225-239.

② Alasdair MacIntyre, Joseph Dunne. Alasdair MacIntyre on Education: In Dialogue with Joseph Dunne[J]. Journal of Philosophy of Education,2002(1):1-19.

天赋的人无情地排除在进一步指导之外也是好老师的重要标志(这既是对学生和老师的仁慈，也是对无辜的旁观者的仁慈)"①。教育并不是教师追求"教"这一活动内在利益或卓越的场所，在此过程中识别出没有天赋的人并将他们排除在外的能力是教师这一职业的内在善。"事实上，如果事情不是这样，那便是场悲剧，因为在那里，教学被视为一种自私自利的事业。"②

三、实质性道德观：麦金太尔德性论的规范主张

启蒙以降，关于合理性的解释就局限于契约规则、功利规则或自由平等规则等论域，这些相互冲突的道德哲学观点均以抽象的理论形式相互批判，造成当代社会情感主义式的文化氛围。在一个没有统一确信的善观念来引导我们道德判断的世界里，我们没有恰当的方法推理出内在德性与遵守规则之间的因果关系，规则的运作总是表现为非人格和非道德。

麦金太尔的实质性道德观以人的认知、情感和意志的正确反应与恰当的行动为实质性内容，蕴含着个体关于善知识的实质性判断。麦金太尔认为，对抽象规则的遵守与尊重，其动力不在于规则自身，而在于人类对规则的认识、评价和推理，从而自觉在行动中展现与之相关的优秀的德性品质。规则必须以个体的认知判断为前提，才能使道德有可能存在。"了解如何正确做出反应通常都包括遵从规则，但是从来没有哪个规则或哪套规则本身就可以决定如何正确地做出反应。因为即使那些总是受到尊重的规则，比如'绝不要滥杀无辜'，也从不足以决定我们应当如何行动，至于其他规则，我们总是需要确定在某个特定的情况下它们是否相关，如果确实相关，又需要确定应该如何运用它们。"③因

---

① ［美］阿拉斯戴尔·麦金太尔. 依赖性的理性动物：人类为什么需要德性［M］. 刘玮，译. 南京：译林出版社，2013：73.

② Kenneth Wain. MacIntyre: Teaching, Politics and Practice［J］. Journal of Philosophy of Education，2003(2)：225-239.

③ ［美］阿拉斯戴尔·麦金太尔. 依赖性的理性动物：人类为什么需要德性［M］. 刘玮，译. 南京：译林出版社，2013：77.

此,实质性的道德观不是康德所说的那种违背自己的志趣去做某事,而是从美德所培养的志趣来行事。美德本不仅能够克服危害与罪恶,而且有助于达成个体人生的善目的,其一致性和稳定性更可能使规则变成一个真正的道德律令。"任何规则,不管是不可侵犯的消极规则还是积极规则,本身都不足以成为行动的充分指导。知道如何有德性地行动总比遵从规则包括更多的内容。"①

麦金太尔认为,一种实质性德育的核心在于,"塑造一些年轻人,让他或她能够融入一些需要新人的社会角色和功能之中,同时教导他们如何从自身思考,如何获得思想的独立性,如何变得开明,正如康德所理解的'启蒙'那样"②。虽然麦金太尔对在现代社会中实现该任务无比悲观,认为现代社会中不存在任何塑造自觉的、开明的、维系共同体的教育公众的实质性和确定性的德育体系。"我们政治文化中的道德修辞所阐述和捍卫的道德美德所提供的,并不是一种道德教育,而是一种看起来似乎是道德的教育,而事实并非如此。"③在这种情形下,麦金太尔认为,德育必须经历两个阶段。第一阶段,在于从某个角度为个体提供权威性价值范本以规范个体动机。"所有关于美德的教育,尤其是针对年轻人的教育,都必须从发现某种方法来改变那些想要接受如此教育的人的动机开始。"④当个体在第一阶段的实践中受到良好教育并获得充足的知识后,"他便具有一种能对每一特殊处境做出判断的气质……在实践中受过

---

① [美]阿拉斯戴尔·麦金太尔.依赖性的理性动物:人类为什么需要德性[M].刘玮,译.南京:译林出版社,2013:77.

② Kenneth Wain. MacIntyre: Teaching, Politics and Practice [J]. Journal of Philosophy of Education,2003(2):225-239.

③ Alasdair MacIntyre. How to seem virtuous without actually being so[C]// J. Mark Halstead, Terence H. McLaughlin. Education in Morality. London and New York: Routledge,1999:130.

④ Alasdair MacIntyre. How to seem virtuous without actually being so[C]// J. Mark Halstead, Terence H. McLaughlin. Education in Morality. London and New York: Routledge,1999:121.

良好教育，意味着一个人已学会据于善、愉悦地游心于正确的行动与判断，并为缺陷与错误而感到痛苦"①。由此，进入第二阶段的个体才能够从各自的立场出发，在持续性的道德教育中分辨政治和伦理生活，即拥有独立辩证理性框架下的美德实践能力。它不仅包括对那些熟悉但未经检验的思维的批判性探究，例如，进入对什么是"好"、什么是"善"的概念和语言分析；还包括对"我应当过什么样的生活，应当成为什么样的人，达到什么样的目的"等实践的现实性探索。② 从而使个体既学会用理性的对话来约束和反思其想法，对复杂的、不确定的社会生活事务作独立的价值判断，又能够共享一个包容这些理性标准规范的既定传统，为共同善而行动，最终实现个人之善和共同体之善的和谐统一。

---

① ［美］A·麦金太尔.三种对立的道德探究观：百科全书派、谱系学和传统［M］.万俊人，唐文明，彭海燕，等译.北京：中国社会科学出版社,1999:139.

② Nathan Alexander Mueller. The Very Idea of an Educated Public：On Philosophical Education and MacIntyre's Project［J］. Journal of Philosophy of Education，2019（1）：94-110.

第二章 多元主体德育共识的逻辑生成

　　价值判断、价值认同、价值共识和价值实践是价值哲学的主要论题。以价值哲学为视角，立足马克思主义的基本立场、观点和方法，探究德育共同体成员价值观的形成、个体与群体的归属、重叠性共识和真善美的追求等问题，是德育共同体研究的重要构成。价值判断是德育共同体生成的逻辑起点，以"利己与利他的统一"为标准；价值认同是德育共同体生成的前提，以"内在否定性与自主建构性统一"为原则；价值共识是德育共同体生成的基础，遵循"自上而下和自下而上相结合"的路线；价值实践是德育共同体不断完善的推动力，倡导"合规律性和合目的性的统一"。

　　作为价值共同体的德育共同体，涉及价值判断、价值认同、价值共识和价值实践等问题。立足价值哲学的视角，运用马克思主义的立场、观点、方法探究德育共同体的逻辑层次和内在机理，对于更好地诠释德育共同体，构建具有中国特色的高校德育工作体系，培育社会主义核心价值观，实现立德树人的根本任务具有重要的意义。

价值判断是德育共同体生成的逻辑起点

一、主体进行价值选择的前提

价值判断是价值哲学的核心问题，是价值选择的理论前提和实践基础。价值判断的主体是现实的人，现实的人"是一切价值产生的根据、标准和归宿，是价值的创造者、实现者和享有者"①。价值判断是价值主体依据一定的价值标准，对客体能否满足主体需要及其满足程度所做出的判断。价值判断具有一定的社会历史性，随着社会历史的变化和时空的推移，客体的价值以及主体的价值观也会发生变化。价值判断也因价值主体的差异而不同，客体的价值因主体而异，价值主体的社会地位、需求、认识事物的角度、所坚持的立场都会影响其价值判断。"人的本质不是单个人所固有的抽象物，在其现实性上，它是一切社会关系的总和。"②价值主体处于一定的社会关系中，始终与他者发生关系。因此，价值判断是处于一定社会关系之中的蕴含一定标准的合理性判断。

价值判断过程是共同体成员基于其知识体系和价值立场，进行价值甄别、衡量和选择的过程。共同体成员的知识体系完整程度、政治立场，决定了其对客体价值判断的正确性。此外，还有共同体成员群体的价值观。"价值观是一个人对事物的根本看法和总体评价，价值观的具体内容构成了一个人评判事物的尺度和社会实践的行为准则。"③"价值观的形成是以价值判断为基础的，

---

① 李德顺.价值论[M].北京：中国人民大学出版社，2013：20.

② 马克思，恩格斯.马克思恩格斯选集：第1卷[M].北京：人民出版社，2012：135.

③ 张兴海，朱明仕.价值判断能力视角下的大学生价值观教育论析[J].思想教育研究，2014(3)：64-67.

价值观作为一种价值判断的逻辑认知活动,它一定是在价值判断的逻辑活动
中完成的。"①社会主义核心价值观正是价值主体进行价值判断和价值选择的
结果,共同体成员不仅在理论和知识层面理解社会主义核心价值观,更重要的
是将社会主义核心价值观转化为自身的价值观并努力践行,使其真正成为共
同体成员追求的价值目标和行动的价值准则。

二、主体价值选择的困境

多元价值观念并存,对社会主流价值观的传播带来挑战,在一定程度上造
成共同体成员价值选择的迷茫。例如,处在价值观形成期的学生会不自觉地
受到多元价值观念的影响,西方文化的渗透也会影响师生的价值观选择,深受
西方教育思想影响越深,受到多元价值冲突的影响往往更大。

主体价值选择的困境是由多方面因素造成的,既有教育国际化的大背景、
高等学校的改革等客观因素的影响,又受到共同体成员价值判断的影响,这是
共同体成员价值观危机的主体性因素。"在一个社会中很难只有一种价值观,
特别是在全球化和信息化时代,社会更为开放,文化交流更为深入,价值观的
多样性和冲突性更为突出。"②因此,主体是否有足够的价值判断能力去客观地
甄别、衡量,并做出正确的价值选择,就显得至关重要。

当前,导致主体价值选择困境的重要原因是他们对价值关系缺乏正确的
价值判断,进而对不正确的价值观和非主流的价值观缺少免疫力。造成德育
共同体成员价值判断能力欠缺的根本原因在于,传统德育的效果不理想。在
教育体系上,专业教育和思政教育"两张皮"现象依然存在;在教育理念上,教
师本位和学生主体之间的关系处理不到位;在教育方法上,信息化时代主动回
应教学变革不够;在教育载体上,课堂教学之外拓展实践教学,但实践教学与

---

① 吴宏政,孙树彪.善恶行为的价值判断及其逻辑特质[J].学术交流,2019(6):49-55.
② 张兴海,朱明仕.价值判断能力视角下的大学生价值观教育论析[J].思想教育研
究,2014(3):64-67.

课堂教学之间的关联度不够。这显然不利于共同体主体价值判断能力的培养。

三、主体价值判断的标准

价值判断的标准历来都是困扰哲学家的突出问题：正义、自由、需要、兴趣、权利意志、进步、存在、实用，都曾成为西方哲学家价值判断的标准。马克思主义哲学将价值判断标准界定在人与人、人与社会的关系范畴之中。马克思指出，"这种相互关联是一个必然的事实，它作为交换的自然条件是交换的前提"①。在不同社会、不同时代、不同场合，价值主体对客体的价值判断都有不同标准。基于马克思主义价值哲学的立场，应以利己与利他的统一作为德育共同体的价值判断标准。处于社会关系中的个体始终与他者发生联系，其行为也就有善恶、好坏、对错之分。"利他的行为实际上有两种类型：一种是以自己利益为条件的，是从属于利己性质的行为；另一种是以自身价值为条件的，这是出自美好心灵的行为。这两者都是'为自己着想'，但前者是自私，后者是自重。自私只是做事，而自重却是做人。"②德育共同体主体的价值判断，其哲学意义应该由"做事"向"做人"转化。"人们通过在认识论中改变观物或观人的方式进而改变价值论中对价值判断的理解，即用'共同体'的方式来凝视他者的存在，用'将他理解为我'的方式如其所是地看待他者。"③共同体的每个个体作为独立性的主体，都应追求"在他者中的自我存在"，这里的他者不仅指个体——他人，也用来指社会、共同体等客体。

"利己与利他相统一是善的最高层次，其既追求功利也追求道义，既有理

---

① 马克思，恩格斯. 马克思恩格斯全集：第 30 卷[M]. 北京：人民出版社，1995：198.
② 赵汀阳. 论可能生活[M]. 北京：生活·读书·新知三联书店，1994：36.
③ 高洁. 价值判断的实质内涵及其对价值教育的实践指向[J]. 教育研究，2018(6)：41-47.

想性也有现实性,是功利论与道义论合理结合的产物。"①一方面,从功利论的角度来讲,德育共同体的伦理诉求就是实现共同善,也就是"最大多数人的最大福利"。利己与利他相统一之后实现"善"的最大化,比纯粹的"利他"的范畴更广。德育共同体强调,利他是利己的前提和基础,只有付诸于利他的行为,自我的价值才能得到更好地实现。另一方面,从人的属性角度来讲,人是自然属性和社会属性的统一体,这就确立了将利己与利他的统一作为价值判断标准的合理性。共同体成员既具有自然属性,又具有社会属性,自然属性是满足人的基本生存、生活需要的属性,是价值主体利己行为的体现;而社会属性则表现为自我与他者在一定社会关系中的交往与合作,这种交往与合作之所以能够实现,是因为双方在交往与合作中获益,这是价值主体利他行为的体现。在价值判断中,坚持利己与利他相统一的原则是由价值主体的自然属性和社会属性的统一性决定的。概言之,利己与利他相统一是马克思主义哲学思想在价值哲学中的具体体现,马克思关注利益和利益获取的正当性,尊重价值差序原则,主张个人利益与集体利益冲突时,个人利益服从集体利益,因为只有集体利益得到满足,个体利益才能更好地实现。

价值认同是德育共同体生成的前提

一、个体与群体的归属:德育共同体主体价值认同的核心要义

从词源学上看,"认同"有自我对他者的承认、赞成、认可等含义,既包含事物的同一性,群体间的共通性、一致性,以及由此而产生的亲切感;也包含身份和归属等含义,即对于"我是谁"的身份和"我们是谁"的归属的追问与确证。

---

① 易小明,邓敏. 利己与利他相统一:善的最高层次[J]. 齐鲁学刊,2011(4):85-88.

因此，"认同"就是一定的互动对象，在"自我-他者"的关系结构之中，"兼有对内'求同'与对外'识别'之义"①。他们在内部通过寻求同类来确认"我是谁"，在外部通过判断异类确认"我们是谁"。个体是在对内外部的同类和异类识别与判断的过程中，建立自我的身份归属和价值地位。这个过程总是受到一定的需求、情感、利益、信仰、立场等因素的影响，使人们更加习惯于认同那些与自身需求、自身情感、自身利益、自身信仰和自身立场相通或相近的对象。从这个层面来讲，认同实质上就是价值认同，是个体或群体通过相互交往而在观念上对某一或某类价值的认可和共享，是人们对自身在社会生活中的价值定位和定向，并表现为共同价值观念的形成。② 价值认同的前提是人的主体性，"人是价值的真正主体，事物或者行为的价值意义在于它们相对于主体的价值意义"③。而作为个体的人总是处于一定的社会关系当中，因此，不能脱离社会关系空谈价值认同，也不能脱离"现实的人"强行推进价值认同，应该在个人与社会的良性关系中去理解和把握价值认同。

共同体成员只有在观念上认可社会主义核心价值观，在身份认同中明确"我是谁"的身份和"我们是谁"的归属，德育共同体的生成才具有可能性。价值认同是共同体成员以社会主义核心价值观为参照所进行的精神活动，是个体认同和共同体认同的有机统一。在个体层面上，价值认同是个体对"我是谁"的身份确认，其核心在于共同体成员以社会主义核心价值观引领个人精神活动，将社会主义核心价值观内化为自我价值观。在共同体层面上，价值认同是群体对于"我们是谁"的归属确认，其核心在于共同体成员以社会主义核心价值观为依托和纽带，构筑形成共同体价值意识和自觉的社会责任担当，是共同体成员共同对社会主义核心价值观的内化和外化的结果。个体价值认同是

---

① 张海洋. 中国的多元文化与中国人的认同[M]. 北京：民族出版社，2006：251.
② 汪信砚. 全球化中的价值认同与价值观冲突[J]. 哲学研究，2002(11)：22-26.
③ 牟永生. 价值哲学的国度：人类追究价值形而上学的历程[M]. 北京：中国文史出版社，2002：50.

共同体价值认同的前提和基础,共同体价值认同则是个体价值认同的延伸和最终归宿。因此,德育共同体成员的价值认同在本质上是个体与共同体的有机统一,是人们基于对个体和共同体及其相互关系的体认和理解,"建构而成的有关'我是谁''我们是谁'的身份角色归属,以及由此产生的价值意识、价值追求和价值实践"①,是个体价值在德育共同体中的集中体现。

二、"异化"带来的认同危机:德育共同体主体价值认同的困境

自我角色的模糊和外界环境的影响会使德育共同体价值主体的情感、认识、价值观发生变化,进而使价值主体对于"我是谁"的角色和身份产生怀疑,导致"异化"出现"陌生人""边缘人"和"虚拟人",使共同体成员产生认同危机。

一是"陌生人"产生的价值认同危机。"陌生人"意味着与自我无关的不认识、不熟悉的"他者"。"以'己'为中心,像石子一般投入水中……一圈圈推出去,愈推愈远,也愈推愈薄",所谓"人伦","就是从自己推出去的和自己发生关系的那一群人里所发生的一轮轮波纹的顺序",②"陌生人"则处于波纹尽头。或许存在这样一种现象,学生作为价值主体处于共同体的中心,而同样作为共同体成员和价值主体的服务人员则处于波纹的尽头,即使他们每天与学生见面,每天为其提供服务,但是他们却成为学生"最为熟悉的陌生人"。"陌生人"现象还存在于各类社团当中,当自我的角色和身份无法得到认同时,就容易走向"陌生人"。对"陌生人"的忽视和漠视容易造成他们在共同体中交往的持久度低、归属感差,对社会主义核心价值观的认同欠缺。

二是"边缘人"产生的情感认同危机。边缘意味着"远离社会生活中心的区域,包括各种缝隙、角落、边缘等微不足道的空间形式""不仅表现为某种独

---

① 孟茹玉.论价值认同的生成机制与教育理路[J].思想理论教育,2019(5):59-63.
② 费孝通.乡土中国[M].上海:上海人民出版社,2007:35.

特的空间类型，而且还体现出属于这个空间区域的个体、群体、活动、话语、权益、感受力的诸多特征。"①例如，一些需要特别关注的学生由于外界环境的影响和自我情感依附缺失，加之教师(中心)和学生(边缘)二元设计模型的德育空间安排，更加强化了教师的权威，把学生边缘化为其"附属品"，在空间上阻隔了师生的平等交流，容易使这些学生成为"边缘人"。"这显然极易使德育共同体沦落为集权专制社群，边缘群体的身份认同困境的症结在于边缘人的性别、文化以及特殊诉求无法得到应有的重视和承认。"②

三是"虚拟人"产生的身份认同危机。新技术手段的变革推进了互联网技术和新媒体技术的发展，使得"虚拟生存"和"虚拟交往"成为新的人类交往方式。作为共同体成员，大学生在受益于互联网技术和新媒体技术的同时，也存在被"异化"为"虚拟人"的风险。特别是新媒体技术的发展催生了大批"低头族"，他们出现在课堂、寝室、餐厅等校园内各个角落，沉迷于游戏、网络小说、娱乐视频等，消耗了碎片化时间。实际上，同样被异化为"虚拟人"的也包括教师、管理人员和服务人员。他们在消遣、娱乐的同时，也受到低俗信息、网络诈骗、虚拟世界等不良价值观的侵蚀，通过网络寻求存在感、归属感和获得感，对"自我"身份的认同愈发模糊。

三、内在否定性与自主建构性：德育共同体主体价值认同的双重机制

价值认同的生成与价值的本质属性息息相关：作为一种情感实践活动，它要遵循事物发展的内在否定性；作为一种处于人与社会关系中的价值活动，它又遵循主体的自主建构性。

内在否定性是马克思主义矛盾论的基本观点，强调个体通过自我否定，实

---

①　陶东风,周宪.文化研究:第 10 辑[M].北京:社会科学文献出版社,2010:93.
②　陈开林.共同性的反思与超越:基于对德育共同体的承认研究[J].南京政治学院学报,2017(6):125-128.

现自我完善和自我发展。"诞生于个人与社会关系结构中的价值认同,其所面临的基本矛盾便在于'我们想要什么'的社会价值导向与'我想要什么'的个人价值取向之间的矛盾"①,也就是社会价值与个体价值、集体利益与个人利益、共同善与个体善之间的矛盾。实现德育共同体成员对于社会主义核心价值观的价值认同,就是要解决社会价值与个人价值之间的矛盾,引导共同体成员通过对社会价值的客观体认,对社会矛盾的正确把握和对社会意识形态的合理选择,在不断自我反思中,逐步实现自我完善和发展。社会价值和个体价值之间的矛盾,在新时代"集中凸显为一元与多元、本土与世界、现代与传统三种较为突出的张力结构"②。第一,要坚持一元主导与多元兼容并存,既要旗帜鲜明地坚持社会主义核心价值观的主导地位,又要客观认识多元价值观,对其进行理性分析和合理判断,正确取舍。总体原则是"坚持马克思主义在意识形态领域指导地位的根本制度,坚持为人民服务、为社会主义服务"③。第二,要坚持中国特色与借鉴世界经验并存,既要坚持中国立场、中国风格,坚持社会主义办学方向,以社会主义核心价值观为核心,扎根中国大地办中国特色社会主义大学,又要正确认识世界和中国发展大势,批判地借鉴其他国家价值观教育经验。第三,要坚持"不忘本来、面向未来",既要对中华优秀传统文化进行创新性发展和创造性转化,挖掘其德育元素,又要面向未来,与时俱进,不断丰富德育内容,创新德育理念和方法,提升德育效果。

自主建构性强调价值主体的自主性,这种自主性是人的权利、情感、责任、立场的表征。德育共同体成员是否认同某种价值观念,取决于这种观念及形态是否契合共同体成员的现实需要与生活理想,是否切合共同体成员的情感倾向与心理结构,是否有助于共同体成员建立起良性的互动关系,是否有助于

---

① 孙正聿.理想信念的理论支撑[M].长春:吉林人民出版社.2014:8-9.
② 孟茹玉.论价值认同的生成机制与教育理路[J].思想理论教育,2019(5):59-63.
③ 习近平.高举中国特色社会主义伟大旗帜为全面建设社会主义现代化国家而团结奋斗——在中国共产党第二十次全国代表大会上的报告[M].北京:人民出版社,2022:43.

促进共同体成员的发展,以及是否有利于德育共同体的良性运转。因此,德育共同体成员的价值认同并非强制性的"给予—接受—认同"的过程,而是价值主体自主性的"生成—建构—认同"的过程。"生成—建构—认同"的前提是充分尊重人的主体性地位,发挥人的主观能动性,只有这样,社会价值才能真正转化为个人价值追求,才能真正实现价值认同。在推动德育共同体成员对社会主义核心价值观认同的过程中,要引导共同体成员的行动自觉,使得价值认同沉淀固化为一种"直觉性思维、自动化反应和习惯性行为"①。为此,要锁定德育共同体成员广泛关注的核心问题,邀请相关专家进行深度解读,真正拨开共同体成员对社会主义核心价值观的认识迷雾,夯实价值认同的思想基础。此外,还要找准共同善与个人善的最大交汇点,找到共同体成员最关切的问题进行重点突破,以实现共同体成员对社会主义核心价值观的情感共鸣和价值认同。

价值共识是德育共同体生成的基础

一、德育共同体多元主体的"重叠性"共识

共识,顾名思义就是"共同的认识"。共同就意味着有两个及以上的个体或群体,针对同一个价值认识、客体形成一致性的意见。因此,共识通常表现为群体意识或规则。价值共识是"指不同的价值主体在社会实践过程中,就某种或某类价值问题达成相对一致的共同理解和认同,形成价值观的'最大公约

---

① 任志锋.大学生社会主义核心价值观认同的日常生活维度[J].教学与研究,2016(12):86-91.

数'或者'重叠性共识'的过程"①。如果说价值判断和价值认同的主体侧重于单个个体的话,价值共识则更强调群体、组织或共同体的共识。"某种或某类价值"更多地表现为社会公共价值和核心价值,价值共识的最大可能性在于公共价值的存在。公共价值是指"同一价值客体或同类价值客体,能同时满足不同主体甚至是公众(或民众)的相同需要这种效用和意义"②。如果人们对同一价值客体给出的价值判断、作出的价值选择以及形成的价值认同是相同的,那么他们之间就形成了价值共识。价值共识一般表现为共同的价值观、共同的价值准则和共同的价值理想,具有群体共享性、普适性和公众性。一般说来,价值共享的群体范围越广,公众接受程度就越高,普适性就越强,价值共识的程度就越高。

价值共识是"特定的社会共同体在社会生产过程中,通过社会交往实践对社会生活中的某一价值观念所达成的相对一致的共同理解和见解"③。价值共识是生成德育共同体的基础,也是德育共同体的价值目标实现的前提。德育共同体的基本目标是以德育塑造人格,促进人的自由而全面地发展。共同的价值基础是实现这个目标的前提,从个体到群体到共同体都要达成价值共识。德育共同体成员最终需要达成的基本价值共识是社会主义核心价值观,核心价值观的哲学表达就是价值共识。④ 价值共识是德育共同体成员在交互活动中基于价值认同的一致性,依据一定的标准回应德育基本问题时所达成的共享性、普适性和公众性价值认识。

一方面,价值共识是德育共同体多元主体之间的共同性认识。由于德育共同体主体自身的成长环境和教育背景以及心理结构的不同,不同成员或群体会对统一客体对象产生不同的认识和评价,而价值共识则使德育共同体成

---

① 袁银传,郭亚斐.试论当代中国价值共识的凝聚机制[J].思想理论教育导刊,2018(7):74-78.

② 胡敏中.论价值共识[J].哲学研究,2008(4):96-102.

③ 王玉萍,黄明理.价值共识及其当代意义[J].求实,2012(5):37-40.

④ 樊浩.伦理道德能为价值共识贡献什么[J].道德与文明,2014(4):9-11.

员在"重叠性共识"基础上,形成共同价值观的"最大公约数"。另一方面,价值共识是德育共同体主体在实践基础上形成的。价值共识在本质上属于认识范畴,而认识源于实践。价值共识是德育共同体成员在实践中为了实现共同体的目标任务而产生的。此外,德育共同体具有强烈的意识形态属性,"意识形态的内核就是价值共识"①。价值在意识形态的形成过程中起着重要的作用,决定着意识形态的作用和内容,而社会主义核心价值观就是社会主义意识形态的内核。

二、德育共同体不同主体间的价值冲突

德育共同体成员虽然具备社会主义核心价值观这一价值共识的基础,但人的发展价值的变异仍然会形成个人主义、功利主义、自由主义等负向价值观,"鼓胀了功利价值,消解了主流价值,侵蚀着青少年精神家园"②,阻碍了价值共识的凝聚与达成。

一是功利主义价值观的膨胀化。功利主义价值观关注个体眼前的物质利益或功效,追求个体自身的"最大幸福",甚至不考虑动机与手段,只关注行为结果对于"最大幸福"的影响。"利己"或追求合理的个人利益是每个个体的权利,但是过度的"利己"或功利追求,也将导致"敬畏的丧失、犬儒主义的生存抉择、价值秩序的颠覆、人性结构的畸变与社会信任的坍塌"③。功利主义价值观的膨胀必然会导致共同体伦理道德价值的弱化和丧失,不利于达成基于社会主义核心价值观的价值共识。当前以"快乐叠加"为指导原则的功利思想,渗透在共同体的各个角落,严重侵蚀着共同体成员的精神世界。

二是个体主义价值观的精致化。个体主义价值观强调自我性、个人本位、

---

① 郭维平.转型期我国意识形态变化与核心价值共识建构[J].理论导刊,2013(5):73-76.

② 吴云,朱宗友.道德价值共识的重构[J].科学社会主义,2017(4):47-51.

③ 刘宇.论当代中国价值虚无主义精神状况及其超越[J].道德与文明,2014(3):99-104.

个人中心,强调个体价值、个体尊严的实现。在遵循集体主义价值原则前提之下的个人主义是合理的,但是如果过于打扮、过于伪装,甚至不惜损害集体利益,就会显得虚伪、世故。不可否认,驱弊就利、以自我为中心的群体真实存在。正如钱理群教授所言:"我们的一些大学,正在培养一些'精致的利己主义者',他们高智商,世俗,老到,善于表演,懂得配合,更善于利用体制达到自己的目的。"①个体主义价值观的精致化,给以群体共享性、普适性和公众性为特征的价值共识带来一定的挑战。

三是自由主义价值观的泛滥化。自由主义价值观强调个人自主、自由决定、自我发展,追求最大限度的平等自由。自由主义强调对国家的简单化和非逻辑性的理解,因而信奉自由主义的部分敌对势力威胁着我国主流价值观的安全。一方面,他们以各种方式向大学生大肆散布"马克思主义过时论""社会主义失败论""中国崩溃论""中国威胁论"等错误言论,并积极传播人权高于主权论、西方自由主义新闻观等西方价值观。② 另一方面,他们不断鼓动"颜色革命",发布颜色信息,煽动学生追求自由,挑战国家权威,不断侵蚀大学生的精神世界,弱化社会主义核心价值观的主导性。这是对我国德育权威性的挑战,在一定程度上造成德育共同体成员政治信仰弱化和政治情感疏远,阻碍德育共同体成员价值共识的达成。

三、自上而下与自下而上相结合:德育共同体主体价值共识的实现方式

积极引导持不同价值观见解的共同体成员达成价值共识,是当前构建德育共同体面临的现实问题。传统基于先验理论假设的自上而下的价值共识的

---

① 谢湘,堵力.理想的大学离我们有多远　北大清华再争状元就没有希望[N].中国青年报,2012-05-03(3).

② 任志锋,郑永廷.当前我国意识形态领域的失衡现象及对策研究[J].教学与研究,2015(1):70-75.

建构方式，即对个体开展系统性、规范化干预的模式，已经很难满足德育共同体的要求。我们必须立足价值共识的内涵，在尊重人的主体地位的基础上，通过交往和对话，自下而上地实现社会主义核心价值观的价值共识，也就是要将自上而下与自下而上相结合。

"自上而下"就是要加强社会的制度建设、文化建设、道德建设，以价值共识弱化个体差异，促成个人利益与公共利益的协调。习近平总书记强调："任何一个社会都存在多种多样的价值观念和价值取向，要把全社会意志和力量凝聚起来，必须有一套与经济基础和政治制度相适应、并能形成广泛社会共识的核心价值观。"①首先，利益是德育共同体成员形成价值共识的基础。马克思说，"'思想'一旦离开'利益'，就一定会使自己出丑"②。德育共同体成员的价值共识作为一种思想认识，自然离不开利益的调节。实际上，"一切利益关系（私人利益之间、私人利益与公共利益之间）都与共同体密切关联。'私人利益'与'公共利益'只有在合理的'共同体'的社会组织形式中才能统一起来"③。因此，德育共同体成员的价值共识，实际上也就是实现个人利益和公共利益的价值平衡。第二，制度是德育共同体成员达成价值共识的保障。邓小平同志曾指出："制度好可以使坏人无法任意横行，制度不好可以使好人无法充分做好事，甚至会走向反面。"④健全的社会制度可以保障共同体成员的权利，也可以有效地消解一些错误的价值观。"依据制度设计的公民教育与舆论引导，可以赋予公民以法理精神和信仰精神的教养，是解决集体主义和个体主义冲突的重要方法。"⑤第三，先进的文化可以为德育共同体成员树立价值共识提供精神滋养。先进文化大都蕴涵着"真善美"的"重叠性共识"，为形成德育共同体

---

① 中共中央文献研究室.习近平关于社会主义文化建设论述摘编[M].北京：中央文献出版社，2017：106.

② 马克思，恩格斯.马克思恩格斯文集：第1卷[M].北京：人民出版社，2009：286.

③ 文翔.马克思哲学视域下的价值共识问题探析[J].探索，2009(5)：162-167.

④ 邓小平.邓小平文选：第2卷[M].北京：人民出版社，1994：333.

⑤ 吴云，朱宗友.道德价值共识的重构[J].科学社会主义，2017(4)：47-51.

价值共识提供了丰富的精神养分。先进文化具有方向指引、价值凝聚、道德教化、舆论导向等功能，有助于引导共同体成员追求真理、反对谬误，歌颂美善、反对丑恶，进而形成社会主义核心价值观的共识。

"自下而上"旨在充分尊重个体主体性和价值多样性，依靠内部力量，以交往、合作、对话等方式达成价值共识。从个体价值意识出发，沿着"个体——群体——共同体"的思路，逐步扩大价值共识的范围。德育共同体成员正是通过个体的认知、体验和信仰来接受和内化社会主义核心价值观，进而在彼此的交往、合作、对话中实现群体的共识，最终形成共同体的价值共识。

"也正是基于人首先就是在共同体中生存和发展的，所以通过每一个共同体这样的集体来实现社会主义核心价值观的认同，使人们接受达到价值共识的社会准则。"①由此，逐渐建构整个国家对社会主义核心价值观的最广泛的共识。共同体内的不同成员达成价值共识绝非易事，需要个体遵循以下原则：一是要尊重差异多样。共同体的成员都有各自的价值观、生活方式和生活态度，要尊重、包容各自不同的价值观、生活方式和生活态度，要在求同存异、尊重差异的基础上寻求"重叠性价值"。二是坚持互利共赢。共同体的成员可能对同一问题有不同的立场和观点，要积极寻求双方的最大交汇点，通过交流合作形成价值共识，实现互利共赢。三是调整个体价值。德育共同体的成员要充分认识各自价值的合理性和可实现性，把各自的价值放在共同体中进行考量。当自我价值同他人价值发生矛盾和冲突时，要及时检讨自我，调整自我价值，促成价值共识的达成。

---

① 余永清.价值共识与价值认同——论社会主义核心价值观的建构[J].人民论坛，2011(24)：68-69.

价值实践是德育共同体不断完善的推动力

一、真善美的体现：德育共同体主体价值实践的指向

实践是人类特有的活动，是人类生存和发展的方式，也是人类改变客观世界的能动性活动。马克思主义实践观指出，全部社会生活在本质上是实践的。① 社会生活就是个体社会实践活动的结果。实践具有主体性，实践的主体就是现实的人，现实的人通过改造客观世界的活动来满足自身的需要。实践具有对象性，人通过实践把自己的目的、理想、思想、知识、能力等内在力量对象化为客观实在，创造出一个属于人的精神世界。② 实践是价值产生和实现的基础，实践的过程就是追求价值和实现价值的过程。"价值是内在于人的生命活动和生活过程中的东西，是人类具体存在状况的表现形式，而且随着人类社会的发展，人的存在状况和价值追求都在不断地变化。"③因此，价值的实现离不开实践活动。价值实践就是"主体将社会价值观与社会实践相结合并最终实现对社会实践改造的各类活动"④。简言之，价值实践就是从价值的角度来审视和研究实践。价值实践贯穿于社会实践活动的始终，是人类实践的本质体现，也是人与人、人与社会、人与自然和谐统一的媒介。

德育共同体不仅是价值目标一致的价值共同体，也是集体协同生成的实践共同体。价值实践是德育共同体成员将社会主义核心价值观与社会实践活

---

① 马克思，恩格斯.马克思恩格斯选集：第1卷[M].北京：人民出版社，2012：135.

② 姚雪瑞.马克思主义实践观的道德性思考[J].人民论坛，2012(8)：196-197.

③ 张以明，陈玳.具体性的综合体：马克思主义实践观的特质[J].湖北社会科学，2013(11)：23-26.

④ 朱哲，薛焱.价值自觉、价值自信与价值实践——践行社会主义核心价值观的三个维度[J].思想教育研究，2014(5)：23-27.

动相结合,进而确立以社会主义核心价值观为核心的价值共识,并将这一价值共识外化为行为自觉和实践自觉。归根结底,价值实践是主体的实践,是在价值共识基础上的实践活动,是追求真善美,实现真善美的实践性统一。

价值实践之"真"表现为实践规律之"真",实践规律包括客观世界发展规律、中国共产党执政规律、社会主义建设规律、思想政治教育规律等。价值实践之"善"表现为实践内容之"善",实践内容作为马克思主义中国化的创新理论,以"治国有常,利民为本"为指向,符合广大人民群众的根本利益,反映了社会主义核心价值观的本质要求。价值实践之"美"表现为实践过程之美,是实践主体对实践内容、实践环境和实践载体之美的发现,具体表现为实践主体对和谐实践环境与实践过程的审美体验和感受,以及实践过程中创造出的实践成果的美感度和创造过程中的美感享受。

在价值实践中,实践主体的自觉行为建立在对客观世界发展规律、中国共产党执政规律、社会主义建设规律、思想政治教育规律等正确认识的基础之上,它以符合共同体成员的利益和需求为前提,用共同体成员易于接受、乐于接受的方式,实现其认知、意志和情感的统一,即真善美的统一。

二、真善美在实践中的偏差:德育共同体主体价值实践的困境

由于个人主义、功利主义、自由主义、历史虚无主义等思想的影响,在价值实践过程中,出现了实践主体背离客观世界发展规律、中国共产党执政规律、社会主义建设规律、思想政治教育规律等现象,导致真善美在实践中的偏差,产生了失真、伪善、恶俗等现象。

一是"真"在实践中的偏差。"真"在实践中本是要尊重客观规律,实践主体的行为要符合思想政治教育的规律,符合大学生成长规律,符合教书育人规律。然而,高校也存在失真甚至是虚假的现象,造成了"真"在实践中的异化。例如,个别教师存在实验数据造假、论文抄袭,为了升职称不惜代价,违背学术规范和师德尊严,造成恶劣影响的现象;也存在学生考试作弊、实验报告抄袭、

论文拼凑,家庭证明造假等现象。在校园外,有的教师忙于拉项目、套关系,学生则在实践活动中出现种种"造假"现象,特别是在暑期社会实践中,部分社会实践存在实践项目同质化、实践过程短暂化、实践报道夸大化等失真现象。这类失真现象极大地阻碍了价值行为自觉的形成,阻碍了德育共同体的良性运转。

二是"善"在实践中的偏差。"真"在实践中的偏差直接导致了"善"的变异。"善"本是在实践中追求有利于自我、他者和社会的价值,进而实现"共同善"。但是现实中也存在"伪善"现象即"虚假的善",这种伪善有时比无善更可怕。伪善者熟悉伦理道德和社会规则,但是以自我为中心,表里不一,言行不一,知行分离。特别是在核心价值观的践行中,"学生对社会主义核心价值体系均有高度的认同感,学生都知道反对什么、赞成什么;知道什么可以做、什么不可以做,但当落实到一些具体的行为的时候,很多学生却没能够坚持自己的观点"[1]。也有群体习惯于以道德绑架他人,他们"只说不做,只对他人布道,自己却不去做要求别人做到的道德行为"[2],这在一定程度上限制了个体的道德自由和权利,造成了善恶标准的模糊,也影响了共同体成员对道德责任的履行。

三是"美"在实践中的偏差。"真"与"善"在实践中的偏差自然会导致"美"的偏差。实际上,从出现失真、伪善的那一刻起,"美"就已不复存在。"美"本来表现为在实践过程中生成的愉悦情感,以及实践结果带给人的舒适的感官体验。然而,如果作为德育重要场域的课堂成了"放牧场",宿舍成了"垃圾场",就会严重污染德育的教学场域和生活场域,而网络场域更是重灾区,各类娱乐八卦网站、色情视频网站、颜色信息网站等非法网站反而成为少数学生的

① 范洁波.大学生社会主义核心价值观教育的困境及对策[J].高教探索,2014(2):168-171.

② 都萧雅,王一帆.论道德绑架行为的伪善性和危害性[J].中州学刊,2018(11):98-102.

光顾之地。游戏族、占座族、脏话族、崇洋族、尚奇族、啃老族等不良现象给和谐的大学校园带来了不和谐的"噪音",为美好的大学生活涂染了"丑"与"俗"的画面。"美"在实践中的偏差也直接暴露了价值实践中存在的问题和挑战,在一定程度上也制约了德育整体效果的提升,限制了德育共同体的良性发展。

三、合规律性与合目的性的统一:德育共同体主体价值实践的目标

真善美在实践中的偏差,归根结底是人们对规律的认识背离了人的自由而全面发展的目标,要想实现实践价值的最大化,就要实现价值实践的合规律性和合目的性的统一。合规律性"是指人的社会实践活动必须遵循客观规律,按照客观规律办事,不然就会受到客观规律的惩罚",合目的性"是指人的社会实践活动,从长远上看,必须符合既定的价值目标和理想追求,活动的最终目的是现实活动的终极目标,现实活动要符合和服务于最终的价值目标"。①

价值实践作为人类实践活动的本质体现,其合规律性和合目的性的统一要求实践活动"遵循社会发展规律与品德养成规律(真),促进社会所倡导的正价值向主体意识的内化与行为的外化,服务于人类生存与发展条件的优化(善),达致社会和谐与个体人格和谐的统一(美)"②。概言之,在人的实践活动中"合规律性为真,合目的性为善,既合规律又合目的为美"③。德育共同体的实践主体要按照"真"的要求,在社会主义核心价值观的指导下,使自己的实践活动合规律性;按照"善"的要求,通过对客观事物的正确认知,开展符合社会价值以及自己本性和需要的善行,使自己的实践活动合目的性;按照"美"要求,实现主体与客体的统一,使主体的实践活动既合规律性又合目的性。由此可

①　沈阳. 构建和谐社会是合规律性与合目的性的统一[J]. 科学社会主义,2007(2):99-102.

②　黄伟先. 真善美统一:思想政治教育价值实现规律[J]. 学术论坛,2011(8):44-48.

③　江足宁. 真善美:人类实践的三重尺度[J]. 南京政治学院学报,2007(2):21-24.

见，实践的合规律性与合目的性的统一就是实现真善美在价值实践中的统一。

要实现价值实践的合规律性和合目的性的统一，就要立足于真善美统一的价值目标，引导德育共同体成员践行社会主义核心价值观。一方面，要发挥德育共同体的整体性育人功效。德育共同体既要更新理念，立足德育的价值本位，着眼于人的自由而全面发展，全面开发德育蕴含的真善美资源，打造有思想、有行动、有风景的思政课；又要创新实践的模式和方法，不断拓宽价值实践的载体和渠道，内增素质，外树榜样，凝聚共同体内外部合力，通过实践体验将社会主义核心价值观转化为大学生的行为自觉和行为习惯，实现真善美在实践中的统一。另一方面，德育共同体要主动承担起中国特色社会主义大学的道德责任。"共同体是一切行动之源。共同体对于成员的构成性影响是最活跃的，它缓慢而有力地教化个体的每个新的一代，按照它自身的形象塑造他们。"①党的二十大报告指出："实践告诉我们，中国共产党为什么能，中国特色社会主义为什么好，归根到底是马克思主义行，是中国化时代化的马克思主义行。"②德育共同体要以马克思主义为指导，不断发展和完善中国特色社会主义理论体系，面对外部多元价值观和文化思潮的威胁与挑战，"既要敢于碰硬，对错误观念和社会思潮毫不留情地进行批判；又要循循善诱，通过说理和比较，教育人们分辨是非、择善摒恶、促进认同感"③。面对德育共同体内部真善美在实践中的异化，要及时找准问题，对症下药，在实践中实现真善美合规律性和合目的性的统一。

---

① ［德］斐迪南·滕尼斯. 共同体与社会：纯粹社会学的基本概念［M］. 林荣远，译. 北京：商务印书馆，1999：98.

② 习近平. 高举中国特色社会主义伟大旗帜为全面建设社会主义现代化国家而团结奋斗——在中国共产党第二十次全国代表大会上的报告［M］. 北京：人民出版社，2022：16.

③ 余玉花，张卫伟. 社会主义核心价值体系的实践性探讨［J］. 思想理论教育，2014（1）：40.

第三章 "尊德性而道问学"的当代德育价值

"只有把马克思主义基本原理同中国具体实际相结合、同中华优秀传统文化相结合,坚持运用辩证唯物主义和历史唯物主义,才能正确回答时代和实践提出的重大问题。"①"两个结合"为德育共同体的当代建构提供了重要启示。从中华优秀传统文化的视角来看,德育共同体建基于学术共同体、知识共同体之上,具有源远流长的儒家思想背景,是"尊德性"与"道问学"的传统思想在当代中国高等教育中的体现。"尊德性"与"道问学"的统一,从传统文化视角诠释了中国特色社会主义大学之为德育共同体的合理性,为解决灌输式教育、知识的价值中立、知识与德育二分等问题提供了方案。

共同体的意义类似于社群的概念,通常被译为英语的"community","与小区、团体、共有、群体等词语有关,这些词语都代表着人类的一种生存和生活样态,本源上都具有'正向的、好的、关乎善'等含义"②。德育则相当于道德、品德的教育、培养,不仅为中西方所共同重视,而且在中国传统思想中,其意义和价

① 习近平. 高举中国特色社会主义伟大旗帜为全面建设社会主义现代化国家而团结奋斗——在中国共产党第二十次全国代表大会上的报告[M].北京:人民出版社,2022:17.
② 吕成祯,任少波.德育共同体:内涵、特征与时代使命[J].国家教育行政学院学报,2018(4):41-46.

值就不断被强调与阐述。其中，尤其重要的是儒家的成人之教，被具体化为内圣外王的实践工夫，这正是对于个人德性的培养，以及社会集体道德与共同善的提升。

儒家的教育体系，可分为"尊德性"与"道问学"两个互相联系、并行不悖的行为概念。"尊德性"偏重主体德育的培养，可对应于德育共同体；"道问学"则是客观知识的学习过程，对应于知识共同体。两者共同朝向儒家成人之教、成圣的目标，所以"道问学"并非价值中立的知识学习，而是以主体完满的道德为目标的学问，它超越于客观知识之上。透过"尊德性"与"道问学"的传统文化思想诠释德育共同体，一方面，可以辨明中国大学之为德育共同体的特殊性；另一方面，可从中国思想体系本身，为德育共同体的理论进行思想史上的溯源，进一步论证德育共同体是在我国源远流长的文化中，因袭相承而产生的，适应于当代高等教育环境的理论建构。

"尊德性"与"道问学"的意义和当代价值

"尊德性"与"道问学"这两个概念出自《礼记·中庸》："大哉圣人之道！洋洋乎发育万物，峻极于天。优优大哉！《礼仪》三百，威仪三千，待其人然后行。故曰：苟不至德，至道不凝焉。故君子尊德性而道问学，致广大而尽精微，极高明而道中庸。温故而知新，敦厚以崇礼。是故居上不骄，为下不倍；国有道，其言足以兴，国无道，其默足以容。《诗》曰：'既明且哲，以保其身。'其此之谓与！"其原意是指圣人之道影响深远，人们可奉行实践并以此孕育万物。君子须重视德性的修养与学问的追求，才能企及圣人之道，用以治国安邦，修身养性。其中"尊德性而道问学"的"而"，衍生出"而后"与"而且"两种解读，遂引发后世孰轻孰重、孰先孰后的讨论。

虽然"尊德性"与"道问学"的概念最早出自《礼记·中庸》，但这种对于圣人之道的追求,究竟是以个人德性建构为主,抑或是在客观知识的追求之后自然产生,在孔子的学说之中实际上涵容了两种进路。一方面,孔子既说"人而不仁,如礼何? 人而不仁,如乐何?"(《论语·八佾》)甚至将"仁"的德性上推到形上的超越依据,如孔子说的"天生德于予。"(《论语·述而》)另一方面,孔子重视知识、技术的学习,如孔子说"君子不器"(《论语·为政》)、"游于艺"(《论语·述而》)等;在许多时候更直接明言学习的重要性,如"学而不思则罔,思而不学则殆"(《论语·为政》),而且重视"温故而知新"(《论语·为政》)的反复练习,才能够作为人师表率。由此可知,孔子所代表的儒家成人之教不偏废于"尊德性"或"道问学",而是一并重视这两者。

如果将孟子与荀子视为孔子思想在先秦时期的主要继承者,孟子较似是阐扬了"尊德性"一路,而荀子则更多地发展了"道问学",但他们并未将这两个概念视为对立问题。直到宋明理学之后,其中的争议才被彰显出来,表现为张载对"德性之知"与"见闻之知"的区分,以及朱熹和陆象山对"尊德性"与"道问学"孰先孰后的论辩。

从两人的观点来看,陆象山强调"先立乎其大""先发明本心",在回应朱熹的质疑时曾言:"既不知尊德性,焉有所谓道问学?"(《陆九渊集·语录上》)由此可见,陆象山认为应以"尊德性"为根本,只要德性确立了,不需要知识上的学习便可以成就圣贤之道。朱熹则重视"即物而穷理",乍看之下似是由知识的追求而逐渐达到对于德性的认识,因此被视为支离、他律,而失去做人的根本。有学者即据此将其视为儒学之中的歧出、别子为宗,失去儒家思想的精髓。① 然而,朱熹在解释"故君子尊德性而道问学,致广大而尽精微,极高明而道中庸。温故而知新,敦厚以崇礼"等五句时言:"尊者,恭敬奉持之意。德性者,吾所受于天之正理。道,由也。温,犹燖温之温,谓故学之矣,复时习之也。敦,加厚也。尊德性,所以存心而极乎道体之大也。道问学,所以致知而尽乎

① 牟宗三. 牟宗三先生全集 5·心体与性体(一)[M]. 台北:联经出版事业股份有限公司,2003:21.

道体之细也。二者,修德凝道之大端也。……故此五句,大小相资,首尾相应,圣贤所示入德之方莫详于此,学者宜尽心焉。"(《中庸章句集注》)这可以说是共同重视"尊德性"与"道问学"的明证。依据不同主体的资质、性情、能力,可由"尊德性"的"大"发展成各种"小"的"道问学",也可以从"小"以入"大",正符于儒家多元学习、多重进路以成圣的为学方法。或如陈来所言,"朱熹以为应当两进兼顾,而陆九渊则以为必以尊德性为主"①。

明代最重要的儒者王阳明虽被视为心学家,注重内在德性的彰显,甚至对于朱熹有过批判,但也是将德性修养和知识习得视为同等重要、相互关联的实践工夫。如其所言:"岂有尊德性只空空去尊,更不去问学? 问学只是空空去问学,更与德性无关涉?"(《传习录》)唯有将两者结合,才能完整地理解儒家教育体系的架构。不可否认的是,两者有其差别,除了意义的不同之外,发生和学习的顺序也不一样。儒家或者接受人性是善的,或者接受人有教化的可能,也就是有德性,人才能够接受教化而向善。因此,人内在具有德性,只有接受知识才能使德性充分发挥;而从学习的实践而言,人经由知识探索,才逐渐将内在的德性落实为具体的行为。如韩星所概括的,"道德修养是人生的根本,学问知识是实现道德的基本途径。从逻辑上说,道德重于学问;从事实上说,学问先于道德"②。

经由以上的梳理可知,儒家的教育既重视德性也重视知识追求,但并非机械地追求客观的知识或技能,知识和技能必须和德性相关,以提升德性为学习的目标。只有这样,人才能超越于知识之上,成为兼具知识和道德而能为社会,乃至于全人类服务的人。

①　陈来.朱子哲学研究[M].北京:生活·读书·新知三联书店,2010:460.

②　韩星.《中庸》"尊德性而道问学"章疏解[J].江淮论坛,2015(6):103-108,115,197.

涵容"尊德性"与"道问学"的德育共同体

"尊德性"与"道问学"的解释与运用直至今天仍不断在进行中,足以显示中华传统文化源源不绝的生命力。儒家古代思想中的智慧持续发展,既可以建构为符合时代发展的知识体系,也可用以解决当代的教育问题。① 对我国现今的教育环境而言,"尊德性"与"道问学"的意义在社会主义核心价值观的引领下,不仅可以借由古代思想为德育共同体提供我国传统文化方面的支撑,而且可以借此丰富德育共同体的理论体系。以下先分析"尊德性""道问学"和作为高校工作原则的"三全育人"之间的关系,再进一步阐明"尊德性""道问学"所内含的德育共同体的目标一致性、主体交互性与集体协同性"三重特性"。

一、"尊德性而道问学"内含多元主体育人育己的统一

2017 年 2 月 27 日,中共中央、国务院印发并实施的《关于加强和改进新形势下高校思想政治工作的意见》指出,加强和改进高校思想政治工作的基本原则之一为"坚持全员全过程全方位育人。把思想价值引领贯穿教育教学全过程和各环节,形成教书育人、科研育人、实践育人、管理育人、服务育人、文化育人、组织育人长效机制"。"三全育人"旨在提升所有教育关系中的主体,依据不同的需求,培育所有主体的各种能力,使其自觉主动地参与到落实立德树人的根本任务中,并通过自我德性的养成不断增强人才培养的能力和水平。"三全育人"的落实,有赖于各个高校单位制定落实的办法,并且经由师生的互动、实践而见到成效。

如前所述,中国传统儒家的成人之教,面向广大的群众,所谓"得天下英才

---

① 樊华强."尊德性"与"道问学"之争及其教育意蕴[J].当代教育科学,2021(6):18-19.

而教育之"(《孟子·尽心上》),是全员育人的体现。学校教育虽然重要,但教育关系中的所有主体,都不只是生活在学校之中而已,还需要和家庭互动,走向社会。因此,德性的养成不仅止于学校教育,个体还需经过一生的努力,才能成为有道德、有品格的君子、圣贤。孔子自述十五岁至七十岁的生命历程(《论语·为政》),随着个人修养而有境界的提升,是全程育人的体现。教育不是少数人的特权,而是使每个人都能受教,并且依着自身的努力而得到相应的进步。儒家对于人的培养,依据资质、个性、兴趣等保持开放的态度,如孔子门下的"四科十哲"(《论语·先进》),以及孟子言"圣之清""圣之任""圣之和"与"圣之时"等不同的圣人形态(《孟子·万章下》),反映出全方位育人的基本态度与成果。

在整个儒家教育的范围内,交错穿插着"尊德性"与"道问学"两个相互关联、相互促进且可作为次第进展的进路,全员育人也无时无刻不发挥着推动"尊德性"与"道问学"的作用。"尊德性"以人人皆可为善的基础,重视个人和集体德性的涵养与启发;"道问学"则以成德为目标,强调知识探索中立德,以增进个人和集体的德性与能力。

在德性的培养上,可以透过理性的思辨,也可以经由感动、关怀等情感的诱发,①而使人体认到自身内在的德性。前者如孟子所说的"心之所同然者,何也? 谓理也,义也。圣人先得我心之所同然耳。故理义之悦我心,犹刍豢之悦我口"。(《孟子·告子上》)意指圣人和一般人一样,人性之中即有理义之类的性质,只是圣人先体认到之后实践出来,一般人需要更多的时间,投入更多的努力才能发挥。后者则如孔子与宰我论三年之丧时所说:"予之不仁也! 子生三年,然后免于父母之怀,夫三年之丧,天下之通丧也。予也有三年之爱于其父母乎?"人正是由于一出生时,感受到父母对于子女的关怀,才能够将这种情感扩充至亲友、同事,乃至于广大的社会。

---

① 王庆节.道德感动与儒家示范伦理学[M].北京:北京大学出版社,2016:40-41.

在知识的追求中,虽然都是贯穿德性的建构,但并非将人当作计算机式的灌输信息,也并非囫囵吞枣地接受知识而不加以领悟。除了基本的书籍知识之外,儒家也重视启发式与兴发式的教育,例如《诗经》中讲到:"可以兴,可以观,可以群,可以怨。迩之事父,远之事君。多识于鸟兽草木之名。"(《论语·阳货》)《诗经》中的知识可以增进人应对进退的能力,落实为具体的事父、事君的行为,即使只是纪录鸟兽草木的概念,也有助于文章创作以抒发情感,进而可能在不可预期的时空中派上用场。

以上的问学,不止于一时一地,而是所有人终其一生都值得投入,而且依据不同主体的特殊条件,发挥出不同的德性特质,培养各具特色的能力。所有主体的提升,将促进整个集体的全面提升。

二、"尊德性"与"道问学"内含德育共同体的三个特征

德育共同体具有鲜明的社会主义核心价值观之立场,理论层面论在实处,具有目标一致性、主体交互性与集体协同性等三个特征。目标一致性指的是"具有共同的社会主义价值立场和立德树人的价值目标,从而成为一种事实上的价值共同体";主体交互性是"基于多元主体之间的交往互动和交互理性,建构全员育人体系,从而在主体间的交互关系中达成德育价值目标的实现";集体协同性则是着眼于高校教育的目标与构成主体,此一特征表现为"多元主体协同育人的结果,师生通过集体实践获得德育意义和主体身份双重建构"[①]。整体而言,德育共同体就是在教育层面引领全体成员共同为维护社会主义核心价值观和立德树人的目标而努力。

"尊德性"与"道问学"承担儒家的成人之教,兼具知识共同体与德育共同体的理论特色与时代使命。德育共同体主体本身具有德性的特质,以至于人人皆可成德成善,每一个人都值得被重视。就现实的教育实践而言,须适当地

---

① 任少波,楼艳.论高校德育共同体的三重意蕴[J].高等教育研究,2018(8):86-90.

透过知识的学习和创造，使未彰显自身德性的人得以彰显德性。依据"尊德性而道问学"的辩证关系，"尊德性"是保证人得以成德的依据，但是在现实中，许多人是经由读圣贤书，或是客观知识的学习，亦即"道问学"，而逐步契入圣贤之道。因此，德育共同体以知识共同体作为基础，但必须牢记知识共同体并非无价值的、冰冷的信息陈列，而是"知识规训体系与德育体系相一致"①，才能清楚地认识到知识学习的目标。

"尊德性"与"道问学"同德育共同体的关系并非偶然地相遇，而是本身就体现了德育共同体的三个特征。依次来看，"尊德性"与"道问学"的目标一致性，表现在今日的中国社会践行社会主义核心价值观，德性的培养和知识的学习，在核心价值观的引领下，将形成与中华传统思想有机的结合。我们须理解到中华传统文化在今日如何保留自身的思想特性，同时又和富强、民主、文明、和谐、自由、平等、公正、法治、爱国、敬业、诚信、友善等价值观融合，共同为立德树人的目标提供强而有力的思想依据与后盾。

在主体交互性方面，儒家自古以来就重视主体之间的交互关系，价值是从具体的关系中产生。② 儒家虽然重视"慎独"，但是圣人、圣王的事功无一是封闭在象牙塔之中就能完成，而是既要学习书中的道理，又要能够献身于社会和国家，这样的人才是真正贯彻内圣外王的人。在这一过程中，每个人都不断地相遇、接触、改变，社会阶级也不断流动，在自己的岗位上与其他主体形成良好互动，共同为相同的目标而付诸实践。"尊德性"尊的不只是自己的德性，还有他人的、公共的德性；"道问学"成就的也不只是一己的知识含量，还包括所有主体之间互相增进的知识水平，以及共同朝向提升德性的目标。如同"核心价值观，其实就是一种德，既是个人的德，也是一种大德，就是国家的德、社会的

---

① 任少波.塑造更有梦想的时代新人[J].思想政治工作研究，2020(11)：21-23.
② ［美］安乐哲.儒家角色伦理学：一套特色伦理学词汇[M].［美］孟巍隆，译.田辰山，等校译.济南：山东人民出版社，2017：176-177.

德。国无德不兴,人无德不立"①。

"尊德性"与"道问学"的集体协同性表现在多元主体共构的教育环境。在高校之中,教师、学生、辅导员,以及各个单位都是具有独特身份,又相互关联的主体。这些主体以其各自的身份与职能,分层负责不同的事务。各自的行为表现可以作为他人的借鉴与参考,同时也借鉴他人的行为表现,反过来增进自己的德性与技能。这样的关系不是单纯的上对下或下对上,而是上下左右,往复交织,结果使得所有主体都能有所提升,构成更广大而全面的共同体。在"尊德性"与"道问学"的过程中,发挥"益者三友,损者三友"(《论语·季氏》)的态度,应充分认识到,即使是德性与能力比自己低下的人,也都是使自己进步的良师益友,遑论才德兼备的人所能发挥的影响。

既然"尊德性"与"道问学"内含德育共同体的三个特征,则二者的统一就是德育共同体的完整体现,不仅"尊德性"与"道问学"为我国自古以来既有的思想内涵,德育共同体更能体现社会主义核心价值观。

德育共同体对当代教育困境的开解

借由德育共同体重新理解"尊德性"与"道问学"之后,可以将儒家的成人之教衔接上当前的教育环境,尝试改善既有的教育困境,进而落实为具体的教育理念与方法。我们可以以德育共同体视角下的"尊德性"与"道问学",回应灌输式教育、知识的价值中立、知识与德育二分等问题。

一、灌输式教育的弊端与开解

"传统的师生交往方式倾向于'说教式''灌输式',显然,这种交往方式弱

---

① 习近平.习近平谈治国理政:第一卷[M].北京:外文出版社,2014:168.

化了学生主体性的发挥，也难以了解学生的真实心声和情感。"①事实上，这种灌输式教育并非我国传统文化所倡导的教学方法，而是近代受西方考试、升学主义影响之后，才成为教学关系中的常态。先秦儒家师生之间平等讨论之风甚盛，《论语》之中多有学生提出和孔子不同的观点，孔子均不以为忤，还常鼓励学生将自己的想法如实地表达出来。

着眼于"尊德性"与"道问学"，在发扬儒家提出的仁、义、礼、智等德性，学习古籍经典的学问之过程中，一并重视主体、客体和主客体之间的关系，以自己作为主体时，也要将自己作为他人的"客体"而呈现。据此所尊的德性、所学的知识，也随时可能反映在对象身上。教师将学生培养成有德者，学生就以有德者的身份向教师显现，教师也同步理解到有德者应有的表现。这种关系落实在辅导员及其他主体间关系时亦是如此。

"尊德性"与"道问学"的集体协同性特征表现在朝着共同的价值目标而努力，并推动所有主体共同实现这一目标。当所有主体都是为着同一目标而付出劳动时，主体的优越姿态就会降低。共同体并不是一人一时一地就能建构而生，个体如若迷恋于不被他人承认的德性与知识，就只是孤芳自赏的独断论者。若能够切实贯彻上述理念，各个主体之间就不仅能以平等的态度相处，能够谦虚地向对方学习，增加彼此的认同感，尊重彼此的德性和学问，真正建构出多元主体和谐共存的德育共同体。

二、以德性塑造作为知识的价值与目标

人们以往追求"真"的科学知识，以为科学知识不带有价值判断。然而，科学知识的挖掘本身是以服务人类为目的，阐述科学知识往往伴随人的主观判断。我国倡导思政教育融入高校教育，即需更清楚知识共同体的建立有其内在的价值。在德育共同体的建构之下，知识探索的归依在于使所有人成为有

---

① 曹政，任少波.论德育共同体的内生性、协同性与生态性[J].浙江社会科学，2020(12)：112-116，160.

道德的人,并且实现一个集体的共同善。这是德育共同体的目标一致性所表现的特征。

在"尊德性"与"道问学"的架构之下,同样并无纯粹客观的知识。在学术过程中,知识通过学术实践转化为增进德性的资粮,并且防止用知识作恶的行为发生。能够确实防止学术为恶,必定是行为主体具有德性的标准,认同德育的价值,接受社会主义核心价值观的引领,才能同时既具有消极面的反思能力,又具有积极面的展开能力。

荀子曾言:"君子博学而日参省乎己,则知明而行无过矣。故不登高山,不知天之高也;不临深溪,不知地之厚也;不闻先王之遗言,不知学问之大也。"(《荀子·劝学》)荀子重视知识的学习,而且是躬身实践,亲临高山深谷以探测天地的高深,但更为重要的是,问学过程能否作为自我反省的资源? 个体是否能使自己的行为没有偏差? 对于荀子而言,更为重要的知识是先王遗留的事迹,它能够使自己的德性有所增进,因而是真正的大学问。荀子立德树人的目标显而易见,而且具有极强的实践性。

三、知识与德性为一体而非二分

虽然知识与德性是两个概念,而且知识是学习的基础,最终以成德为目标,但两者之间的关系其实是互为表里、互相联动的。德育共同体固然是以知识共同体为基础,但知识的内容应贯穿德育的思想,以培养有道德的人和集体共同善为目标。"德育与智育无疑有着不可分割的关联性。从旨归上看二者统一于立德树人,从主体、客体、环体等构成要素来看具有高度的一致性;从作用路径来看都遵循教育的客观规律。"①带有价值观的知识培养,才能使人明白知识学习的目的,德育的提升也方能融入教育环境之中。

"尊德性"与"道问学"一再表达学术与德性密不可分的关系,这样的关系

---

① 任少波,单珏慧.构建基于"知识共同体"的"德育共同体"——高等学校立德树人的二维耦合[J].教育研究,2019(7):44-50.

表现在两个层次上,第一层是将"尊德性"与"道问学"视为不同的起点,如果认为"尊德性"是根本,则德性在精深幽微之处,还需要学习思辨的知识与能力,以将德性的高度展现出来;①如果从"道问学"入手学习,则圣贤成德的经验已在知识学习的范围之中,不可能脱离德性的价值而无目的地摄取符号、数字之类的信息。

第二层则更进一步,在接受两者对于成德之教均重要的观点之后,还需促进两者同步共进。如孔子曾说:"质胜文则野,文胜质则史,文质彬彬,然后君子。"(《论语·雍也》)本来的德性如果不加以规范,学习待人接物的方法,则过于粗野;仅以书中知识作为应对进退的依据,而掩盖内在德性的光辉,则过于迂腐。个体唯有将德性与知识并重,才能真正成为有德的君子。

---

① 杨祖汉.思辨于成德是否必要——敬答黄兆强教授并论读经问题[J].鹅湖月刊,2017(3):30.

第四章　契合知识时代的德育演进趋向①

　　在以立德树人为根本任务的中国大学,要将德育工作置于知识视野下进行审视,从道德与知识的互动关系入手,构建基于知识共同体的德育共同体,探索实现立德树人的创新路径。以共同体中多元主体的知识结构为德育起点,在德育过程中优化德育与智育的场域耦合,畅通多元主体之间的能量耦合,构建以"共同善"为内核的系统耦合,以知识的前沿性驱动德育创新,以知识的整合性促进德育协同,以知识的实践性激发德育转化。

　　从古希腊的学园到欧洲古典大学,从古老的博洛尼亚大学到被誉为"现代大学之母"的柏林大学,大学的自然属性是知识共同体。纵观当今世界的知名学府,虽然知识的内涵与外延在不断变化,但知识始终是高等教育毋庸置疑的核心纽带,联结起整个共同体。正如伯顿·克拉克(Clark,B.R.)所说:"知识材料,尤其是高深的知识材料,处于任何高等教育系统的目的和实质的核心。"②

---

① 任少波,单珏慧.构建基于"知识共同体"的"德育共同体"——高等学校立德树人的二维耦合[J].教育研究,2019(7):44-50.

② [美]伯顿·克拉克.高等教育系统:学术组织的跨国研究[M].杭州:杭州大学出版社,1994:12.

中国大学之作为中国特色社会主义大学，关键在于它在成为知识共同体的同时也兼具有德育共同体的属性。中国大学的使命在于立德树人，"德"乃人之"魂"，"立德"是"树人"之基，德育与智育是高等学校人才培养一体之两翼。"对当代中国而言，大学的属性具有鲜明的意识形态特点，以'立德树人'为根本任务，全员育人、协同育人，事实上构成并不断完善'德育共同体'。"①这种以"共同的道德信仰和价值认同、共同的历史文化传统、明确的目标和指向"②为特征的大学德育共同体的构建完善，直接指向立德树人的实现。

中国大学在德育实践中显现出目标一致性、主体交互性、集体协同性三大特征，事实上已经初步形成大学德育共同体。与此同时，德育工作的使命要求与人才培养的内生需求之间仍存在缝隙，德育与智育的关系命题仍未完全理顺。展望未来，将德育工作置于知识视野下进行审视，探寻德育共同体与知识这一大学核心要素的耦合演进，不仅可以为中国大学探索立德树人提供创新路径，也是中国特色社会主义大学得以回应时代需求，保持蓬勃发展态势的必然方向。

以多元主体的知识结构作为德育的基础

德育具有普遍性，但德育的主体是个体的人。我们之所以将大学德育放在如此重要的地位进行探究，一方面，是因为其所面向的主体正是引领国家、社会未来走向的重要有生力量，大学德育不仅要覆盖学生群体，也要面向教师群体，"师生共进""教学相长"在大学阶段的师生互动中体现尤为集中；另一方面，也是鉴于以大学为范畴，对这一独特的高知或未来的高知群体实施德育

---

① 任少波,楼艳.论高校德育共同体的三重意蕴[J].高等教育研究.2018(8):86-90.
② 吕成祯,任少波.德育共同体:内涵、特征与时代使命[J].国家教育行政学院学报,2018(4):41-46.

时,所具备的独特优势,相较于家庭、团体、社会、国家等同样对个体具有道德影响力的结构化组织,大学内部围绕知识传授而形成的师资队伍、课程体系、育人范式等一系列组织机体和运行机制,能够确保大学德育具有组织性、知识性、针对性、规范性等特征。相对于小学、中学等同样实施组织化德育工作的教育层次,大学由大量具备相对成熟道德判断力的高知个体构成。中国传统学校德育体系中占据主流的主客体单向传导模式,在大学里却更易于转化为主体间性互动模式,从而构建起多元主体平等联结、共同成长的德育共同体。

一、个体认知结构的可塑性是实施德育的客观基础

德育是有目的、有计划地在政治、思想与道德等方面对教育对象施加影响的活动,德育目标主要包括培养某种德性素养和造就某种社会角色,本质上是促进个体完成道德上的社会化的过程。① 这种针对性教育活动必然指向"塑造",所谓"道德是否可教"问题的争论焦点,即个体道德是否可以通过外力进行塑造。

美国儿童发展心理学家劳伦斯·科尔伯格对个体的道德发展问题进行了大量实证研究。他的研究结果证明,人是存在道德判断的,而"道德判断的存在表明道德发展具有一个基本的认知结构成分。尽管动机和情感被包含在道德发展之中,但是这些动机和情感的发展主要是以思维模式的改变为中介"②。可见,从个体来看,道德发展的外显形式是行为的变化,而引发行为改变的动机与情感则源自个体认知结构的改变,这种个体认知层面的内部变化虽然隐晦而复杂,却并非无处着力。回归大学的知识属性,从微观层面来看,知识的创新与传授功能意味着作为共同体成员的"人"的知识结构的改变与被改变,

---

① 吕成祯,任少波. 德育共同体:内涵、特征与时代使命[J]. 国家教育行政学院学报,2018(4):41-46.

② [美]L·科尔伯格. 道德发展心理学:道德阶段的本质与确证[M]. 郭本禹,译. 上海:华东师范大学出版社,2004:66.

而知识结构作为认知结构的基础，自然也是应然地与其发生链式反应。人的知识结构的可塑性推导出认知结构的可塑性，而所谓道德塑造，首要也是关键的一点即个体认知结构的塑造，"道德情境的'认知'界定直接决定着情境唤起的道德情感"①，而道德认知与道德情感的直接导向即为道德行为，这也正是为何我们要立足个体知识结构来实施德育的原因。

二、多元主体知识结构的差异性是实施德育的现实条件

教育讲求因材施教，这一点毋庸置疑。现代大学与社会的关系日益密切，是一个相对开放的复杂系统，大学德育的对象既包括学生群体，也包括专业教师、学校管理者和维持学校运作的各类服务者，甚至还会涉及部分与大学德育实施密切相关的校外人员，如陪读的家长、外聘的企业导师、社会实践的校外指导者、参与校园活动的校友，等等。如此多元的主体必然有着多样化的个体特点和成长需求，即使以传统德育中最主要的学生群体为例，他们其实也具有很大的差异性。大学里的每一个专业都要有相应的培养方案，每一门课程都要有相应的教学大纲，针对不同层次、不同年级的学生必然会考虑知识点的分布、课程的接续性。然而，作为立德树人关键环节的德育，却似乎较少关注对象"材质"的差异性，即使有所考虑，也往往习惯于以年龄等表面特征简单划分。而事实上，与德育有效性关联度更大的因素是个体知识结构的差异度。

一方面，个体的知识结构会作用于性格结构。弗朗西斯·培根认为，读史使人明智，读诗使人灵秀，数学使人周密，科学使人深刻，逻辑之学使人善辩。说明了凡有所学，皆成性格。不同的专业自成其气质，比如面对人文学科的学生，在教育过程中"动之以情"往往比单纯的"晓之以理"效果更好；面对理工科学生，同样的教育方式则未必适用，无法实现逻辑自洽的一味煽情通常只会让学生感觉尴尬。如果说，在本科阶段，这种专业对人的塑造还只是初步显现，

---

① ［美］L·科尔伯格.道德发展心理学：道德阶段的本质与确证［M］.郭本禹，译.上海：华东师范大学出版社，2004：69.

那到了博士阶段甚至成为某专业的教授、副教授,这种专业间的区分度会十分明显,甚至有很多时候德育工作的有效开展必须依托专业术语、专业情境、专业知识,或许这也是近年来中国力推课程思政的原因之一。计算机领域的研究中有一种叫做自然语言识别,简单来说就是通过特定的处理方式让计算机能够"读懂"或"听懂"所谓的自然语言——人类的语言。其实,很多时候德育的有效开展也是仰赖于能针对个体差异进行有效的"处理",让个体得以快速"识别"。

另一方面,知识结构也会直接影响个体对外界作用力的吸收与反馈。正如我们不会用反腐案例来劝诫幼儿遵纪守法,也不会用"匹诺曹的鼻子"来教育大学生诚实守信。"全部生活,人类的全部观察,证明每个人都从他的经验与他的交际中吸取适合他自己的一切,展现他原有的观念与感情。"①可以说,大学是由具有独立思考能力、完全民事行为能力的个体所组成的,而每个个体都在之前的人生中逐渐通过同化、顺应的法则形成了自身所特有的图式,而且这种图式越是完整、成熟,越难以被继续同化、顺应,在一定程度上我们也可以把这种现象理解为边际效用的递减。在当今中国的教育体制下,能通过高考筛选进入大学就读的学生,即使是个别学校未成年的"少年班"成员,也都具有较高的知识水平和认知能力,至于大学中的专业教师或行政、后勤等专业服务者,自然都已经是相对成熟的个体。这种个体图式上的差异性和成熟度无疑是远高于前置教育阶段的,这既是大学德育的现实基础,也是大学德育的客观难点。

大学德育共同体中的主体虽然普遍具有高知性特点,但男生群体与女生群体、学生群体与教师群体、本科生群体与研究生群体、工科生群体与文科生群体、年轻教师群体与资深教师群体等知识结构的差异仍不可忽视,更遑论个体间细致差异之复杂了。所以,当我们在具体实施德育之前,首先要立足多元

---

① ［德］赫尔巴特.普通教育学、教育学讲授纲要［M］.李其龙,译.杭州:浙江教育出版社,2002:72.

主体知识结构的差异性，解析教育对象的"材质"特征，选择适宜的教育内容和方式方法。智育要因材施教，德育也是如此。未来，随着中国大学优质教育资源的进一步充实和终身学习理念的进一步普及，对招生条件、学习年限、学位类型等方面的限制必将逐渐减少，整个大学体系将呈现出更加开放、更加灵活、更加多元的趋势，这也意味着大学德育将面对更加复杂化、差异化的个体，这也是这个更加开放的时代带给大学德育的挑战。

助推两个共同体有机耦合的德育过程

知识共同体与德育共同体在中国大学这一场域中交错生长、枝蔓相连，中国大学兼具着两个共同体的双重属性，探索立德树人实现路径，必然需要构建并提升德育与智育两种育人功能的有机耦合。耦合的概念来源于物理学，反映了两个或多个系统之间或者组成系统的要素之间，通过相互作用、相互影响，彼此间产生相互促进或者制约的现象和规律。在此，我们也将借用耦合这个物理学概念，从场域耦合、能量耦合、系统耦合三个不同维度来进行论述。

一、优化德育与智育的场域耦合

德育与智育无疑有着不可分割的关联性。从旨归上看，二者统一于立德树人；从主体、客体、环体等构成要素来看，二者也具有高度的一致性；从作用路径来看，二者都遵循教育的客观规律。本应是和谐共进的德育与智育，在现实世界中却屡屡出现不和谐的杂音，出现令社会诟病的分离现象。这种应然与实然间的矛盾应该如何理解并化解，场域理论为我们提供了一种新的视角。

场域理论是源于十九世纪中叶的物理学概念。法国学者皮埃尔·布迪厄将这一理论推广运用于人类学和社会学研究，指人的每一个行动均被行动所发生的场域所影响，而场域既包含物理环境，也包括他人的行为以及与此相连的多种因素。布迪厄认为,从分析的角度来看,一个场域可以被定义为在各种位置之间存在的客观关系的一个网络(network),或一个构型(configuration)。① 简单来说,用场域的概念进行思考就是从关系的角度进行思考。

在教育学研究中,场域作为一种分析工具被运用于多种场景。"教育场域系指在教育者、受教育者及其他教育参与者相互之间所形成的一种以知识的生产、传承、传播和消费为依托,以人的发展、形成和提升为旨归的客观关系网络。"②在教育场域中,德育和智育作为互相渗透、叠加、共振的两大关系网络,以知识传承、转化、传播和创新为共同场域,相互作用、交织发展,两者共融共生的动态和谐状态是我们所希望达成的场域耦合。其实在现在的中国大学中,这样共融共生的场景已经越来越普遍地出现在课堂上、实验室里、课题小组中,但也不断地有反向的、消极的,甚至是恶劣的案例经由媒体报道被人们所知晓,想要培育出导向更加正向、积极的场域,就必须遵循场域运作的规则。

"每个场域都规定了各自特有的价值观,拥有各自特有的调控原则。这些原则界定了一个社会构建的空间。"③智育与德育在教育场域中既有联系又有区别,亦遵循着教育场域的价值观,而这种价值观的形塑取决于场域理论中的一个重要概念,即资本。布迪厄提出,资本分为经济的、文化的、社会的和符号的四种类型,其中前三类资本可以制度化并彼此互相转换。④ 在不同历史时期、不同社会文化背景的知识共同体中,不同资本间的"转换率"不同。例如,在儒家伦理占据主导地位的中国古代封建社会,以"三纲五常"为代表的德育资本直接维系着王朝统治和社会稳定,在资本转换中占据更高的场域位阶并

① [法]皮埃尔·布迪厄,[美]华康德. 实践与反思:反思社会学导引[M]. 李猛,李康,译. 北京:中央编译出版社,2004:155.

② 刘生全. 论教育场域[J]. 北京大学教育评论,2006(1):78-91.

③ [法]皮埃尔·布迪厄,[美]华康德. 实践与反思:反思社会学导引[M]. 李猛,李康,译. 北京:中央编译出版社,2004:17.

④ 刘生全. 论教育场域[J]. 北京大学教育评论,2006(1):78-91.

因此掌握更大的知识权利。近代以来的西方,科学技术在物质生产中的作用更加凸显,以高深知识为代表的智育资本日益成为时代宠儿,大学逐渐成为文化资本向经济资本和社会资本快速转换的"通行证"。为了占有更多的知识资本,掌握更大的文化权力,获取更高的资本转换率,曾经居于相对从属地位的智育开始主动与德育进行边界切割,大学内部,甚至包括一些与大学有所联系的领域中,"价值中立""去行政化"的呼声不绝于耳。静止的和谐状态只存在于理想之中,事实上,德育资本和智育资本过去一直、现在依然、可预见的将来仍会处于动态竞争之中。这种对共同体场域资本的争夺源自资源的有限性,在很长一段时期内都会持续存在。以此观照中国未来的大学,要实现二者的良性场域耦合,一是要直面问题,以更加历史的、动态的视角来考量德育和智育的关系,在整个教育场域甚至是元场域中达成共识;二是要聚焦主要矛盾,明确教育场域中的代表性资本究竟是什么,进而有针对性地优化相关知识资本向经济资本、社会资本转化的通道和路径,从而充分发挥资本转化率的调节作用。

二、畅通多元主体之间的能量耦合

在电子学中,能量耦合是指能量从一个电路传递到另一个电路的过程。而在教育领域,"育人能量"是指知识和品德规范传递创新的动能。这些动能在传导过程中会同时实现传出方和接收方的能量增长,比如人们常说的"教学相长"。我们在研究立德树人实效的时候,实际是要研究如何更好地实现育人能量的耦合增长。

以中国大学为研究标的,德育共同体和知识共同体的构成主体具有高度重合性。大学共同体的主体涵盖个体和组织两个层面,个体层面一般包括学生、教师、管理者、服务者等,组织层面从宏观来看一般包括行政组织和党政组织两大类。伴随着现代大学的规模不断扩大、组织分工不断细化,中国大学中逐渐形成了一支专门化的德育队伍,这本来应是对德育工作的力量强化,但却在一定程度上导致了与初衷并不相一致的倾向：专业教师负责智育，思政教师负责德育，智育的事情归属教学组织管辖，德育的事情归属党政组织管辖。这种育人理念上的隐形鸿沟，实际上阻隔了育人能量在各主体间的有效传导。中国大学制度中设置有党团组织和专兼职思想政治教育工作者队伍，制度上的保障优势是显而易见的，但在一定程度上，队伍的专业化配备也客观上导致了职能的细化、窄化与分化，使德育和智育在实际操作层面逐渐演变为两支不同队伍的专属职能。以马克思主义人学理论为指导，智育和德育二者协调发展的最终指向是提升人的整体素养，推动人的自由而全面地发展。我们之所以要在共同体视野下探讨德育问题，之所以要将德育共同体与知识共同体紧密联系起来，正是希望能将两个共同体的育人能量导向立德树人的大方向，以知识探索为基，以德育引导为要，努力弥合本不该割裂的智育与德育，促进育人能量的有效传导和耦合增长。

三、构建以"共同善"为目标的系统耦合

中国大学的现代化发展集中在改革开放后的四十余年间，在计划经济向市场经济快速转换的社会大背景下，中国大学走上了一条特色化的发展道路。不同于"许多西方一流大学所采取的经典模式（以学术自治、院校自治、通识教育为特征）"，中国特色的社会主义大学制度"综合了学术权力与行政权力，结合了院校法人制与中央政府指导，融汇了通识教育与专业教育"。对大学管理者而言，这种自成一派的特色模式既缺乏现成的经验借鉴，要平衡好学术权力与行政权力之间的张力也是一大考验，而这种考验的集中体现之一就是大学德育体系的顶层设计。

伴随着知识经济的快速发展，国家、社会对高知人才的迫切需求也激发了人们对大学的高度关注。培养什么样的人，怎样培养人以及为谁培养人的问题成为焦点，立德树人根本任务如何在育人实践中得以贯彻成为大学面对的关键性问题。但事实上，全员、全过程、全方位育人的理念在当前中国大学中

并未完全树立起来。"在教育理念上，不能正确认识知识传授与价值引领之间的关系；在队伍建设上，教师育德能力和育德意识有待提升；在人才培养上，各门学科思想政治教育资源没有得到充分挖掘；在管理机制上，多部门合力推进思想政治教育的机制体制有待进一步完善。"①简言之，作为中国高等学校双重属性的德育共同体和知识共同体存在分离和矛盾。弥合这种割裂状态、实现两个共同体的同生共荣，其实是一项系统工程。如果将育人比为搭建高楼，那德育和智育则是不可分割的钢筋与混凝土，高楼得以屹立，除了要有保质保量的钢筋混凝土之外，还要有深厚扎实的地基。无论是哪一种共同体，得以存在的核心都是共同体内部生命主体的价值共识，即"共同善"。可见，要实现德育共同体和知识共同体的"地基融合"，必然要构建起二者结合的基础，即一致的"共同善"。

有人认为，德育共同体的终极目标指向"善"，知识共同体的价值导向为"真"，这是两者导向的差异性，因此知识共同体并不具有价值属性，从而引申出大学"价值中立"的命题，这无疑是一种误解。"知识和价值终究是不可分的；知识和行动也是不可分的"②，脱离"善"的"真"是形而上的，片面追求这样的"真"，其本质是与高等教育育人实践相背离的。大学是探索高深知识，培养高知人才的专门机构，"高深学问具有真理性，它是人们对自然规律和社会规律的正确认识，是对事物的本质和意义的正确揭示，能够将人类从无知提升到已知，从知之较少提升到知之较多，从自然王国提升到自由王国，它的本质功能体现着善"③。这里所说的"善"，不是一般意义上的"个体善"，也不是作为道德底线的"基本善"，而是一种可以实现两个共同体"地基融合"的"共同善"。

---

① 高德毅，宗爱东.从思政课程到课程思政：从战略高度构建高校思想政治教育课程体系[J].中国高等教育，2017(1)：43-46.

② 赵汀阳.知识，命运和幸福[J].哲学研究，2001(8)：36-41.

③ 周川.大学的德行：传统与现实[J].教育研究，2019(1)：86-93.

中国大学具有鲜明的中国特色社会主义大学特性，其知识传承、传授、创新与转化，必然服务于国家社会发展，遵循以社会主义核心价值观为内核的"共同善"。

契合知识演进时代脉络的德育趋向

知识与道德千丝万缕的联系可以追溯到人类的起源，二者的关系伴随着人类社会发展而更加密切。在农业经济时代，由于生产力水平低下，人类主要是从自然界中直接获取物质生活资料。与原生态的物质世界相匹配的知识也是相对原生态的，主要以经验的形式存在。这一时期的道德在群居生活中发挥着统领与规范的作用，往往与生活实践密切联系。在工业经济时代，整个社会分工不断细化，资本成为第一位的生产要素，知识的工具价值被不断强化，知识的整体性被割裂开来，"知识整体性的坍塌"①导致"人"的发展走向片面，道德在社会生活中的地位逐渐边缘化。当前，人类已经迈入知识经济时代，知识的进一步发展将实现主导性生产资料由物到人的决定性转变，知识与道德、素质与人格和谐发展的人成为生产实践的主导要素。

中西方的古代思想家不约而同地注意到了知识与道德的关联性。古希腊的苏格拉底首先提出了"美德即知识"的哲学命题；中国传统儒学则提倡仁智统一，强调德性修养与知识学习相统一。在知识与德性的关系上，孔子把德性放在第一位，认为知是从属于仁的。他在《里仁》篇中说："仁者安仁，知者利仁。"可见，孔子的"知"主要是指认识人们之间的伦理关系，有了这种认识，就有利于实行"仁"。尽管苏格拉底与孔子对知识与道德相互关系的理解不尽相同，苏格拉底将德性归属于知识，而孔子则认为"知"构成了德性的内容，但二

---

① ［德］卡尔·雅思贝尔斯.大学之理念［M］.邱立波，译.上海：上海人民出版社，2007：22.

者均肯定了知识与道德的关联性，他们的思想余温绵延数千年。

长期以来，无论是西方还是中国，德育的主要形式是知识传授，而传授的主要内容则是知识产物。"道德只有建立在科学知识的基础之上，才能提高道德行为主体的自觉性，减少盲目性；才能使道德行为主体对善进行有效的确认和选择，作出合理的价值评判和行为选择。"①正是人们对客观的道德关系予以主观性的精神把握，而形成了对道德的认识，并由此产生了道德知识。与此同时，"知识演化到成熟阶段后，我们将看到，即使是知识也不能使我们安全。真正的安全依靠我们的辨别力和我们所遵照的那些维持、滋润我们生命、健康、幸福的永恒的原则"②。在知识体系逐渐走向完善的当今中国，德育要与之形成有效互动，甚至要在一定程度上前瞻性地发挥能动作用，必然要对知识的发展趋势有所预判。以下仅撷取知识演化进程中与德育有较强关联度的部分特征予以论述。

一、知识的前沿性驱动德育创新

求真是人类的天性使然，对未知的好奇是推动知识不断迭代的原生动力。我们所谓的前沿性不是仅仅指代高、精、尖的科技知识，也不是一个单纯的时间概念，今日之"新"，于明日而言可能已经陈腐，而古人的智慧亦有不少在今时今日仍熠熠生辉。"知识是不可能离开经验和现实凭空创造的，更不可能与以往的所谓'旧'知识进行决裂，因此，这里所概括的'前沿性'，是一个相对的概念，指比已有知识更具有前瞻性的、更接近真理的特征。"③

大学德育共同体中最鲜活的主体就是一年年不断成长中的学生，而这个群体最鲜明的特点之一，就是具有超强的学习能力和对新知识新事物的快速接受能力。因为这个群体的知识结构每一天都在发生变化，每一天都在被前

---

① 付洪.走出半人时代——对知识与道德的思考[J].道德与文明,2004(4):59-62.
② [美]维纳·艾利.知识的进化[M].刘民慧,等译.珠海:珠海出版社,1998:35.
③ 颜鹏,单珏慧.知识演进视野下创新型人才培养[N].光明日报,2009-02-18(11).

沿性的知识重新塑造,我们的德育也必须随之革新,与之适应。举个最简单的例子,爱国主义。在改革开放已满四十年,互联网高度覆盖,自媒体遍地开花的当代中国,经济、政治、文化层面的全球化进程日益深化,作为很容易接触到西方思想和知识体系,在思想上最少保守,世界观、人生观、价值观又正处于定型关键期的大学生群体,最易受到全球主义、超民族主义、趋同论、全盘西化等社会思潮的影响,这无疑也是改革开放以来一直横亘在大学德育工作者面前的时代课题。虽然这个课题过去、现在,包括未来必将长期存在,但近些年来,随着中国国家综合实力的提升、科技水平的进步,我们也明显感受到了当代大学生群体的爱国热情和民族自信总体呈现上扬趋势,当代大学生的志气、骨气、底气明显增强,这一点从不断增加的学生汉服爱好者、传统文化社团中可见一斑,从大学生志愿入党比例的提升和大学生参军入伍数量的持续走高中也可以窥见。若时间倒回到新冠肺炎疫情在全球暴发以前,谁又能想到,抗疫知识的普及也能提升当代大学生对社会主义制度的认可度和自信心?

"过去教育的弊端不能完全归于对掌握知识的强调,今天的教育改革也不应是弱化知识与教育的关系,而是应重新思考知识与教育的关系,重新思考什么知识最有教育价值,如何教授和学习知识才有价值。"①这种对知识与教育的反思,也同样适用于知识与德育的范畴。

二、知识的整合性促进德育协同

中国大学的知识教育体系是以学科为基本组织单位进行的,这种将整体知识进行人为切分的方式在一定程度上便于快速深化、统一管理和标准化运行。"人类社会早就发现分工是有必要的,这样每个人都可以把他所做的事做好。但是,要做的事越局限,分得越细,那么每个人从其他人方面要接受的东西也就越多。因为智慧的可接受性基于各心智间接近的可能性,而后者又基

---

①　石中英.知识转型与教育改革[M].北京:教育科学出版社,2001:9-10.

于相似的心智活动，所以不言而喻，在人类真正的较高级活动领域中，分工不应该分到使每个人互相都不了解的程度。"①传统学科模式下的大学教育事实上已经遇到了现实瓶颈，"在迈向知识经济的进程中，科学的发展日益呈现出交叉化、综合化、整体化的趋势，人们所要面对的技术问题、经济问题、社会问题、环境问题等也都是难以依靠单独一个门类知识就予以解决的"②。社会对大学的需求很多时候是指向"问题"的，这类需求催生了日益茁壮的"交叉学科"，而当传统学科体系无法承载过于繁复的交叉"补丁"，相信会有一种更具有整合性的知识体系脱胎而出。

大学的德育体系自然也是要与知识体系同频调整的，"德育问题是不能同整个教育分离开来的，而是同其他教育问题必然地、广泛深远地联系在一起的"③，旨在解决人类社会现实问题的整合性的知识图谱，其本身就是自带价值取向的。我们在德育共同体中要特别培育的，是设计层的德育协同与系统性的德育协作。无论是中共中央、国务院《关于加强和改进新形势下高等学校思想政治工作的意见》提出的"坚持全员全过程全方位育人。把思想价值引领贯穿教育教学全过程和各环节，形成教书育人、科研育人、实践育人、管理育人、服务育人、文化育人、组织育人长效机制"④，还是各个大学对课程思政建设、导师育人作用发挥的探索，都意味着大学德育工作力量的整合与全面强化。

三、知识的实践性激发德育转化

"人的思维是否具有客观的真理性，这不是一个理论的问题，而是一个实

---

① ［德］赫尔巴特.普通教育学、教育学讲授纲要［M］.李其龙，译.杭州：浙江教育出版社，2002：41.

② 颜鹂，单珏慧.知识演进视野下创新型人才培养［N］.光明日报，2009-02-18（11）.

③ ［德］赫尔巴特.普通教育学、教育学讲授纲要［M］.李其龙，译.杭州：浙江教育出版社，2002：39.

④ 中共中央党史和文献研究院.十八大以来重要文献选编（下）［M］.北京：中央文献出版社，2018：481.

践的问题。人应该在实践中证明自己思维的真理性，即自己思维的现实性和力量，自己思维的此岸性。"①知识源于人类认识世界、改造世界的实践活动，具有实践性，而且知识的这一属性还将随着人类对世界改造的不断深化而持续加强。知识实践性是教育实践性的基础，人们所批判的唯知识、唯理性的片面德育正是因为缺乏与"实践"的有机融合。我们在立德树人语境中所说的实践育人，是在共同体视野下多元主体实现交互实践的德育。

"教与学在实践育人中有着双向交互性，彼此渗透、相互影响，生成新经验、新知识。这种双向交互性体现在实践活动中的耦合关系中，教育者与受教育者所要创造的是一个现实的、关乎人的生活世界，形成个体价值与社会意义的合力。"②正是在实践的过程中，德育与智育得以和谐交融。在此，我们所说的实践绝不是无计划、散养式地放任学生游离在教与学之外。无论什么时候，课程都是大学教育最基本的教育形式，这是由其知识共同体属性决定的，即使是以实践而非课堂的形式出现，教与学的本质也不能偏移。事实上，能够在传授知识和发展智能的过程中融入价值观的培养，也正是大学德育的最大优势。如何扬长避短，将实践育人的作用发挥好，切实促进知行共进，有效实现"知、情、信、意"向"行"的转化，是需要我们不断探索的方向。

---

① 马克思,恩格斯.马克思恩格斯选集:第1卷[M].北京:人民出版社,2012:134.
② 周洪宇,胡佳新.知识视域下的实践育人及其意义向度[J].教育研究,2018(8):19-27.

第五章　道德教育的共同体化①

　　道德教育共同体化的目标在于涵养以共同体精神为核心的公共性品质,即通过道德教育使人们自觉参与共同体生活,不仅关心他者,也更积极关心社会和国家。道德教育的共同体化符合人之为人的基本规定,有利于化解陌生人社会的伦理风险,弥补共同体形态与共同体意识的差距。以道德标准的匡正、互助型道德关系的构建、总体性的道德观照为核心内容,道德教育逐步实现由个体化向共同体化的转向。这个转向的过程即是德育共同体的形成过程,通过利用公共空间的德育价值,坚持公共道德规范意识与公共伦理美德的德育统一,建立健全制度德育机制等路径来实现。

　　当前,共同体生活成为人的重要存在方式。以现代性为基本参照,道德主体间的联系虽有数量上的增加却没有质量上的紧密,道德领域出现了道德冷漠、伦理脆弱、公德失范等一系列突出问题,对道德教育理论与实践发展提出了新挑战,并要求寻求道德教育的新形态。道德教育以共同体化的姿态介入公共领域,发挥对公共空间治理与公共道德建设的价值引领作用。从该视角对道德教育的新发展与新形态进行思考,道德教育正在逐步实现由个体化向

---

　　① 张彦,郗凤芹.共同体化:当代道德教育的一种新向度[J].浙江大学学报(人文社会科学版).2020(9):5-13.

共同体化的转向,而大学德育共同体的构建正是这种转向的产物。

道德教育共同体化的基本考察

马克思将人类社会的共同体发展进程划分为自然形成的共同体、抽象共同体与自由人的联合体三个阶段。在以血缘与地缘为纽带的自然共同体中,"个人被置于这样一种谋生的条件下,其目的不是发财致富,而是自给自足,把自己作为公社成员再生产出来"①。然而,"共同体是实体,而个人则只不过是实体的偶然因素"②。在现代性视域下,资本逻辑将社会生活的方方面面纳入总体的规制范围,以冷冰冰的方式对个人进行抽象统治,货币与资本式抽象共同体塑造了异化的现代性景观。不论是以人的依赖性为核心的自然共同体,还是以物的依赖性为核心的抽象共同体,本质上都是人的无意识的外在的联合。与之相反,共同体化以自由人的联合体为指归,是指以共同体的规范价值为范导,主体间就生活方式、价值观念等方面所达成的自愿、主动的联结状态,它建立在情感共通与行为互助的基础上。正如韦伯所言:"'共同体化'应该称之为一种社会关系,如果而且只有当社会行为的调节——在个别的情况或者一般的情况下或者纯粹的类型中——建立在主观感觉到参加者们(情绪上或者传统上)的共同属性上。"③

共同体化在共同体基础上向两个方面拓展。一方面,立足于"破"的维度,面对真正共同体的衰落与虚假共同体的泛滥,共同体化作用的彰显首先通过破除共同体的潜在性威胁,保障某一场域的共同体安全而体现出来。另一方面,立足于"立"的维度,以实践的方式回答共同体的发展方向与未来建构、共

① 马克思,恩格斯.马克思恩格斯文集:第8卷[M].北京:人民出版社,2009:128.
② 马克思,恩格斯.马克思恩格斯文集:第8卷[M].北京:人民出版社,2009:126.
③ [德]马克斯·韦伯.经济与社会(上)[M].林荣远,译.北京:商务印书馆,1997:70.

同体成员的联结问题。共同体化承担着重建共同体的重任,旨在推动缺场、沉默、无效的共同体顺势出场并彰显其重要价值。从根本上来说,共同体化是一种动态、现实的形式,其关注重心从什么是共同体转移到如何塑造共同体,关涉的是现实的行事,而非形而上的价值描述。

道德教育共同体化是以共同体精神或公共人为培养目标的新型道德教育。具体地说,道德教育通过对道德关系的培植,让受教育者自觉参与共同体生活,不仅关心他者,更积极关心社会和国家,涵养以共同体精神为核心的公共性品质。道德教育共同体化不仅体现为共同体组织对其成员内部的道德约束、道德规范等道德准入与退出机制,更体现为成员建基于情感层面的内生性的道德互助、共同的道德归属与不可摧毁的道德凝聚力。其价值内核在于通过完善道德规范的法理、情理与伦理基础,构建团结合作、友好和睦、群策群力的新型道德共同体,凸显命运与共的本质定位与为他人的伦理责任,提升成员对道德共同体的认同感与归属感,化解道德的人与不道德的社会的伦理困境,强化公共性的道德行为。

从观念层面来讲,道德教育的共同体化是关系思维的重要体现。关系思维是"一种冲破实体思维总体性和同一性,建立在'关系'基础上对人与世界关系的存在根据和整体意义展开理解的人类理性形式"①。

一方面,道德教育的共同体化立足于人的对象性存在。"我"是存在于"我"之外的存在物的对象,同时,"我"也以存在于"我"之外的存在物为对象。在道德教育的共同体化中,"化"的内容是由共同体主导的,有利于维护国家统治和社会有序运行的道德体系与价值准则。人有一种使自身共同体化的偏好,以便从共同体中获取滋养道德生活、增长道德智识的源泉。当然,作为道德建构的主体,个体有着独立的道德人格、丰富的道德体验、理性的道德选择和对道德理想的明确定位。道德共同体不是凌驾于个人完整性之上的独立存

---

① 贺来,冯珊.以"关系理性"回应自然——当代生态文明建设前提性反思[J].理论探讨,2018(2):66-70.

在,而是尊重人的自由全面发展规律的综合存在。道德教育的共同体化在强调受教育者对基本道德价值体系进行共识性确认的同时,尊重受教育者的道德判断和价值排序。

　　另一方面,道德教育的共同体化向主体间的交往与对话拓展。无论个体在何种程度上符合独立的实践推理者的理性标准,他者的判断与审视都会直接或间接地发挥非替代性的参照作用。交往与对话使个体在复杂多样的道德关系中反思不良的道德动机,明确真实的道德需要,树立正确的道德原则,并以此作为道德行动的理由。道德教育的共同体化正是以"我—他"的道德对话与交往作为原驱动力,打破封闭式、孤立化的自我对道德关系的压制。在教育者与受教育者间以及受教育者内部间的交往与对话中,双方在道德认知、道德情感与道德态度等方面存在不同的价值排序,因此不可避免地会产生差异与分歧。道德教育的共同体化以对话双方的开放性与包容性为重要特征,主张以理解为介质带动一方视域向对方视域积极扩展甚至二者融合。具体而言,在现实的道德教育场景中,主体间通过真诚、有效、正当的对话产生关于在多样的价值冲突间如何做出正确的道德选择的观点碰撞,以达到彼此间的相互理解、包容乃至认同。

　　从实践层面来讲,道德教育的共同体化是责任伦理的实践养成。马克思认为,"作为确定的人,现实的人,你就有规定,就有使命,就有任务,至于你是否意识到这一点,那都是无所谓的。这个任务是由于你的需要及其与现存世界的联系而产生的"①。人生活在世界上总会面临各种各样的角色情境,并以一定的角色与他人和社会发生关联。勒维纳斯强调,"人类在他们的终极本质上不仅是'为己者',而且是'为他者'"②。道德教育的共同体化对这种角色认知与践行的要求则更为严格。当然,为他人的伦理诉求并不是对自我作为存

---

①　马克思,恩格斯. 马克思恩格斯全集:第 3 卷[M].北京:人民出版社,1960:329.

②　[法]埃马纽埃尔·勒维纳斯. 塔木德四讲[M].关宝艳,译. 北京:商务印书馆,2002:121.

在者的分解与背离，而是对它的确证与延伸。"我"只有通过他者面貌以及为他人的伦理责任，才能更加清晰地认识到"我是其所是"的主体本质，实现"我"的主体价值。同样，道德教育的共同体化不推崇以满足"我"的欲望、需求为中心，发出的对利益相关者短暂的、有目的的、有针对性的移情，而主张以我与他人的伦理共在为前提，以为他人的伦理责任为中心的道德共同体持久性地、真实自然地生发与衍化。此外，道德教育的共同体化主张人们基于人格意义上的平等展开利他行为，反对以一方对另一方施加的单向度的、建立在道德优越感基础上的"道德援助"，强调维护对方的人格尊严，在为他人的伦理行动中达到合乎双方发展的好的状态。

共同体化是当代道德教育的必然趋势

以上所论，主要关乎何为共同体化以及何为道德教育的共同体化。与之相关的问题是：共同体化为何能够成为当代道德教育的必然趋势？为了回答这一问题，我们首先从人之为人的基本规定入手考察共同体化之于人本身的重要价值，在此基础上，探讨道德教育的共同体化在化解陌生人社会的伦理风险进程中所发挥的关键作用。最后，着眼于共同体形态与共同体意识的差距，挖掘道德教育共同体化的题中应有之义。

一、道德教育的共同体化是人之为人的基本规定使然

人首先是一种现实的生命存在，有着最基本的生理需要与安全需要，这就决定了人的脆弱性与相互依存性。这是人的其他规定性的物质前提，离开这一前提，道德教育的使命则无从谈起。道德教育的共同体化承认依赖性的先在，这为需要的相互满足、情感的相互关怀与能力的彼此承认提供不可或缺的精神动力。

其次，人是一种自由理性存在。马克思认为，"动物只是按照它所属的那个种的尺度和需要来构造，而人却懂得按照任何一个种的尺度来进行生产"①。人区别于动物的重要标志在于主体意识的觉醒、理性的成熟与精神的独立存在。具体来说，在于其能够超出某种权威的绝对限制，突破形而上同一性的藩篱，在启蒙思想的指引下自由自觉地运用自身的理智，发挥自我完整性的独特价值，证实人的本质力量。而为了打破被自私、多元与冲突所裹挟的个人主义的发展态势，挽救现代性的发展困境，避免个体在打破宗教权威的同时，又出现将自我作为新的权威的发展悖论，道德教育亟须给予自由与理性一定的界限意识，使得个体在葆有自身理性的同时，尊重他人理性的彰显。以共同体化为导向的道德教育，在主张个体善与共同体之善有效融通的基础上，鼓励个体进行自由自主的道德选择与对自我美好生活的积极追求。

最后，人是一种超越性存在。从人自身的发展规律来看，人总是在由"偶然所是的人"向"实现其本质性而可能所是的人"过渡的过程中成长。道德教育的共同体化内含团结互助的结构，发挥着将竞争性的利益关系与对抗关系转化为彼此关照性的伦理关系与合作关系的外在作用，为个体超越自身的功利偏好，激活良善本性，实现向"道德人"的理性过渡留出了空间。由此，道德教育的共同体化之于人的存在本身有着至关重要的意义。

二、道德教育的共同体化是化解陌生人社会伦理风险的迫切要求

"我们所生活的世界几乎被陌生人所充斥，而使得它看起来像是一个普遍的陌生世界。我们生活在陌生人之中，而我们本身也是陌生人。"②熟人社会向陌生人社会的转型，使传统的价值观念面临动荡、倾塌乃至被连根拔起的风

---

① 马克思，恩格斯.马克思恩格斯文集:第1卷[M].北京:人民出版社,2009:163.

② ［英］齐尔格特·鲍曼.通过社会学去思考[M].高华,吕东,徐庆,等译.北京:社会科学文献出版社,2002:51.

险。这种风险既体现于我与他者之间的道德冷漠，又体现于自我世界的"陌化"。

一方面，道德冷漠是陌生人社会伦理风险的外在体现。与以确定的身份、稳固的信任与和谐的人际关系为基本特征的熟人社会不同，陌生人社会存在成员的原子化、虚拟交往的匿名化、利益的复杂多样性与关系的非稳定性等特点，因而缺乏天然的伦理黏合剂与有效的伦理约束机制。"一个人可能对家人与朋友有很好的感情，而对陌生人没有起码的尊重。"①陌生人与熟人所接受的来自同一个人的道德态度与行为，出现了实质意义上的断裂。"扶老人"问题等一系列社会事件，就是社会道德冷漠的真实体现。道德冷漠或道德感的缺失使在地理空间、网络空间无限接近的我们，却在道德空间、情感空间中变得无限遥远与陌生。

另一方面，自我陌化与自我迷失是陌生人社会伦理风险的内在体现。"我是谁"作为一个永恒的身份标识与归属问题，在陌生人社会中充满着种种不确定性、偶然性与多变性。单数意义上的"我"既是社会的观光客，止步于从外围观察他人的生活境遇，却又从不停留于与他人的共在场域，并转而奔向新的目的地；又是社会的流浪者，始终处于寻找确定的安全感的状态中，却从未有勇气和决心与有限性结缘，确立对某一共同体的认同感与归属感。

在陌生人社会，如果说人与人之间的道德冷漠、人内部的自我陌化包含着使人的德性遭受异化的伦理风险，那么，道德教育的共同体化则肩负着将人从冷漠的道德关系与严重的自我分裂中解放出来的责任。

具体来说，一方面，道德教育的共同体化要求通过对家庭、学校、社区等公共空间的充分利用开展公共性活动，主张共同体成员"必须将自己从主观的、私人的状况与特质中解放出来，就是说，一个人必须超越其个体局限性，以便

---

① 廖申白.公民伦理与儒家伦理[J].哲学研究,2001(11):67-74,81.

考虑其他人的立场"[①]，旨在培植道德个体对他者的同情共感意识，拯救公共人衰落之危机。另一方面，以共同体化为导向的道德教育坚持培育与践行社会主义核心价值观，为以唯我论为代表的绝对主体的意义危机提供可能的解决思路，使个体在明确道德行为标准、确立正确的价值观念的同时，增强对道德共同体的积极认同。

三、道德教育的共同体化是弥补共同体形态与共同体意识差距的题中应有之义

近年来，在道德教育场域，涌现出了师生、生生共建的学习共同体、班级共同体、教研共同体、生活共同体等共同体形态。面对个体化的道德困境，共同体集结被肢解的社会资本，培育人们的参与意识、团结合作精神以及责任担当精神，成为道德教育的现实选择。许多初看起来不可驾驭的道德冲突，是能够用道德共同体的规范性指引来超越的。然而，与轰轰烈烈的"共同体热"的德育生态形成鲜明对比的是，广泛参与共同体活动的教育对象在共同体意识方面出现了不同程度的淡化。

首先，教育对象表面上积极参加教育者组织的纷繁复杂的共同体活动，实质上却在共同体中通过与他者攀比、较量进而证明自身的力量，满足自我利益，共同体成员间的信任度呈现出不升反降的趋势。有交往、无理性的道德关系作为道德冷漠的变相表达，依然无法弥补隐性的道德断裂。其次，在共同体实践中，存在被动参与的现象。教育对象的主体参与意识、价值认同理念遭到忽视，这削弱了德育共同体发展的内生基础。主体的主动性、能动性未被激发出来，使学校德育的效果大打折扣。最后，以课堂共同体为例，教师组织学生以小组合作的形式展开对某一议题的讨论与对话。当然，这种思想碰撞式的德育课堂有利于培育学生的互助合作精神。但这种德育课程的设置往往以共

---

① ［美］塞瑞娜·潘琳.阿伦特与现代性的挑战［M］.张云龙，译.南京：江苏人民出版社，2012：109.

同找寻议题答案，完成既定任务为目标，缺乏在价值层面的深层次探讨，使得互助合作精神停留于形式。

如何将共同体形态或共同体组织这一原初意义上的物质存在升华为作为存在的存在，提升个体的共同体意识，是道德教育实现可持续发展的重中之重。道德教育的共同体化，对共同体形态与共同体意识的割裂现象进行反思与批判，在倡导个体参与公共活动的同时，引导个体树立求同存异的包容思想，强化对他者的道德关切与理解，树立共同善的价值理念，将道德关系从异化状态中解放出来，促使人们从对道德共同体的外在热衷走向内在创建，消解工具理性对道德交往的侵蚀，实现真诚的道德沟通与道德信任。

共同体化对个体化道德教育的超越

"个体化"一词主要起源于吉登斯、鲍曼以及贝克的个体化理论。吉登斯（Giddens）认为，当前社会实现了由解放政治向生活政治的转型，并将个体化定义为个体对生活的自我决定以及个体的内在解放。鲍曼（Bauman）认为，碎片化与游离化已成为后现代视域下个体化的典型表现。贝克（Beck）则立足于三个分析维度，对个体化进行阐述："在支配、扶持等传统背景方面，脱离由历史赋予的社会形式与社会义务（'解放的维度'）；在实践知识、信仰和指导规范方面，丧失传统的安全感（'祛魅的维度'）；以及——相反的字面含义——一种新的社会约束（'控制或再整合的维度'）。"①总体来看，学者们普遍以个体与社会关系的结构性转变为研究对象，认为个体逐渐摆脱传统社会的控制与束缚，更加自觉主动地证明自身的存在价值，实现由承受者向自我负责的责任者的转化，但也面临着从一系列传统的规则与制度体系中脱嵌的风险。

---

① ［德］乌尔里希·贝克.风险社会：新的现代性之路［M］.张文杰，何博闻，译.南京：译林出版社，2018：155.

道德教育的个体化以个体化理论为依托,以对个性的彰显与道德主体自由身份的确证为中心,通过价值澄清道德教育、人本主义道德教育与存在主义道德教育三种类型的演绎,使得从传统社会中脱离的个体在获得突如其来的对道德选择、道德判断进行自我确认的机会时,呈现井喷式发展,催生了为自己而活的价值观念。然而,个体在对自我身份进行过度消费的同时,遭遇了去道德化的精神迷失。道德相对主义或价值虚无主义思潮在个体道德世界中横行。由此,道德教育的个体化虽冲破了对道德权威的教条式理解,却没有实现对道德标准的理性重塑。公共伦理的缺场使得"在被'脱域了'的个体所走的路(现在路是要长期走下去的)的尽头,见不到'重新嵌入'的希望"①。此外,以竞争性个人主义为核心的教育机制推崇排他式的个人成功,将共同体精神的培养置于边缘地带。"我们的教育逻辑及机制依然比较强调考试竞争、知识占有以及优胜他人,倡导个体化竞争、工具化学习,而团结、合作、分享、责任等价值理念则很难得到有效的教育传递。"②

道德教育的共同体化,是互相依赖的个体在复杂庞大的社会体系中安身立命的伦理基础。首先,在道德标准层面,共同体化导向的道德教育极力推进道德标准的匡正工作,它以有标准的道德选择取代没有标准的道德选择,将个体化时代被遮蔽的道德标准重新释放出来,从根本上冲破了个体化内涵的无公度性或价值虚无主义困境,巩固了道德秩序。

其次,在道德关系层面,并非任何形式的道德教育都有关系理性——道德互助行为这样的道德结构。个体化肢解了人的关系性存在的本质内涵,将人与人的道德关系理解为巩固自我利益基础上的衍生关系。对此,共同体化尤为强调伦理关联之于人的发展的重要价值。共同体化导向的道德教育以价值

---

① [英]齐格蒙特·鲍曼.流动的现代性[M].欧阳景根,译,上海:上海三联书店,2002:51.

② 叶飞.当前学校道德教育的个体化困境及其超越[J].国家教育行政学院学报,2020(6):51-57.

理性为指引,以主体间的沟通、理解与交往为进路,重视对互助型道德关系的积极构建。就家庭层面而言,家庭德育以平等的亲子关系为出发点,注重父母与子女的平等协商;要求父母双方共同承担起对子女的教育责任;要求子女实现作为德育客体与德育主体的统一。就学校层面而言,学校德育助推学校成员的价值耦合,注重师生、生生交互关系的积极构建。就社会层面而言,社会德育围绕社区德育、职场德育、网络德育等形式展开,坚持道德关切的普遍化。依托家庭命运共同体、学校学习共同体与社会生活共同体的德育构建,共同体化实现对"有你有我,却无我们"的个体化困境的超越。

最后,道德教育的共同体化强调总体性的道德观照,主张人的整全性而非片面性发展,超越个体化内含的碎片化困境,巩固了道德教育的稳定性与道德生活的统一性。"德性关于生活的观点,就是将我们过的生活看作是一个整体的统一体,而不是一系列或多或少断裂的状态。"①化解德育的碎片化风险、凸显德育的总体性诉求,是德育实现由个体化向共同体化转向的现实背景。道德教育的共同体化以全员育人、全程育人、全方位育人的协同育人体系为依托,确立德智体美劳五育并举的综合育人理念,铸造贯穿于受教育者成长各阶段的一体化、系统性德育机制。在共同体化的德育引领下,道德个体超越单一化、片面化与专门化的存在样式,上升到整全性与综合性的存在,实现道德情感与道德理性的统一、道德知识与道德审美的统一、各阶段道德系统的统一。

总体来看,道德教育的个体化是对实体思维的具体应用。在哲学史上,实体思维代表着一种追求终极实在"并从它出发来理解和规定现实世界的思维方式"②。关于实体,海德格尔(Heidegger)做过如下界定:"把'实体'的存在特

---

① David Copp. The Oxford Handbook of Ethical Theory[M]. New York: Oxford University Press,2006:520.

② 贺来.论马克思哲学与形而上学的深层关系——"形而上学的终结"与"形而上维度的拯救"[J].哲学研究,2009(10):3-9,127.

征描画出来就是:无所需求。完全不需要其他存在者而存在的东西就在本真的意义上满足了实体观念。"①道德教育的个体化从个体这一自足的、唯一的终极实在出发,探讨道德教育的基本原则与运行策略,无法对应然层面的道德教育所呼吁的"关系理性"做出强有力的诠释。而道德教育的共同体化既尊重受教育者以个体幸福为核心的道德选择,又注重培育受教育者的共同体精神与社会责任感,在承认个体差异的基础上谋求道德同一性,是规范性导向与自由式发展的统一。

道德教育共同体化的实现进路

道德教育共同体化规范的是公共生活中的成员及其公共行为,以使个体能够保持对他者、对社会的积极关切。道德教育共同体化的实现可从对公共空间的挖掘切入,逐步实现由个体化向共同体化的转向。这个转向体现在学校教育中,即是学校德育共同体的形成过程,可以以公共参与、公共交往与公共关怀共同汇聚公共空间,以公共道德规范意识与公共伦理美德助推公共人养成,以制度德育机制为共同体精神夯实现实化根基。

一、利用公共空间的德育价值

公共空间由于其所确立的公共性道德规范要求人们作为公共人行动,因此,往往被视为道德教育的隐形主体与主要场域,在育人过程中发挥独特功能。道德教育必须经由公共空间,在各个环节与要素上丰富受教育者的公共生活实践,促进共同体精神的形成与完善。

第一,重视公共空间的意义生产。公共空间不仅是一个功能性的场所应

---

① ［德］马丁·海德格尔.存在与时间［M］.陈嘉映,王庆节,译.北京:生活·读书·新知三联书店,2014:108.

用,更是通过特定的文化符号彰显场所精神的价值存在。如校史馆作为地标性公共空间,它所承载的厚重文化力能激发学生"知校、爱校、荣校"的自豪感与使命感;标志性雕塑所孕育的道德感染力作为公共空间的意向表征,契合了人对善与正义的价值诉求。通过强化公共空间的意义生产来激活内隐于个体生命的公共性文化心理结构,达致对公共空间的集体认同,是德育经由公共空间开启共同体化转向的首要环节。

第二,德育引导人们在实践中参与公共事务,开展丰富的公益活动,为公共交往与公共关怀奠定基础。通过线上线下义务支教、环保节能、关爱老人、社区服务等活动的策划、发起、实施与评价,激励人们在开放、包容与可达的公共空间中通过场域性的情感互动获取复数保障,通过真实真诚的语言互动增进了解,通过团结合作的行为互动彼此关怀。

第三,德育立足于公共空间展开对个体道德的公共评判。阿伦特(Arendt)称:"空间是人把其言行表露于公共的地方,而由这公共来证实表现之言行与判断它们的价值。"①个体言行的表达,需要公共空间中的他者从不同位置观察。公共评判,无论认可还是否定,都构成弥补人的原初缺陷的实在,它激发人们走出病态的自我关注,不断彰显勇敢、正义、友爱等公共性道德品质。

二、坚持公共道德规范意识与公共伦理美德的德育统一

人是有限与无限的统一体,这就决定了其道德生活是集道德底线与道德高标于一体的存在。德育引入价值排序研究视角,遵循道德个体的价值养成序列,采取循序渐进的德育方法,建构以道德底线为起点走向道德高标的价值体系与育人模式,鼓励受教育者在坚守最基本的道德底线、遵循道德义务的基础上积极寻求公共德性的更大发展。

---

① Hannah Arendt. On revolution[M]. New York:Penguin Books,1990:103.

一方面,开展公共道德规范意识的底线培育,把人培养成遵守公共道德规范、具有基本公共素养的人。尽管不同的道德个体分属于不同的道德群落,在道德情感、道德能力与道德境界等方面存在差异,但都需要以爱国守法、明礼诚信、团结友善等公共道德规范为行为参照。按照社会主义核心价值观的基本要求,道德教育者将市民公约、乡规民约、学生守则等行为准则有效地传递给每一个道德个体,指引他们遵循、内化公共道德规范,抵制道德失范与道德离散现象,守护公共人的基本良知。

另一方面,开展公共伦理美德的培育,形塑向上向善、见义勇为、乐于奉献的共同体精神,倡导共同体化的道德取向与使命担当。道德个体不能仅仅停留于对道德底线的坚守,还应追求更高的精神境界,践行"己所立而立人,己所达而达人"的公共伦理美德。在共同体生活中,德育要致力于"积极公民"的培育,引领个体承认他者的异质性,对他者持平等相待的尊重态度;关心他者,在对痛苦与快乐的感知方面超越单纯的自我界限,更多地向我之外的一般他者延伸;以敢于发声的道德勇气抵制"平庸之恶",勇于承担社会公共责任,维护社会公平正义。

三、建立健全制度德育机制

米德(Mead)认为:"在我们生活的共同体中便有一整套这样的共同反应,而这样的反应我们称之为'制度'。制度体现了共同体全体成员对一个特定情境的一种共同反应。"①制度塑造了社会共同体的行为方式,致力于制度化、组织化的道德秩序的合理建构,是德育系统由离散化、碎片化向共同体化发展的重要进路。为了更好地实现共同体精神的培育,可从以下三方面建立健全制度德育机制。

首先,建构公共参与的德育制度,广泛听取并尊重受教育者的意见与建

① [美]乔治·H.米德.心灵、自我与社会[M].赵月瑟,译.上海:上海译文出版社,2018:294.

议。改变传统德育制度以外在权威为核心的单向度模式,推进德育方式由管理走向治理,由强制转向协商。学生通过参与学校德育制度的构建,表达对公共生活的积极关切,逐步走出封闭化的个体生活,培育对话、包容、理解等公共品格。

其次,任何制度都要以一定的伦理精神为底蕴。以公平、友善、和谐、信任、正义等为价值考量,制度德育对"什么是应该做的、什么是不应该做的"做出总体规定性,为共同体生活确立规则与秩序。为此,建立健全道德奖惩机制,坚持奖励与惩罚相结合、物质激励与精神激励相结合、法律制裁与说服教育相结合的原则,为公民的利他行为提供制度保障,深化对突破公序良俗底线行为的道德治理,营造德福一致的共同体生活定式。

最后,以制度与生活的互动为主要抓手,促进社会规制向制度化生活方式的内化,"把有目的、有计划、有组织的制度教育过程,化为全体成员共同认同的制度生活方式"①。德育工作者通过在家庭情境、课堂情境、校园生活情境、社会情境中还原制度、标准与规范的本质,将无声的制度规范转化为有声的德育教化力量,推进道德制度的入脑入心,培养教育对象持久稳定、自由自觉的共同体精神。

---

① 杜时忠.制度何以育德[J].华中师范大学学报(人文社会科学版),2012(4):4,126-131.

第六章　公共性视域下的德育审视①

教育的公共性与道德的公共性要求将德育置于公共性的视域下进行考量。从公共性的视域审视德育,其在价值导向上面临个人德性对公共德性的遮蔽,在主体关系上面临主体性与主体间性对公共性的排斥,在交往实践上面临私人交往对公共交往的削弱等困境,从而构成了德育共同体的出场逻辑。

近年来,随着公共空间的拓展,道德教育尤其是学校德育的公共性问题日益显露出来。德育共同体作为现代性视域下意义重建的共同体,秉持公共价值优先的德育价值导向,倡导公共性的德育主体间关系,构筑公共交往的德育实践情境,在理论上有助于解决学校德育的公共性困境。学校德育要遵循公共性的运思逻辑,由内而外在激发多元主体的内生动力,引导多元主体参与学校公共生活,推动学校参与社会道德治理等层面对德育共同体进行当代建构。

---

① 任少波,范宁宇.道德教育共同体:学校道德教育的公共性建构[J].教育研究,2021(5):66-76.

学校德育的公共性困境

公共性问题作为教育理论的基本问题在 21 世纪之初被提出,现如今试图谋求并证成教育作为"公共性存在"的合理性、正当性,无疑已跃居教育理论审视和解答的时代主题。同时,"公共性是道德的根本标准,人们相互交往和促进公共善的公共生活和社会空间是一个道德领域"①。教育的公共性和道德的公共性共同决定,必须将德育置于公共性的视角下进行考量。公共性的价值、公共性的关系、公共性的交往,是公共性的三个核心要素。因此,德育的公共性问题可以从公共性的价值导向、公共性的主体间关系以及公共性的交往实践三个维度进行考量。由此透视学校德育,面临个人德性对公共德性的遮蔽、主体性与主体间性对公共性的排斥以及私人交往对公共交往的削弱等困境,构成了德育共同体的出场逻辑。

一、个人德性对公共德性的遮蔽:德育价值的失衡

人在生物学意义上的脆弱性、依赖性及人的社会关系属性决定了人不仅过着私人生活,同时更过着公共生活。"一个人如果仅仅过着个人生活(像奴隶一样,不让进入公共领域,或者像野蛮人那样不愿建立这样一个领域),那么他就不是一个完整的人。"②就此而言,公共生活对个体具有构成性价值。公共生活是增进公共福祉、维护公共秩序、进行公共交往的生活实践,维持其赖以存在的公共道德规范也就成为个体增进公共福祉的普遍原则和价值标准,它是个体在公共生活中共享的、在公共理性的作用下共同认同的道德规范。公

---

① 金生鈜.公共价值教育何以必要[J].华中师范大学学报(人文社会科学版),2010(4):129-134.

② [美]汉娜·阿伦特.人的条件[M].竺乾威,译.上海:上海人民出版社,1999:29.

共道德规范的存在意味着个体有能力根据公共生活的要求采取自觉的道德行动,并在长期的行动中培育公共德性(public virtue)。悬置或否定公共德性养成的可能性,不仅消融了个体对公共生活的自觉价值承担,也消解了公共生活本身。在公共生活领域不断拓展的当代社会,公共德性亦变得愈来愈重要。与之相对,个人德性(personal virtue)是个体在私人生活中的道德品质,以促进个体自我的良善生活为目标,具有"为自己而活"的特殊性价值。由于私人生活与公共生活并非毫无交集,个人德性也就具有创造公共价值的可能,比如节制、友善等个人德性便具有明显的公共价值。但据此承认个人德性相对于公共德性的优先性并不妥当。

怀特(White)曾经在《公民品德与公共教育》一书中,探讨了民主社会中的公共德性及其培育问题,将公共德性摆在优先的地位。[①] 有学者甚至认为,具有德性的人就是具有公共德性品质的人,因为生活的德性在根本上就是与他人共处的德性。[②] 尽管个体在选择良善生活方面拥有道德自主权,但"我们"既然生活在一起,就不得不共享空间中普遍性规范的指导,并需要将其转化为个体的公共德性以发挥其规范力量。"公共生活的所谓的洁身自好,虽然在个人的道德追求中是可能的,但是却容忍了社会中普遍流行的恶,在德行上依然是欠缺的,因为并没有承担公共生活的伦理义务。"[③]德育必须重视个体对公共生活中的普遍性、实质性价值规范的认同,不仅要培育促进个体美善生活的道德价值观,更要培育增进社会公共福祉的道德价值观。

然而,在现代性所导致的多元社会语境下,私人生活的道德价值无疑跃居优先地位。多元道德理论的互竞使道德成了个人情感的宣泄和个人价值的表

---

① ［英］帕特丽夏·怀特.公民品德与公共教育［M］.朱红文,译.北京:教育科学出版社,1998.

② 金生鈜.公共价值教育何以必要［J］.华中师范大学学报(人文社会科学版),2010(4):129-134.

③ 金生鈜.公共价值教育何以必要［J］.华中师范大学学报(人文社会科学版),2010(4):129-134.

达,个人偏好和欲望的满足成为道德合理性的来源。正如麦金太尔 (MacIntyre)所言,个体在各种各样鲜明的群体内追求他或她的善,而他或她所表达的爱好则会表明这一五花八门的社会关系。① 与之相对应,德育的重点落在个体生活的私人领域,过于关注个体在私人生活中的道德选择和私人价值的确证,强调个体依据自己的价值偏好进行道德判断程序的学习和道德选择能力的训练。至于个体如何通过德育参与共同生活,如何获得造福于公共生活的德性品质,德育显得无能为力。由于缺少了对公共道德规范的价值认同,道德相对主义便在文化领域盛行开来。

改革开放以来,个体社会结构和生活领域的分化在使我国德育疏离整体主义取向的同时,也导致道德相对主义的繁衍,个体道德判断和道德选择的差异使得对公共道德规范的认同难以实现,这种现象日益渗透到学校领域。学生由于知识结构的差异性,在知识领域呈现出相对主义的倾向。根据科尔伯格(Kohlberg)的道德认知发展理论,知识领域的相对性导致其在道德领域更容易滑向相对主义。目前,学生的道德价值观呈现出多元化、模糊化的特征。有调查显示,部分学生缺乏对公共道德规范的认同,甚至对"道德"这一范畴缺乏明确的认识。②

就当前学校德育的实践而言,教育者往往更重视对学生个人德性而非公共德性的培育,在公共道德规范的供给方面显得乏力。在道德相对主义问题上,学校德育未能采取有效的应对措施,导致学生将公共道德规范视为一种"权威符号",难以将其内化为公共德性,造成个体德性对公共德性的遮蔽。虽然学生在私人生活中的德性修养对其个人生活具有不可估量的价值,甚至具有公共价值,但仅重视个人德性的培育,必定无法使学生成长为适应社会主义

---

① [美]阿拉斯戴尔·麦金太尔.谁之正义? 何种合理性?[M].万俊人,吴海针,王今一,译.北京:当代中国出版社,1996:441.
② 洪明.基于正义建构共识——对大学生道德教育中道德相对主义的回应[J].高等教育研究,2019(1):17-21.

现代化建设的优良公民。面对推进社会治理现代化和培育时代新人的现实需要,学校德育必须对这一问题做出回应,使学生在对公共道德规范的认同中养成公共德性。

二、主体(间)性对公共性的排斥:德育主体的掩饰

以教育主体间关系的历史演进为借鉴,德育的主体间关系依次经历主体性、主体间性、他者性、公共性等环节。[①] 主体性德育以主客分离的实体思维来处理教师与学生的关系,以教师权威的、单向的灌输和教化为手段,强调学生对道德规范的无条件认同。主体间性德育力图超越主体性,使教师与学生在民主、协商中达成道德共识,但其哲学根基使其无法从根本上脱离主体性思维。其中,外在主体间性以主体间的利益互惠为基础构建同一性,导致其在面对情感问题时脆弱无力。内在主体间性虽然重视主体间的移情、关怀,从关注外在利益转向关注主体的精神世界,但这种关注却建立在主体间完全对称的关系基础上。[②] 主体间性德育之所以未能从根本上改变主体性的弊端,在于其本质上仍以实体思维为导向。这种思维方式以二元对立、理性分析为特征,它把事物的存在看作是孤立自足的,把主体看作追求同一性的认识主体,否定与自我相异的他者,"把人=主体=心=思维、精神、意识=主观……,客体=物质=客观(身是人自身的客观),因而不理解主客观的复杂性"[③],在实践中要么导致主体的"唯我独尊",要么导致主体间以谋求绝对"同一"为基础的平等交往。

他者性解构了主体性和主体间性赖以存在的实体思维,从而确保了他者

① 冯建军.从主体间性、他者性到公共性——兼论教育中的主体间关系[J].南京社会科学,2016(9):123-130.

② 冯建军.从主体间性、他者性到公共性——兼论教育中的主体间关系[J].南京社会科学,2016(9):123-130.

③ 孙美堂.从实体思维到实践思维——兼谈对存在的诠释[J].哲学动态,2003(9):6-11.

的他性。列维纳斯(Levinas)通过对实体思维导向下的同一哲学的批判,确立了他者的优先性和不可还原性。他将"作为他者的自我"作为交往关系的起点,认为自我作为伦理主体拥有对他者的无限责任,而他者又与我具有绝对的差异性。他者与我的关系是一种非对称、非同一的责任关系。"从'作为他者的自身'这一核心概念出发,我们将确立一种关于个体的全新观念。它将拆除'自我'与'他人'之间的墙壁与藩篱,把'自我'的存在及其生存意义与'他人'内在地关联在一起,使'爱他人'与'爱自己'结合为一个不可分割的整体。"①他者性德育要求营造一种关怀他者的伦理氛围,通过教育关怀关系的建构,培养一种开放性的他者意识,为公共性的主体间关系奠定基础。公共性是德育主体间关系的理想状态,发展和培育公共性的德育主体间关系,要通过主体性、主体间性走向他者性,最终使多元主体在平等协商和情感关怀中形成和而不同的伦理共生体。

我国学校德育在主体性与主体间性的关系建构中实现了现代转型,为他者性和公共性的关系的实现奠定了基础,但也存在现实难题。在对象化的主体性或主体间性思维模式下,差异化共生的主体间关系被遮蔽,教师和学生的道德个性及其道德观念的异质性被掩盖,其情感关怀的缺失也导致德育效果的式微。同时,学校管理者、服务者等其他成员被悬置在道德教育活动之外,德育失去了多元主体的协商、对话平台。21世纪以来,我国情感德育、生活德育、"他者"德育的逐渐兴起,已经证明了这种德育模式的弊端。美国学校德育的发展演进也与此相关,逐步实现了"从道德认知到情感能力培养的发展"以及"从个体道德到社会关系修复的发展"②。由此可见,学校德育的主体间关系应实现由主体性、主体间性向多元主体差异化共生的公共性转变。

① 贺来."陌生人"的位置——对"利他精神"的哲学前提性反思[J].文史哲,2015(3):130-137,167-168.
② 韩丽颖.美国学校道德教育的发展进路[J].教育研究,2020(2):81-90.

三、私人交往对公共交往的削弱:德育实践的乏力

交往分为公共交往与私人交往两种类型。二者虽然并非截然分离,但通常具有不同的表现领域。私人交往归属私人生活领域,遵循特殊性、等差性的道德规范,追求的往往是个体情感的归属或熟人间权力与利益的往来,不可推广到公共生活领域。而公共交往归属公共伦理范畴,遵循普遍性、平等性的伦理规范,追求的往往是民主、自由、协商的交往原则,是公共生活领域的普遍交往方式。哈贝马斯(Habermas)将公共交往理解为,两个以上的行动者通过语言理解的共识力量,来协调相互间关系的互动行为。① 这里所谓"共识",排除了私人交往中所有成员的"共有的理解","共有的理解"是自然而然的、是现成的,而"共识只是指由思想见解根本不同的人们达成的一致,它是艰难的谈判和妥协的产物,是经历多次争吵、多次反对和偶尔的对抗后的结果"②。

公共交往在德育中的价值,体现在其以道德对话的方式促进道德"共识",而非基于"共有的理解"的客观道德真理的形成。德育中的公共交往,即教育者与受教育者在民主、平等、协商等公共价值原则的基础上,就公共生活领域的问题展开道德对话,在对话中双方或各方都将其他成员视为平等的他者,以此来潜在地塑造受教育者的公共道德品质。这种道德对话机制是不同道德价值观互竞的平台,是能够包容多元价值的共享空间。在对话过程之中,个体不再仅仅从私人利益的角度思考问题,而是着眼于社会公共福祉的实现,致力于达成有关公共价值规范的共识。也正基于此,哈贝马斯(Habermas)认为,公共交往中的个体"使私人观点得以公开竞争,并且在切实关系到所有人利益的事务上达成共识"③。作为一种理论观念和实践方式,基

---

① 徐大同. 现代西方政治思想[M]. 北京:人民出版社,2003:314.

② [英]齐格蒙特·鲍曼. 共同体[M]. 欧阳景根,译. 南京:江苏人民出版社,2003:5.

③ [德]尤尔根·哈贝马斯. 公共领域的结构转型[M]. 曹卫东,等译. 上海:学林出版社,1999:92.

于公共交往的德育体现了德育的建构性特征，对于受教育者公共道德品质的养成具有重要价值。

当前学校公共生活中公共交往有所匮乏，存在私人交往阻碍公共交往的现象。受科学主义的线性思维影响，学校自上而下地维持内部系统的运作，教师和其他职员被安置在固定的岗位，从事教学、管理、科研、服务等活动。这种组织架构，容易导致学校成员以"功能性的交往"取代公共交往。"功能性的关系"作为私人交往生活领域的负面调节形式，是师生之间为了满足某种外在的个体或社会的功能性目的，而建立起来的社会关系。这种社会关系导致师生彼此之间，缺乏本源性的真诚和信任。[①] "功能性的交往"在学校教育中集中表现为师生交往的外在性和功利性、权威性与等级性、技术性与机械性，[②]也是目前学校公共生活中各种"内卷"现象滋生的重要原因。

"功能性的交往"与学校德育中公共交往的匮乏不无关联。这种负面的私人交往形式，无法激发起各主体对学校公共生活的情感关怀，无法催生主体参与学校公共生活的内生动力，导致学校公共生活空间难以建构。对于德育而言，"功能性的交往"难以构筑德育实践的理想情境，它使不同学科知识之间的连接与综合被人为切断，而知识的综合与融通及建基于其上的德育协同，正是完整而正确的道德价值观得以生成的基础。由于难以实现德育的赋能增权，难以建立良好的道德对话机制，这种交往形式不易引导学生对公共道德规范的认同，导致本该实现的关于公共生活的道德共识，被道德知识的"填鸭式教学"所取代。由此，公共交往的匮乏及其引发的德育协同的无力，造成了德育实践的乏力。

---

① 石中英.教育哲学导论[M].北京：北京师范大学出版社，2004：93.

② 叶飞.学校公共精神教育的公共性困境及其超越[J].中国教育学刊，2019(6)：89-93.

德育共同体的公共性意蕴

在落实立德树人根本任务的导向下,学校德育必须对其公共性困境做出回应。德育共同体是现代性视域下意义重建的共同体,它"是一种理念愿景,体现价值目标的统一性;也是一种思维方式,预示不同主体的互动生态;更是一种行动方案,体现不同主体共同实践创造价值的行动"①。作为理念愿景,德育共同体强调德育以涵养共同体精神和公共德性为目标,为德育提供公共性的价值导向;作为思维方式,德育共同体倡导德育以共同体的方式,以多元主体的交互形式理解主体间的关系,为德育提供公共性的主体支撑;作为行动方案,德育共同体主张德育的实践是多元主体在公共交往中不断走向"共同体化"的过程,为德育提供公共性的实践情境。德育共同体是新时代创新德育活动的思想方案,也是拓宽德育发展方向的实践指南,为消解学校德育的公共性困境提供了明确的理论启示。

一、公共价值的优先性:德育共同体的价值导向

桑德尔(Sandel)在阐述"构成性的共同体"观念时指出,"共同体不只描述一种感情,还描述一种自我理解的方式,这种方式成为主体身份的组成部分"②。由此可见,个体人的身份确证无法脱离个体生存于其中的共同体。共同体是公共价值与个体价值得以实现的必要前提,且公共价值相较于个体价值具有本源上的优先性。然而,经现代社会重构了的共同体,不再是机械化的组织实体,也不同于原始的同质化共同体,而是吸纳了公共性原则的异质性的

---

① 任少波,楼艳.论高校德育共同体的三重意蕴[J].高等教育研究,2018(8):86-90.
② [美]迈克尔·桑德尔.自由主义与正义的局限[M].万俊人,等译.南京:译林出版社,2011:171.

伦理共生体。因此，就重构了的共同体而言，其公共价值并不否认个人价值的合理性。

在学校德育共同体中，教师、学生等共同体成员公共德性品质的发展都依赖共同体，共同体的伦理实在性将所有成员带入共同的价值承诺。新时代的学校教育承担着立德树人的根本任务，作为社会共同体的特殊场域，德育共同体的精神文化建设以社会共同体的核心价值为引领并与其兼容共生。就此而言，其价值导向与凝聚全体公民的社会公共伦理同频共振，在根本上表现为社会主义核心价值观。社会主义核心价值观从国家、社会、个人三个层面规范和凝练道德价值，是个体与个体、群体与群体、个体与群体之间善的"最大公约数"，也是当代中国社会公共价值的集中表达。"作为代表社会主体公共利益的一种共识性表达，社会主义核心价值观形成于社会公共生活和公共领域，体现了当下社会所普遍追求的价值共识和共同意义。"①学校德育共同体引导多元主体坚持公共价值优先的价值导向，在积极传播和践行社会主义核心价值观的过程中彰显公共价值的主导地位，把社会主义核心价值观所内蕴的自由、平等、公正、法治等公共价值，作为核心内容相互传播并积极践行，并使其成为多元主体生活世界的构成部分。在共同体精神和关怀关系的构建下，德育共同体克服由"个体化""竞争化""内卷化"带来的个人价值优先的价值导向，进而回应德育中可能存在的相对主义倾向。

德育共同体承认公共价值的优先性并非否定个人价值，个体私人生活中的道德行动也可能成为促进公共生活的形式。从公共性的发展演进来看，现代社会的公共性是吸纳了主体性原则的公共性；从"公共"概念的演变逻辑来看，"公共"概念的出现是从"Common Good"转变到"Public Interest"的必然结果，可大体认为前者从整体上强调共同体的福祉，较为模糊，后者从个体出

---

① 双传学，郝园园.公共性视角下社会主义核心价值观的认同与践行[J].苏州大学学报（哲学社会科学版），2016（3）：15-20.

发建构公共利益,逻辑较为清晰,从前者到后者的转变意味着个体利益的觉醒。① 就此而言,德育共同体具有非排他性,不为达至公共价值的共识而排斥学校公共生活的多重样态,其所倡导的公共价值并非预定的,而是由多元主体在德育实践中建构而生,这一建构过程彰显了个人价值与公共价值的互动。因此,对公共道德规范的认同不再只是以灌输的形式实现,德育的目的也并不在于无条件地迎合社会的绝对价值规定,而是在关怀多元主体道德自由和价值自主性的前提下,引导其自觉建构并认同公共道德规范,促使其对共同生活中的基础性价值达成理解和认同。"公共价值教育是通过创造公共生活的具体形式,让学生公开地运用自己的公共理性,反思公共生活中的价值问题,培育公共道德。"②

二、公共性的主体间关系:德育共同体的主体承诺

原始共同体呈现"整齐划一"的特点,不具有个体主体性,最终走向无法维持的"道德真空"。现代社会重构后的共同体,是现代人追求自由、平等、民主等公共性价值的产物,它以尊重成员平等的主体身份及其异质性特征为前提,寻求多元主体间的共生。由此看待学校德育,德育"必须按照多元共生的理念,建构真正的共同体。真正的共同体是异质性的多元共生体"③。作为重构后的共同体的表现形式及德育所要构建的理想模式,德育共同体必然在倡导现代共同体理念的前提下,实现多元主体间的共生。

多元主体之所以成为德育共同体的主体特征,在于德育共同体作为伦理共生体,在一定程度上取消了教师、学生等学校成员的传统身份限制,鼓励学校所有成员在平等的道德身份和集体关怀中进行道德学习。从发生学的视角

---

① 夏志强,谭毅.公共性:中国公共行政学的建构基础[J].中国社会科学,2018(8):88-107,206.

② 金生鈜.公共价值教育何以必要[J].华中师范大学学报(人文社会科学版),2010(4):129-134.

③ 冯建军.公共人及其培育:公共领域的视角[J].教育研究,2020(6):27-37.

来看，德育活动是道德学习的情境因素，道德学习则是德育活动的逻辑前提，德育的效果很大程度上取决于主体道德学习的本然特质。而主体的道德学习往往是以主体自身的批判性反思为内在动力，以主体间的平等交往为实践情境，以集体关怀为情感保障。德育共同体的导向便在于，推动多元主体在道德学习中实现道德的自主建构。这一自主建构过程依赖于无明确边界的主体间关系，"共生体中的师生关系是相互规定、交互生成的，师生没有固定的身份。师生角色与身份的定位，取决于各自对知识创生和人格实践的动态贡献，因此是动态的、可变的"①。德育共同体强调多元共生的主体间关系，并非否定教育者的价值引领作用，价值引领当然是必要的。在价值观多元化的当代社会，如果不对错误价值观因势利导，必然会使受教育者产生价值认同的危机，"没有价值引导的自主构建，就不成其为教育过程，就必然缺乏超越性向度和足够的发展性"②。但价值引领并非道德知识的简单填充，更不是"通过欺骗公民（学生）而骗取共识"③，教师的价值引领与多元主体所强调的平等身份并无冲突。即使弱化了教师和学生的传统身份限制，教师仍可凭借其丰富的专业技巧，在共同体中施加更为有效的道德作用力。

从主体交互性的道德教育观来看，这种弱化身份边界的主体间关系，是区别于"我—它"关系的无数个体间的"我—你"关系，这一主体称谓表征着共同体内多元主体的独立道德人格及其精神关怀。由于"'我'与'你'的交互活动本质上成为'我'的道德与'你'的道德的互动过程"④，德育就不再是教师向学生的道德"压迫"，而是学校所有成员在道德交往中"和而不同"地交流、对话，

---

① 冯建军.从主体间性、他者性到公共性——兼论教育中的主体间关系[J].南京社会科学，2016（9）：123-130.

② 肖川.教育的真义：价值引导与自主建构[J].上海教育科研，1999（3）：10-12，17.

③ 金生鈜.公共价值教育何以必要[J].华中师范大学学报（人文社会科学版），2010（4）：129-134.

④ 罗明星."我"的道德与"你"的道德——主体交互中的道德教育[J].江汉论坛，2019（12）：43-47.

在集体协同的德育实践和集体关怀中实现的差异化共生,这种主体间关系是多元主体间的公共性。从教育主体间关系来理解公共性,公共性集中表现为差异化共生,"共生主体中的公共性,是差异性主体之间的交互共生,'差异'与'共生'并在"①。德育之所以要以共同体的方式,以多元主体的形式进行,根本上便在于这种公共性的主体间关系。这一关系形态通过改变人们在认识论中观物或观人的方式,来改变人们在价值论中对价值判断的理解,其典型特征便在于用"共同体"的方式来凝视他者的存在,用"将他理解为我"的方式来看待他者。②

德育共同体试图通过公共性的主体间关系,克服德育中的"逻各斯中心主义",走出"无我"与"唯我"两难的德育困境,以实现德育主体间关系的转变。其主张个体在互为主体的德育生态中,构建具有共同价值立场的共同体,以实现对原始共同体的当代重构。德育共同体在倡导主体间性的前提下发展个人主体性,在培育公共性的导向下提倡主体间性,彰显了德育的多元主体共生性。

三、集体协同的公共交往:德育共同体的实践情境

鲍曼(Bauman)认为,原始共同体成员的集体协作是"自然而然的""不言而喻的",其交往形态属于封闭式的私人交往。③重构后的共同体是在自由、平等、民主的公共性原则的指导下,以协作、对话的公共交往方式建立起来的。只有在集体协同的公共交往实践中,共同体成员才能克服私人交往的封闭性,将个体理性转化为公共理性。"通过交往,人们充分地交流着彼此的价值观、目的、期望和信仰,而这正是形成一个共同体的基础。可以说,交往生活不仅

---

① 冯建军. 从主体间性、他者性到公共性——兼论教育中的主体间关系[J]. 南京社会科学,2016(9):123-130.

② 高洁. 价值判断的实质内涵及其对价值教育的实践指向[J]. 教育研究,2018(6):41-47.

③ [英]齐格蒙特·鲍曼. 共同体[M]. 欧阳景根,译. 南京:江苏人民出版社,2003:7.

促进了共同体的形成,同时也促进了教育关系的形成。"①

通过多元主体集体协同的公共交往,学校德育共同体构筑了公共性的伦理生活。根据生活德育论的观点,个体的道德建构是在多元化的生活空间中,经过持续的交往实践形成的,德育需要在日常生活中进行。以生活为根基的德育"在于引导人们去选择、建构有道德的生活、生活方式"②,而只有"共同体的伦理生活"才能够称作"有道德"的生活。③ 德育共同体以学校多元主体间的公共交往,削弱成员间的"功能性的交往",通过公共交往来建构"共同体的伦理生活",这种伦理生活既具有公共生活的一般特征,又是充满爱和关怀的生活。因为作为教育机构的学校,不仅具有一般公共生活的特征,还致力于构筑爱的共同体。雅斯贝尔斯(Jaspers)批判"现行的教育本身却越来越缺乏爱心,以至于不是以爱的活动——而是以机械的、冷冰冰的、僵死的方式去从事教育工作"④。学校德育共同体致力于构筑的伦理生活,是充满关怀的教育生活。这种生活以学生、教师、管理者、服务者等成员作为德育主体,以学校为主要的公共生活空间,以集体协同的公共交往为实践情境,并在公共交往中关怀他者,具有公共价值教化的力量。

德育共同体的伦理生活为多元主体形成道德共识提供了对话情境。德育共同体中的价值共识以公共交往为实践保障,是在交往原则的指导下以道德对话的形式实现的。在对话中,共同体既承认教师、学生等学校成员在普遍道德人格上的平等地位,也尊重每个道德个体的个性和多样性并给予其情感关怀,使道德对话过程成为多元主体间"我"与"你"的精神交流过程,而非对抗性

① 叶飞.公共交往与公民教育[M].北京:人民出版社,2014:95.

② 鲁洁.德育课程的生活论转向——小学德育课程在观念上的变革[J].华东师范大学学报(教育科学版),2005(3):9-16,37.

③ 冯建军."德育与生活"关系之再思考——兼论"德育就是生活德育"[J].华中师范大学学报(人文社会科学版),2012(4):132-139.

④ [德]卡尔·雅斯贝尔斯.什么是教育[M].邹进,译.北京:生活·读书·新知三联书店,1991:1.

的"道德辩论"。多元主体以对话、合作的交往方式,在课堂、网络等公共空间,对社会、社区和校园公共生活中的道德问题展开批判性和建设性的讨论、质疑、协商,在集体协同的过程中相互施加道德作用力。在关怀情感的作用下,这种道德作用力最终以"证实性叠加、证伪性解构及差异性修正"的形式实现出来,在挖掘不同个体道德观念之间"最大公约数"的过程中,最大程度地增进其对公共价值的认同。在这种道德对话机制的影响下,即便主体间存在道德观念的差异,道德建构仍然是有效的,因为"'你'通过对'我'的道德的否定,实现了对'你'的道德的自我建构"①。最终,通过每个主体的道德建构,实现共同体成员最大程度的道德共识。

重构德育共同体的公共性路径

德育共同体理念对克服学校德育的公共性困境有所裨益,要在实践中推动德育共同体的当代重构。德育共同体生成并巩固于学校德育实践,既是学校德育所要实现的目标,又是学校德育实践的有效情境,是学校内部多元主体在集体协同中的持续建构。学校德育要遵循公共性的运思路径,由内而外在激发多元主体的内生动力,引导多元主体参与学校公共生活,推动学校参与社会道德治理等层面对德育共同体进行当代建构。

一、激发多元主体的内生动力,确立共同体成员的主体身份

当代学校德育无法通过"自上而下""由外而内"的外生性强制措施来组建共同体,而只能使学校多元主体自觉承担德育责任,并切实感觉到对其内在需求,根据多元主体的意愿以内生性方式来构建生成。因此学校德育共同体的

---

① 罗明星."我"的道德与"你"的道德——主体交互中的道德教育[J].江汉论坛,2019(12):43-47.

产生是多元主体自主建构的过程，要使多元主体明确其德育责任，并满足多元主体的道德需要，这也是公共性视域下主体身份确立的要求。

在明确多元主体的德育责任下立德树人。道德知识具有区别于科学、技艺等描述性和程序性知识的特殊性，它是教人以"应当"的体现实践智慧的规范性知识。道德知识的这一特性，决定了道德知识无法依靠机械的线性传输。而且，教师并不必然拥有道德知识，即使拥有这种知识，它也可能是一种异己的存在，因为"如果没有理性对欲望的精神胜利，道德于教育者而言就是'非我'的存在"①。德育的能动性特征也决定了德育并非简单的"移植"过程，也不是强制的理性命令。将德育视为教师与学生之间的知识传导，无疑陷入了教育中的"浪漫主义"。就此而言，德育教师无法单独承担起德育的使命。"学生的道德发展不能简单地托付给专职德育教师来解决。否则，现代分工化、专业化的潮流势必让人们遗忘道德教育乃共同体事业之观念。"②因此，在立德树人的教育根本任务导向下，要激发多元主体从事道德教育实践的内生动力，就必须明确多元主体的德育责任，提升其育德能力，并构建以关怀为要义的德育环境，以建立多元主体间的关怀关系，推动学校全员参与承担学校道德责任。在此基础上，挖掘学校各职能部门蕴含的德育资源，使其在合力育人中共享资源，以此推动实现各路"育人纵队"的横向衔接、协同互动和通力合作，形成全员育人的动力格局。

在满足多元主体的道德需要中构建身份。德育共同体是异质、开放的有机生命体，多元主体道德需要的满足是在认同与协商的过程中实现的，这也是多元主体的身份建构过程。"身份形成一定是在共同体的实践中，在参与合作与竞争、同意与斗争、社会团结和个人权益之间的平衡中实现的。"③随着学校

① 罗明星."我"的道德与"你"的道德——主体交互中的道德教育[J].江汉论坛，2019(12)：43-47.

② 唐燕."德育教师专业化"的逻辑理路及其悖论[J].高等教育研究，2014(9)：37-43.

③ 赵健.学习共同体：关于学习的社会文化分析[M].上海：华东师范大学出版社，2006：97.

与社会的联系日益密切,多元主体思想观念的异质性因素逐渐增强,加之生活经验、知识结构的差异,其对道德、德育问题的认知也不尽相同。多元主体道德需要的满足是在关怀他者、求同存异的道德对话中,实现的意义共享和道德共识。因此,要尊重多元主体的认知结构和道德观念的差异,主张不同观念之间的碰撞、交流和对话,并将其视作新的知识和价值观得以构建和创生的必要条件,为不同的道德立场和德育观点提供理性争鸣的平台。要把道德需要的满足过程转变为成员身份的构建过程,即成员同时具备"我们"和"我"双重属性的道德学习和选择的过程,以此增强多元主体作为责任主体从事道德教育活动的积极性。

二、引导多元主体参与学校公共生活,激发共同体成员的公共意识

德育共同体是公共性的存在,其成员公共意识的生发依赖以公共性的组织生活方式为前提的交往实践,因此要注重对学校伦理德性的建构,在公共性的组织生活中进行德育实践,激发共同体成员的公共意识。

在"治理"理念下创设公共性的组织生活方式。治理理念是学校组织管理的新思维。学校治理强调管理者、教师、服务者、学生等多元主体的民主共治,同时也倡导以"情感治理"的模式实现治理中的人文关怀,致力于把学校建成一个有温情的公共生活空间,是实现教育善治的内在需要。由于立德树人是学校教育的根本任务,德育活动便在学校治理中占据重要的位置。学校要在治理理念下创设公共性的组织生活方式,为德育共同体的构建创设组织伦理条件。公共性的学校组织直接体现为民主化的组织生活,即民主化的生活方式和多元主体的组织形式。民主的生活方式是民主化最直接的体现,正如杜威(Dewey)所言,民主首先是一种联合生活的方式,是一种共同交流经验的方

式。①　多元主体的组织形式也是民主化的体现。有学者曾建议以"公共性"和"民主主义"作为原理来支撑公共教育制度，"公共性"侧重于营造开放的、异质文化的交流空间，"民主主义"则强调学校成员都成为学校建设的主体，实践"多种多样的人共同生活的生存方式"②。就此而言，学校德育只有以治理理念为指导，推动多元主体以民主的生活方式在民主化的生活空间中进行德育实践和道德建构，才能营造具有包容性的公共生活空间，建立长效、常态的德育对话和协商机制，为共同体成员公共意识的生发奠定组织伦理基础。

在"三全育人"的德育实践中激发成员的公共意识。德育在根本上是生活德育，日常生活的整体性决定德育活动既要有空间上的开放性，又要有时间上的连续性。因此在德育过程中，要将一切可利用的校园空间变成德育实践的空间，突出德育的"全域性"特征，将一切可利用的时机变成德育实践的时间，突出德育的"全时性"特征。学校要在公共生活实践中打造全方位、立体化的德育工作体系，形成全员、全过程、全方位的德育运行机制，以一种无边界教育理念构建教育模式，从而与生活德育所强调的"全域性"和"全时性"相融通，实现跨学科、跨场域协同育德，推动整全人格和健全公民的培育。学校共同体成员的公共意识是克服学校"内卷化"现象的价值依托，公共生活空间是公共意识的体现地和养成所。"三全育人"的德育实践作为学校公共生活实践，通过广泛开发并整合利用德育人力资源和时空资源，彰显学校德育的载体优势、场域优势、文化优势，增强德育实践运行机制的公共性，帮助消解个体人膨胀的条件，有助于最大程度地培育具有公共意识的共同体成员。

三、推动学校参与社会道德治理，促进共同体公共性的生长

德育共同体作为异质、开放的生命有机体，离不开与社会的相互作用。参

---

①　［美］约翰·杜威.民主主义与教育［M］.王承绪，译.北京：人民教育出版社，2001：97.
②　佐藤学，沈晓敏.转折期的学校改革——关于学习共同体的构想［J］.全球教育展望，2005（5）：3-8.

与社会道德治理是学校承担道德责任的必然要求，也是拓展学校公共性的必要条件。学校在完善德育共同体的过程中要自觉承担道德责任，强化与社会道德的交互作用，推动共同体公共性的生长。

在与社会的交流互动中承担学校道德责任。学校是社会发展的推进器，也是社会道德的高地。浙江大学竺可桢校长在阐述大学的使命时强调了高等学校的引领功能，大学不仅要承担改良社会、服务地方之重责，而且须肩负弘扬社会道德的神圣使命，成为"社会灯塔"与"海上之光"。① 学校作为特殊的社会组织和社会的"灵魂"参与塑造社会公共伦理，能够引导整个社会形成更加民主、平等、自由的公共伦理关系和稳定和谐的公共伦理秩序。同时，学校通过其特殊的德育功能，在弘扬社会主义核心价值观中提升学生的公共道德品质和公共参与能力，有利于为未来社会的公共生活培育优良的社会道德主体。就此而言，学校在完善德育共同体的过程中，要积极参与社会道德建设，使自身成为与外界交流互动的开放系统，把学校为求真育人所形成的民主协商、主体交互、集体协作等先进价值理念融入社会道德建设之中，提升社会治理的公共伦理效度。

在参与社会道德治理中增强共同体的公共性。随着个体生活领域的分化和社会多元化的发展，学生所学习的道德规范有时不容易应对其所生活的社会结构，这种"规则错位"导致学校德育教化的乏力，学生容易退回私人生活领域沦为消极的个体。在德育共同体的完善过程中，只有不断彰显学校公共性才能有效应对这一困境。德育共同体的公共性总是建立在学校公共性的基础之上，而学校公共性的实现是学校与社会交往互动的过程。基于此，德育共同体的公共性也应该在与社会道德的交互作用中实现。社会道德治理是以社会主义核心价值观为根本导向，从市场伦理、职业伦理、公共道德等方面引领民众树立正确的价值取向，实现其从"工具人""经济人""个体人"向"公共人"的

---

① 张彬.倡言求是 培育英才：浙江大学校长竺可桢[M].济南：山东教育出版社，2004：167.

转化。德育共同体应主动适应社会环境变迁的客观形势，在参与社会道德治理的过程中，破除有形或无形的边界障碍，提高多元主体面对社会复杂价值环境的免疫力，增强共同体成员对社会公共价值的认同。同时，通过有效回应多元社会中的价值冲突，在价值批判与价值辩护过程中维护社会主流价值，彰显德育共同体维护社会公共道德的价值指向，促进共同体公共性的生长。

第七章　回归生活世界的德育实践[①]

高校德育实践是高校在面对现代性问题时,重建青年精神生活的核心议题,是建构新时代的道德生活和共同价值的基础。高校德育存在德育主体的迷失、德育实践路径的缺失以及道德目标的异化三个问题。从现象学的第一人称经验亦即主体维度和交互主体性建构,回到生活世界,以及道德情感的现象学三个角度入手,探讨如何借鉴经典理论克服上述问题,优化或重构高校德育共同体,并尝试在操作层面上提出行之有效的应对方法。

当代高校德育实践囊括政治教育、思想教育、品德教育、法制教育和心理健康教育等具体内容,不仅是高校德育教与学的重要环节,也不仅着眼于大学生个体的德性养成,更是高校在面对现代性问题中重建青年精神生活的核心尝试,势必从高校辐射全社会,成为建构新时代的道德生活和共同价值的基础。

现象学运动发端于20世纪初,作为一种哲学方法和问题视角在当代哲学中影响巨大。现象学的根本动机在于对传统形而上学和当代科学意识形态进行批判,旨在重建全面的人类精神生活。在现象学的视野下,意识建构、身体、

---

① 楼艳.高校德育实践的现象学思考[J].广西大学学报(哲学社会科学版),2022(5):197-202.

发生性、情感、伦理价值、审美、存在经验等众多论题得到了全新的表达，道德
和伦理价值、道德教育在此框架下也有了新的诠释维度。因此，在当下德育工
作设计和实践过程中，我们完全可以从现象学中寻找理论启发。在现象学视
野下审视和开展德育工作，优化高校德育共同体，有助于洞察和把握德育工作
的内核精神。

从现象学的第一人称经验亦即主体维度和交互主体性建构，回到生活世
界，以及道德情感的现象学三个角度入手，探讨我们如何借鉴经典理论，克服
高校德育工作中存在的德育主体的迷失、德育实践路径的缺失以及道德目标
的异化三个普遍问题，并尝试在操作层面上提出行之有效的应对方法，是高校
德育研究的新视角。

高校德育主体维度的恢复

"德育主体的迷失"问题是当下高校德育实践中存在的问题。在德育实践
中，无论是施教的主体还是受教的客体，如被抽象为无个性的个体，其丰富的
主体维度就被遮蔽，造成主体的虚无。相应地，主体所处的交互主体结构也被
忽视了。德育主体的迷失使得德育工作流于教条化和表面化。其一，德育工
作者陷入迷失的状态。表现为德育工作者自身德性养成和积累不足而不能达
到"学高为师，德高为范"的境界，习惯以"美德袋"式的德育方式将学生当作知
识传授的客体，不能很好地理解把握"教育精微"而不善于启迪引导学生，由此
导致德育患上了"边缘化""外在化""知识化"的现代综合征。其二，学生的主
体性被遮蔽。德育内容大多偏重理论和原则灌输，致使德育逐渐远离其赖以
存在的日常生活和真实体验，学生合理的道德需要得不到满足，其道德认知特
点被遮蔽，主体性、自主性被漠视，因此缺乏对德育的主动思考和探索。其三，
师生关系中交互主体性的缺失。"教师主体，学生客体"的传统教育思想影响

依然顽固，"独白式"德育使师生之间缺乏必要的对话和交流，不仅扼杀了学生的主体性，不利于学生交互主体性道德人格的养成，也拉开了师生之间的距离，不利于双方德性尤其是学生德性的养成和发展，进而造成德育实践的困境。

而整全的主体性维度正是现象学要捍卫的主题之一。胡塞尔（Husserl）的意义理论具有鲜明的内在主义倾向，旨在捍卫第一人称视角，"现象"首先是向"我"的显现。胡塞尔指出，一切意义构建"都是在或者从我的意向生活中，从意向生活的构造性的综合中，在一致性证实的系统中被我澄清被揭示出来的"①。在这里，现象学的主体不是传统哲学中抽象的理性主体，而是权能性的大全，是一切表象和情感、意识和无意识的渊薮。对于这一内涵丰富的主体维度在道德和德育领域内的意义，马克斯·舍勒（Scheler）有过详尽的论述。舍勒认为，伦理和道德价值的正当性不能由形式正义获得，而必须建立其实质价值的基础。这样一门质料伦理学就是以丰富的主体维度为基础的，起奠基作用的不是抽象普全的理性，而是具体的情感，也就是人的价值偏好。情感是个体生活及其伦理行为的基本质料，是伦理价值的基础。

传统的理性主义伦理学流于空乏的形式，休谟难题所质疑的正是在形式主义伦理学下，一个人即便以对象化的方式掌握了善的知识，却不能感同身受地去行善。因此，理性主义伦理学在理论上可能是完满的，但在实践中未必是真实的；在逻辑上可能是可推演的，但未必是意识内在的。舍勒认为，只有通过呵护丰富的主体维度，以情感为基础，建立主体的心的秩序，才能达到对道德价值的真实把握。因此，价值情感现象学实质上是一种主体内在的生活表达。他相信："决定某个社会道德趋势的基本手段，不是权威人士提出的那种笼统的算计性忠告，而是深沉的个体道德力量（即心的秩序）方向。"②这是维

---

① ［德］埃德蒙德·胡塞尔.生活世界现象学［M］.倪梁康，张廷国，译.上海：上海译文出版社，2002：153.

② ［美］曼弗雷德·S·弗林斯.舍勒的心灵［M］.张志平，张任之，译.上海：上海三联书店，2006：168.

护德育的主体维度和德育"生活化"的重要理论基础。

循着现象学对于主体视域的维护，德育应当以感同身受的第一人称立场、情感的呵护为基础。在大学德育共同体的构建中，人作为道德的主体，包括作为个人的道德主体和作为群体的道德主体，人对道德的追求、伦理价值的选择、道德行为的实施，都不是单纯形式上的，也不是纯粹的对象化的知识获取，而是从第一人称视角出发对道德教育的认可体验，首先是情感性的体认，然后才是知识层面上的接受。德育不是简单做作的形式主义，而是真实深入的情感互动。道德教育中的对象不是抽象意义上的理性存在者，而是以情感为基础的具体之人。因此，在德育过程中要充分尊重教育对象的主体性，体现对具体人的尊重和培养。关注伦理价值的情感性基础，关注道德抉择的境域性处境，在生命实践中构建德育共同体。应当在丰富的主体维度中，在多元变化的形势情境中把握个体内在的丰富性、多样性、特殊性，因人、因时、因事、因势、因境开展具体的德育引导，最终实现"成人"的价值目标。

优化或重构德育共同体的最终目标是培养具体的有德性的人，而"成人"的过程不是抽离了主体的空洞形式和教条，而是基于主体丰富的多重可能性实现人的全面发展。"人之为人"的主体维度和主体价值是德育的出发点，德育和道德首先是具体的人与人之间的实践。道德和伦理价值的基础包括人与人之间的，主观情感层面上的爱、关怀、共情、信任等等，道德的目的是让处在社会关系中的人的主体性得到最充分的体现。道德的主体性是弘扬"人之为人"的主体性，亦即作为个体存在者的人的价值，即人的尊严、情感、个性，发挥人的主体性、能动性、协同性以及创造性，最终促进人的全面发展。"共同体作为人们生活的一种样态，是德性的主要存在形式。"①德育共同体旨在培养有德性的人，实现人的全面发展。大学德育旨在培养教育对象的道德自觉，调动主观能动性，唤醒个体对于伦理价值的体认，强化个体在生活中的主体意识。由

---

① 任少波，吕成祯. 德育共同体：中国特色社会主义大学的新认知[J]. 浙江大学学报（人文社会科学版），2019（5）：5-12.

此,明确德育工作中的主体地位,维护第一人称的主观维度,尊重作为伦理道德基础的情感层面和生命体认,协调主体的情感经验与理智兴趣,是德育工作的基础步骤之一,也是高校德育工作的基本导向。

回归生活世界的德育实践

近年来,高校德育工作受到了空前的重视,但在具体实施过程中,脱离具体环境的教条式德育、德育理论和实践的分离、德育的实用性工具价值凌驾于整全的生活价值之上,都是较为突出的问题。"美德袋"式的传统德育远离学生发展的日常生活的真实体验,忽视生动的、情境性的生活知识,单向地、教条地灌输给学生约定俗成的抽象的道德规范知识。德育的实用性工具价值更是未能使德育在本质上和智育区分开来,而是把德育过程等同于与智育无异的知识传授和智力开发过程。通过知识体系建构的形式造成了生活的缺场,道德知识仅仅成为一种道德符号,而不是道德符号所代表的丰富的道德意蕴。人的本质只有在生活活动中才能得以现实地展开,德育的指向是要教育学生追求"善的生存"方式。而在德育内容上偏重理论和原则教条的知识化德育,过于强调道德认知而忽视了道德实践,脱离了德育的生活性内涵,使学生缺乏道德体验,也难以形成道德共鸣,道德教育偏离了培养具有道德实践力的人的生活价值。因此,提倡回归生活世界的德育实践,重建德育的生活性,将具有生活性的道德教育作为人的道德培养之基,是克服此问题的可能出路。

"生活世界"这一概念发端于19世纪末,针对的是科学意识形态下的客观的自然世界。胡塞尔晚期将生活世界提升为现象学的核心概念之一,作为现象学运动口号的"面向实事本身"实际上就是要回归生活世界,回归生活世界中的构建性实事。胡塞尔指出,生活世界是人类"一切实践的基础",是"一个始终在被给予的、始终在先存在着的有效世界"①。这个预先被给予的生活世界乃是一切课题化（对象化）行为的来源，因此生活世界是主体参与的、一切意义构建的普全视域。"对这样一个生活世界的关注就意味着关注我们置身于其中的历史、传统和文化，将之视为一切意义构建和实践行为的视域"②，以此对抗客观主义视角下的世界、自我的异化和生活意义的贫乏。海德格尔（Heidegger）也强调，此在是"在世界中的存在"，脱离开我们所处身的这个生活世界的抽象个体和孤立行为都是不可想象的，作为意义构建物的道德行为和伦理价值也不例外。在生活世界中，作为此在的个体生存是根本的指向。生活世界是一个"人"生活在其中的世界，是"人"共同交往的世界，也是围绕着的关系设定的大全。作为意义构建的来源，生活世界同时也是一个物质生活和精神生活、日常生活和非日常生活等各种生活形式和关系相互交织、相互依赖、不断生成的世界，是人在其中不断生成、不断发展的世界，道德价值和伦理习得乃是其中重要的组成部分。一方面，作为价值体系，它们都是在作为普遍视域之大全的生活世界中发生的；另一方面，对于个体而言，德性的习得也必然是在具体的处身境遇亦即生活世界中被达成的。

因此，德育回归生活世界，就要求将德育内容生活化、实践化，将德育方式情景化、情境化。首先，德育内容必须根植于教育者和教育对象的生活土壤，努力提升教育者的知识背景和理论视野，同时切实关注教育对象的发展目标和成长需求。德育不是高高在上、望而生畏的抽象教条，而是贴近个体的活泼生命和具体生活的现实实践。因此，德育内容应与社会性的思想观念、道德规范和生活世界之中的主体有机联结，应与主体所处的境遇、所归属的传统恰当地融合。其次，德育方式的情境化意味着将道德置于现实的道德情景和历史语境之中，通过情境化的主体角色体验和建构，让道德主体在生活世界中审视

---

① ［德］埃德蒙德·胡塞尔.欧洲科学的危机与超越论的现象学[M].王炳文,译.北京:商务印书馆,2001:172.

② 王俊.从生活世界到跨文化对话[J].中国社会科学,2017(10):47-69,205.

道德的目的和意义,探寻主体的道德价值和道德追求,培养教育对象主体的判别能力和实践能力,从而形成整全的生活价值,以避免德育价值的异化。

回归生活世界的道德教育,还意味着它应兼顾内在和外在、理论和实践。德性习得一方面是外在的伦理要求转化为自觉观念和行为的内化过程,另一方面这一过程又与教育对象所处身的日常生活世界紧密相连,并且内化的德性又需要以道德实践外化在生活世界之中。内在和外在、理论和实践的统一是德育实践的必然要求,这种统一也可以表述为德育实践上的"知行合一"。从提高德育的效果来看,重视德育的知行合一显得尤为重要,即既要重视德育的理论教化,也要重视德育的实践性和生活化。大学德育要通过德性之"知"即道德理性的引导,帮助学生开展以生活世界为基础的德育实践。德育课堂教学应扬弃传统"理论上""说教式""灌输式"的德育方法,积极融入对生活世界道德经验的感知性和体验性的内容,特别是加强道德主体的表达,包括道德情感的反馈和对道德现象的反思;德育实践环节应设计丰富多样的场景化、体验式的道德实践活动,以道德场景还原的生动方式激发和培养学生的道德意识和道德情感,引导道德行为。这一过程是对传统德育"知识化"的超越和"生活化"的重建,重显德育的生命活力,引导教育对象选择并建构有道德、有意义、有价值、有幸福感的生活。

回归生活世界的道德教育意味着,它最终是以实践为依归。回归实践、回归生活是道德教育的本质要求和最终目的,德育内容需要内化于主体的精神和观念世界,最终以实践的方式在生活世界中展开。作为可教的道德价值一方面,它是一种"知",是从生活世界的实践中抽象出来的;另一方面,这样的一种"知"最终还是要回返到德性之"行"中。伦理生活的真正目的,不仅是以对象化的方式去认识真理,更要以体认的方式变成真理,赋予人一种内在一致之感觉的正是这种知行合一的境界。在回归生活世界的道德教育中,德性的"知"与"行"实现了统一,体现了德育的实践性要求及其知行合一的辩证关系。基于对二者辩证关系的把握,主体在生活世界中培养德性,是人在具体的处身境遇中充分认识到道德的理论和实践的统一性前提后，要求在生活世界的实践中实现二者的统一的必然过程。因此，构建回归生活世界的德育的根本途径，必然要回归生活世界本身，从道德实践出发，在实践中寻找、体验和感知自身作为自觉道德主体的情感、目标、价值和意义。

基于交互主体性的德育共同体重构

在当前高校德育实践中，教育者和教育对象往往被理解为单向度的主动和被动的关系，在教育活动中的所有参与者通常被看作是原子式的个体。这造成了道德教育的单向度、模式化、扁平化，导致德育价值目标的异化，忽视了德育活动实际上所基于的乃是一种鲜活的共同体关系，其所致力于建构的也是具有共同道德价值的共同体。德育价值总是以一定形式的主体间关系表现出来，它在本质上是价值主体的需要即道德教育社会化的需要与德育属性即满足人的道德社会化的属性之间对应关系的总和。德育共同体正是以共同的利益需求和价值取向为基础，指向共同体成员之间通过交互关系，彼此获得情感关切、道德关怀和内在信任，让处在共同体中的师生的主体性得到最大程度的体现。德育共同体的价值目标体现了共同体中"个体成员对道德规范与德性提升的需要，反映他们对'真、善、美'的共同追求"，同时，"它也指向整个德育共同体对实现所有成员的自由全面发展所作出的贡献，指向个人的至善和德性的获得。"[①]

德育实践所牵涉的和面对的主体是多元的，这些主体并非原子式孤立的个体，而是处于交互主体的关系结构之中。如马克思所言，人是最名副其实的社会动物，"我们越往前追溯历史，个人，也就是进行生产的个人，就显得越不

---

① 任少波，楼艳.论高校德育共同体的三重意蕴[J].高等教育研究，2018(8)：86-90.

独立,越从属于一个更大的整体"①。胡塞尔现象学对于交互主体性有着深刻的阐述。现象学的主体首先不是唯我论意义上的预先被给予的封闭主体,而是在以同感(Einfühlung)为基础的交互主体的关系结构中被建构的。在这个交互主体的结构中,他者总是优先于自我,自我意识总是在丰富的他者经验中形成的,更进一步,共同意识、价值、传统乃至客观对象也都是在交互主体结构中被建构的。这样一种交互主体性是人与人之间理解、互通和交往的前提,是生活世界中主体与主体之间关系的构建方式。基于交互主体性的他者优先的伦理结构是共同体构建的基础,多元主体交互的"我们的世界","并不是我的或你的私人世界,而是我们的世界、是一个我们共同的、互为主体的世界,它预先被给予在那里"②。

作为社会意义构建物,道德规范和伦理价值也是以交互主体的方式构建的,通过这种构建形成一个个由"我们"同构的道德共同体。"道德意识的意向性和伦理义务的直观性要求超出主观心理之外,要通过对人与人之间的社会关系和人类共同体的道德使命的意识和直观,确立起伦理的规范有效性基础。"③通过交互主体和交互共同体方式的构建,共同的道德伦理和生活的"规范性"得以在历史中不断构成和变迁。在生活世界中的德育主体之间建构起相对牢固的社会关系,伴随着作为主体的人的价值凸显,主体间性的活力和活动空间得到进一步彰显,德育的共同伦理价值不断得到强化。对于个体而言,这种交互主体的经验被舍勒表述为"同情"(Sympathie),具体而言就是主体与主体的共同感受和共同情感,泛指人们对同一情感的分享或对他人情感的参与,这构成了共同体的情感基础。④ 在《伦理学中的形式主义与质料的价值伦理学》中,舍勒就强调,确立人心价值秩序和建立正义的社会秩序的正当性的

---

① 马克思.政治经济学批判[M].北京:人民出版社,1976:194.

② [奥]阿尔弗雷德·舒茨.社会世界的意义构成[M].游淙祺,译.北京:商务印书馆,2012:235.

③ 邓安庆.现象学伦理学对于我们为什么如此重要?[J].现代哲学,2016(6):55-61.

④ 张志平.情感的本质与意义[M].上海:上海人民出版社,2006:118.

基础是精神的共同体。

现象学的交互主体性和共同体构建的理论为高校德育实践提供了一种可能的理论基础。个体生活的生活世界是由"我们"共同组成的，它既是人类的生活世界本身（或本体），也是德育的实践空间。无论是生活在一个国度，还是生活在一个学校里，生活共同体的所有成员都被共同情感联合在一起，这是一种休戚与共的道德经验。例如，爱国主义教育和集体主义教育需要关注学生在共同体生活中的情感体验，以建构具有统一价值观的精神共同体的目标，否则，这方面的教育只能沦为简单说教或形式主义的支离做法。从德育实践指向的理想目标审视，高校就应当是一个由多元主体构成的德育共同体，基于共同的道德信息、价值认同、精神文化和目标指向，教育者与教育对象之间、教育对象彼此之间在高校社区生活中形成主体交互关系。构建基于"交互主体性"的德育共同体，意味着具有公共特性的开放性生活世界的开启。一方面，要通过"意义构建"增强德育共同体主体间的认同感和凝聚力，强化共同的道德信仰、价值观念和精神文化；另一方面，为主体在生活世界中的交往互动提供机会，激发主体之间的活力和张力。"在德育共同体中，以德育主体为主导，角色、团体、实践等实现路径通过课堂、生活、网络等场域中的良性、和谐地互动。因此，大学德育也不再是机械的系统，而是一个充满活力的生命共同体。"[1]总之，德育共同体的主体不是单独的个体存在，生活世界也不只是面向单个主体的世界，而是始终位于共同体的整体性之中。

基于交互主体性构建的德育实践还意味着德育主体之间关系的平等化。在传统德育模式中，教与学的模式往往将教育者和教育对象的关系视为不对等的权威与依附的关系。而交互主体建构中的"我们"是一种平等关系，胡塞尔的"交互主体性"尤为强调处于交互主体的关系网络中的每一个人都是作为平等的主体而存在的，他们相互依存，结成一个富有生命力的精神共同体，通

---

① 吕成祯，任少波.德育共同体：内涵、特征与时代使命[J].国家教育行政学院学报，2018(4)：41-46.

过通感和共情形成共同体特有的共同价值认同。德育共同体的每个成员之间也有着这种平等的建构性关系。

高校德育实践不是局部性的思政课程教育，而是整体意义上师生共同体的精神生活的重建。这种重建所依凭的不仅是德育理论内容的传授，更是对主体性维度的重新认识和呵护，是在生活世界中德育知和行的合一，是交互主体模式下德育共同体的构建。在德育实践中，人的完整的主体丰富性必须得到充分的呵护和重视，因为道德选择和伦理习得的基础常常不仅是理性判断，更是情感倾向。在充分尊重个体的基础上，高校德育实践最终指向一个有机的德育共同体的完善，这是教师与学生、学生与学生、高校与社会的广泛互动意义上的共同体。在这些方面，现象学的主体性理论、生活世界构想、交互主体性学说为高校德育实践提供了充分的理论养料。

在现象学的理论视野中，目前高校德育的一些突出问题能够得到有效的反思和回应。首先，德育主体的迷失导致丰富的主体维度被抽空，主体所处的交互主体结构被忽视，德育工作流于教条化、形式化、表面化，而现象学对主体视域的维护，主张在丰富的主体维度和多元变化的形势情境中把握个体的主体丰富性，在真实深入的情感互动中做具体的德育引导工作，形成具有生命活力与张力的德育场，最终实现"成人"的德育目标。其次，德育实践路径的缺失最直接的影响是德育脱离于作为人类"一切实践的基础"的生活世界，导致德育的实用性工具价值凌驾于整全的生活价值之上，而现象学"面向实事本身"的实际就是要回归生活世界，实现对传统德育"知识化"的超越和"生活化"的重建，在内在和外在、理论和实践的统一中达成德育实践上的"知行合一"。最后，道德目标的异化无视德育实践基于鲜活的师生共同体关系中的事实，忽视了多元主体的主体丰富性，而根据现象学的交互主体性学说，个体主体性在与他者的充分交流中彰显，形成交互主体结构，"我们的世界"即是由"我们"同构的德育共同体，在这一共同体中师生互为主体，最终达成彼此德性养成的目标。

第八章　德育的生态优化[①]

教育生态学主张以要素联动思维和生态平衡思维,从德育构成要素的相互关系和影响机理入手分析解决德育问题,德育共同体是教育生态学思想和方法在高校德育实践中的具体化呈现。德育主体的协同性缺失、德育客体的片面性理解、德育介体的松散性链接和德育环体的表层性嵌入,可能使德育共同体陷入生态性困境。高校德育共同体应当从共同体的结构特征和德育的内在属性出发,在德育主体产生交互关系的场域内整体优化德育系统,在课堂微观场域中构建师生互动的教学共同体,在校园中观场域中构建校内协同的治理共同体,在社会宏观场域中构建内外联动的实践共同体。

20 世纪 70 年代,教育生态学以一门独立的新学科出现并获得了快速发展,它"既是生态学发展和分化的产物,也是教育理论工作者自觉运用生态学的原理和方法研究教育问题的开始"[②]。教育生态学研究将教育理解为一个"与其自然的、社会的、经济的、政治的、文化的生态环境关系密切的,由时间和

　　①　楼艳,郭立群.构建高校德育共同体:教育生态学的视角[J].国家教育行政学院学报,2021(3):82-89.

　　②　郑晓锋.克雷明教育生态学理论探究[D].金华:浙江师范大学,2010.

空间构成的,开放而实在的生态系统"①,具有生态平衡、协同进化、良性循环的发展规律。就基本观点而言,教育生态学主张要素联动思维和生态平衡思维,从教育构成要素的相互关系和影响机理入手分析解决教育问题,认为构成教育系统的各个要素"不仅在内部相互联系、相互作用中形成一定的结构,而且教育系统内外也进行着能量、物质和信息的交换,具有多维镶嵌性"②。

从实践来看,如果将高校德育窄化为由思政队伍承担的思政理论课教学和日常思想政治教育活动,要素间的割裂就会与"三全育人"的基本理念不符,更背离了促进学生全面发展的根本目标,影响了高校立德树人根本任务的全面落实。教育生态学思想为解决高校德育问题提供了新的思维理念和实践方法,优化高校德育共同体是教育生态学思想在高校德育实践中的具体化应用和彰显,也是解决当前高校德育生态性困境的有效路径。

系统性生态:高校德育共同体的图景

教育生态学是生态学应用于教育领域的新视角,用以探寻教育系统内微观、中观和宏观生态的内在关系与演化发展,解决教育领域的生态性困境。整体关联性是教育生态学的首要思想,主张摒弃分离式或单向度的思维方式,从要素相互联系和相互作用的视角思考问题。以教育生态学思想来观察高校德育系统,就是以其整体关联性来优化德育系统的生态结构,以要素联动思维和生态平衡思维全面推进德育,建立基于德育全要素紧密联动的系统性生态。

以教育生态学思想建立德育的系统性生态要处理好四个问题,即德育系统的整体性和要素的关联性、德育环境内外体系的协调性、德育改革的重点突

---

① 范国睿.教育生态学[M].北京:人民教育出版社,2000:29.
② 凌玲,贺祖斌.教育生态学视野中的区域教育规划[J].教育发展研究,2005(5):66-68.

破与整体推进以及推进德育系统从"按下葫芦浮起瓢"走向动态平衡。这些问题的解决意味着德育系统是"基于整体目标和内在逻辑的要素之间的交互生成和有机整合"[①]，必然要求德育全要素的整体关联和深度融合，从而促成一个在实践中相互配合、相互促进、相得益彰的"德育共同体"，彰显德育要素的多重并行和共存相依关系。高校德育共同体的基本结构如图 8-1 所示，在不同系统中表现为三个相互影响、相互制约的共同体模式。由此，可以从三个共同体的结构特征和德育的内在属性出发，从多元主体的内在生态关系改善入手，构建高校德育共同体以实现德育系统的生态式推进。

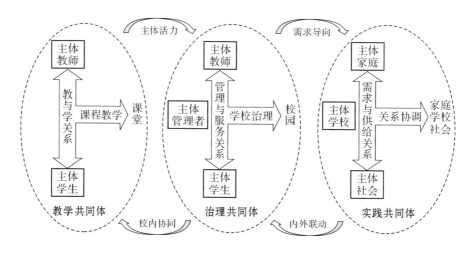

图 8-1　高校德育共同体的结构

一、遵循教学道德性的教学共同体

教育生态学主张多要素的互联互动，教学过程就是特定条件下的师生主体互动过程，是以教师的"教"和学生的"学"为主线的师生相互作用过程。[②]　一

①　田贤鹏. 教育生态理论视域下创新创业教育共同体构建[J]. 教育发展研究，2016（7）：66-72.

②　秦红. 构建课堂师生学习共同体[M]. 上海：上海远东出版社，2006：13.

方面,师生的认知、情感、意志、行为与品德是个相互联系、相互影响、相互作用、相互制约的整体,"教"与"学"有自身统一性,"教"需找准知识结构与认知结构的结合点并科学组织教学过程才能有效渗透到"学",而积极的师生互动又是实现该过程的前提条件。另一方面,教学内容是通过"教"的主体与"学"的主体的相互作用共同完成的,包括知识传授的认知互动、情感建立的认同互动、言传身教的人格互动,是全方位的过程。由此,教师与学生在微观课堂德育系统中通过"教"与"学"的交互关系,形成紧密的教育生态学意义上的"教学共同体"。

二、激发主体内生动力的治理共同体

教育生态学倡导整体关联性,德育共同体的成员不是孤立的教育者或受教育者,而是有紧密交互关系的德育主体。"道德教育应当成为各科教学的最重要的教学目标之一",每位教师"都是德育工作者"。[①] 德育作为复杂的系统工程,有必要在其内部进行专业化分工,将德育任务分解给不同部门、不同人员后,他们的相互配合和整体统筹就显得至关重要。德育治理是高校治理不可分割的部分,办"有道德的教育"是高校治理追求的道德目标,它强调的正是全员围绕共同目标的集体参与和协同实践。构建治理共同体就是要解决传统德育以政策驱动和单一主体为主导致的其他主体内生动力不足问题,使高校德育从错位的实然状态走向有效治理的应然状态。

三、强化主体共同成长的实践共同体

教育生态学研究的是广泛的关联。对学生思想政治品德的形成产生影响的不仅是高校内部教育,还有外部动态的社会关系网络。也就是说,德育要素不仅在德育内部相互联系形成网络结构,也与德育外部联动进行能量、物质和

---

① 檀传宝.学校道德教育原理[M].北京:教育科学出版社,2000:128.

信息的交换。习近平总书记指出，"学校、家庭、社会协同推动思政课建设的合力没有完全形成"，而"思政课的学习效果和家长、家庭、家风的作用密切相关，要注重家校合作。"①因此，有效的德育治理不仅是高校内部主体的关系协调，高校内部力量与外部影响之间也要保持适度平衡。与家庭和社会加强合作已成为高校办学的共识，办好教育事业，家庭、学校和社会都有责任，三者都是影响学生成长的主体，内嵌于以学生培养为核心的生态关系中。家庭、社会已经从一般意义上的外部环境因素转变为高校学生培养中的内部组成结构，三者是相辅相成、互利共生的实践共同体。

非系统生态：当前高校德育的生态性困境

如前所述，高校德育应当是多要素构成的生态系统，各要素协同促成德育系统整体优化，发挥德育整体功能。结构性是生态系统的重要特性，德育主体、客体、介体、环体等要素构成德育生态系统。但当前大部分高校的德育工作主要侧重"要素思维方式"，从单一要素着手推进德育改革与实践，各要素存在一定的分散性。这种从部分到整体的思维方式虽能快速找到解决德育问题的突破口，但要素的分散性易割裂德育的内生逻辑，引发"头痛医头、脚痛医脚"的短时性行为和后续的次生性弊病，甚至最终形成高校德育的非系统生态，由此导致当前相当程度上存在的高校德育生态性困境，具体表现为以下几个方面。

一、德育主体的协同性缺失

"全员育人"意味着德育主体的多元化，即与德育工作相关的所有人或组

---

① 习近平.思政课是落实立德树人根本任务的关键课程[M].北京：人民出版社，2020：8.

织都是德育主体。"全员育人"作为现代德育的基本理念和重要手段,需要德育主体间内在的协同创新。然而随着高等教育规模的扩大和组织分工的细化,高校普遍形成了思政教师和党政组织负责德育、专业教师和教学组织负责智育的育人现状,阻碍了主体间育人实践的事实协同和育人能量的有效传导。众多实践案例也证明主体有效协同的理念和机制尚未完全建立,表征为价值引领和知识传授的关系未得到正确处理,教师的育德意识与育德能力有待提升,课程思政的资源尚未充分挖掘,合力推进思想政治教育的机制体制需完善等。①

二、德育客体的片面性理解

"培养什么人、怎样培养人、为谁培养人"是中国教育的根本问题,高校落实立德树人根本任务就是要"培养担当民族复兴大任的时代新人",德育客体指向德智体美劳全面发展的社会主义建设者和接班人。而立德树人是完整统一的范畴,将德育放在立德树人的首位,突出了德育在人的全面发展中的核心地位和统领之义,既强调"立德"之于"树人"的根本和关键作用,又凸显"树人"之于"立德"的基础和条件作用。然而,"重智育轻德育""重科研轻教学"等现象在高校依然普遍存在,而高校对时代新人的评价标准也没有完全从学业成绩导向转向体现德智体美劳全面发展的导向。

三、德育介体的松散性链接

德育主体因为价值取向、目标追求、教育内容、工作方式的不同,对介体的选择也是多样的。在德育目标的选择上,往往以线性思维将完整的德育目标进行分解,再以许多单个目标代替完整的德育目标,目标的整合关系也是通过离散目标来反映;在德育内容的选择上,习惯以机械思维灌输德育知识,忽视

---

① 高德毅,宗爱东. 从思政课程到课程思政:从战略高度构建高校思想政治教育课程体系[J]. 中国高等教育,2017(1):43-46.

道德信念和情感的复杂性及学生个体的丰富性和独立性；在德育方法的选择上，多以简单思维形成可操作的德育模式、方法和程序化的实践活动，导致德育实施出现各自为政的强制性割裂。总体而言，因主体对德育的认知并不统一，故未从主体共识的整体行动逻辑和客体的全面发展要求出发，选择不同介体的系统衔接路径。

四、德育环体的表层性嵌入

德育环境及其所提供的教育支持条件即德育环体，是德育过程运行的载体。德育环体具有全息性，即所有与人相关的、影响人的道德形成和发展的因素都是现实潜在的德育环境，如办学定位、组织结构、学校文化、硬件条件、人际关系、教风学风等；德育环体也具有动态性，德育系统存在的历史条件、时代要求以及政策、舆论导向等因素会随着社会发展不断变化。但当前高校对德育环体的嵌入往往停留于表层，尚未从深层次对之进行系统性设计，使相关工作流于表面、流于形式，从而影响德育的整体成效。

德育共同体：高校德育的生态优化与模式变革

从部分到整体的"要素思维方式"并未从根本上解决上述困境，严重影响了德育成效。作为一般理论，德育共同体的特征无疑高度契合了当前德育系统性重塑的迫切需求。但如何使一般理论在具体实践中得到落实，又是另一个层面的难题。尤其在高校德育阵地，以非系统的点状思维和方法解决不了一连串德育问题已是客观事实。由于长期以来各自为战的非系统性生态运作，家庭、高校和社会各方面的系统性意识、共同体自觉、大局观站位、辩证性方法明显匮乏，虽然各方立德树人的意愿十分强烈，但跟上新形势、解决新问题的有效手段却捉襟见肘。

德育共同体是高校以教育生态学思想为指导,推进德育模式变革的重要方案。德育共同体是观察微观课堂德育系统、中观校内德育治理系统和宏观校外关系协调系统的有效载体。就其本质而言,它是德育主体的关系性存在,表现为多元主体基于落实立德树人根本任务的目标共识和责任分担,是高校融合育人力量推进协同育人的整体行动方案。

德育共同体理念是德育诸要素整体联动和生态平衡的实践产物,它一方面突出了德育的整体性,强调德育并非单一主体的目标任务,而是多元主体协同实践且相互制约的结果,强调德育主体自身经验和智慧资源的重要作用,倡导激发自下而上、由内至外、以己为师的主体意识;另一方面也突出了德育要素的整体关联性,"生态共同体的每一部分、每一小环境都与周围生态系统处于动态联系之中"①,各主体以交互关系形成共存模式,主体对客体的认知、对介体的选择及对环体的适应性都会导向要素间的多元共生和差异互动。同时它也表征了德育系统的动态性,各要素的相互联系是不断变化和发展的,由此使德育系统始终处于动态的平衡状态。德育共同体契合生态系统的整体性、关联性、动态性,构建德育共同体是促使多元主体紧紧围绕落实立德树人根本任务形成协同育人的联动机制。由此可以说,融合了德育全要素的整体生态优化是德育共同体重构的系统保障。

从德育主体产生交互关系的场域进行划分,可以形成基于德育共同体的德育系统整体分析框架,这一框架是在微观、中观和宏观三个层次的场域中有效融贯德育主体和客体、系统衔接德育介体、深层嵌入德育环体的创新实践(见图 8-2)。

---

① 许萍茵.教师学习共同体的生态哲学解读[J].湖南科技学院学报,2011(12):144-147.

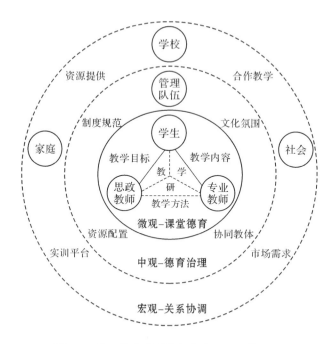

图 8-2　基于德育共同体的德育系统整体架构

一、在"教一学"关系主导的课堂微观场域，以教学共同体整体优化课堂德育系统

　　课堂德育系统的整体优化需基于主体对育人本职的认同，以教师的"教"和学生的"学"为中心，从教学目标、内容和方法等关键介体着手激发主体活力。德育的实践性本质也要求把知识与能力看作个人建构自己经验的产物，教师的作用将不再是讲授事实，而是帮助和指导学生在特定领域中建构自己的经验。[①] 因此就教学目标而言，课堂教学应从"知识传授"的任务型目标向"知识传授与德性培养相统一"的立体化教学目标转型；就教学内容而言，需基于目标优化内容设计，讲价值观以增强学生专业认同感，讲精神文化以培育学

----

　　① 张桂春.激进建构主义教学思想研究[M].大连：辽宁师范大学出版社，2002：186.

生家国情怀和人文素养,讲学科发展史以激发学生学习兴趣和热情,讲方法论以培养学生理性思辨能力;就教学方法而言,应更注重探究式体验式教学、合作式学习,让每个学生通过自己的课题沉浸于活动的、合作的、反思的学习实践中。

教学的目的是"追求学生智力与道德的双重完善",它本身就是承载价值的事业,具有"教学道德性"的内在特质。[①]　就德育真正落地的实践载体而言,课堂教学主要是课程"为什么教、教什么以及如何教"的问题。教学共同体围绕教学目标即"为什么教"、教学内容即"教什么"、教学方式即"如何教"展开。

在"为什么教"层面,超越课程在普遍意义上的知识传授价值,探求每门课程在思维、道德、文化、审美等方面的独特价值。每门课对学生的发展价值除传授某一领域的专门知识外,在更深层次上至少还可为学生提供理智、道德等方面所蕴含的独特价值。[②]　换言之,教学共同体得以形成的前提是师生都认识到课程的"等价性"和"多元性",超越知识学习和标准化考核的有限内容。教师应改变"德育无涉"的认知误区,通过"教"传递给学生的不仅是有限的学科知识,还有对学科的理解,对生活的态度,对文明传序的体悟;学生"学"的过程也不仅是接受知识,更是在与教师的互动中实践富有意义的探索和对人类道德生活的反思。

在"教什么"层面,任何课程教学都需从学科知识体系出发,教师应充分感知并挖掘其中的德育元素,从学科的价值观、文化观、发展史、方法论等方面进行恰当地解读与阐释。"品德或美德并不是一个固定不变的知识、标准、物件,而是与时代背景、与具体情境密不可分的"[③],这些内容应自然融入学生的生活经验和实际状态,即使是德育元素不明显的学科课程,教师也需思考学生能从自己的教学中获得哪些知识以外的其他内容,如对课程的理解和兴趣,对学习

---

①　李树培.教学道德性:学科德育的重要视角[J].教育发展研究,2019(18):64-70.

②　叶澜.重建课堂教学价值观[J].教育研究,2002(5):3-7,16.

③　李树培.教学道德性:学科德育的重要视角[J].教育发展研究,2019(18):64-70.

的信心、专注深刻的思维品质等。

在"如何教"层面，既有与教学内容直接相关的课堂组织、教学设计等，也有教师的言谈举止、教学态度、师生互动等。教师"以正确的方式传授知识和技能，其本身就已经是一种对整个人的精神教育"①。自主、合作、探究的教学方式已成为课堂教学的重要取向，但促成真正具有探究精神和合作精神的师生教学共同体，离不开教师对教学内容的精准理解和把握，离不开教师对学生学习状态的敏锐感知和应对，更离不开教师对课堂德育的理解和期许。

二、在"管理—服务"关系主导的校园中观场域，以治理共同体整体优化校内德育治理系统

治理的实质是在制度原则、公共利益和认同的基础上建立合作，既以整体性原则消解系统要素碎片化风险，又遵循适应性原则促进主体和谐共生。德育治理就是根据高校落实立德树人根本任务的总体目标和价值理念，对德育要素进行综合、协调、设计和开发，打破科层制管理的惯性瓶颈，激活主体的育德自觉，形成主体间合作的网络生态。

德育治理的核心任务是统筹，重点是协调各主体所承担的多维化德育职能，统筹德育诸多环节，其关键性要素包括德育制度规范、德育文化发展、德育资源配置、德育载体协同等。制度规范是德育治理有效实施的前提，是德育治理的"形"，保障系统稳定有序；文化氛围是德育治理的"魂"，强调激发主体的育德意识和行动自觉；同时围绕"立德"之根本，整合汇聚德育资源，建立协同平台，为多元主体的主动参与和协同共治提供支持。

治理共同体的形成正是基于重构德育主体的关系模式，唤醒所有主体的育德自觉，即"根据立德树人的总体目标和价值理念，对学生思想品德形成和发展过程中的各种教育因素、教育渠道、教育环境、教育力量进行总体、综合、

---

① ［德］卡尔·雅斯贝尔斯.什么是教育[M].邹进，译.北京:生活·读书·新知三联书店,1991:149.

系统的设计和开发,以使之更好地在学生思想品德形成和发展过程中发挥积极有效作用的过程"①。治理有效性取决于德育主体对治理的预期和治理的实际运行与结果之间的匹配度,匹配度越高则治理的有效性越强。匹配度主要体现在治理理念、统筹方案、协调机制和治理文化上,核心是激发主体共同的责任意识即共同体精神。

在治理理念上,每个主体都能在专业化分工任务的推进中遵循共同的价值目标,始终以人才培养为实践的价值旨归。在统筹方案上,对每个主体的工作任务、目标要求、行动保障都有明确的专业的计划方案,对方案的依据、针对性、效果也有明确的评估指标。在协调机制上,注重治理过程的多维互动性,建立常态化的对话机制,引导主体换位思考;畅通沟通机制,解决日常工作中多部门、多主体配合不到位可能导致的问题;形成分享机制,鼓励成果共享,激励利益分享;规范承诺机制,以评价提升主体的统筹意识和责任感。在治理文化上,注重德育治理的整体性,改变传统德育对德育环境、德育渠道、德育力量在学生思想品德形成和发展中的作用关注不多的问题,形成和谐的治理文化,使静态的治理结构转化为可见的治理效能。总之,以治理共同体整体优化校内德育治理系统,核心是激发主体的内生动力,使每个主体明晰职能、畅通沟通渠道,主动协同实践,共享育人成效并实现自身德性养成的目标。

三、在"需求—供给"关系主导的社会宏观场域,以实践共同体整体优化校外关系协调系统

高校是学生德育实施的主体,但也内嵌于学校、家庭和社会整体的关系生态中。学校、家庭和社会在学生德性培养上具有一致性,家庭和社会都希望高校通过培养有道德的个体,促进青年德性塑造和社会道德进步,而高校本身也是直接参与社会道德建设的进步力量。三者间的关系是以人才的"需求"与

---

① 佘双好.迈向德育治理体系现代化[J].中国德育,2016(7):1.

"供给"关系为核心形成的，其落脚点是立德树人。立德即立国家大德、社会公德、家庭美德和个人道德，是高校德育的基本遵循与根本原则。高校德育应置于大社会和学生个体小家庭的整体关系框架中，打破三者的隔离状态，重新审视其协调共生的生态关系，在资源提供、实训平台、合作教学、市场需求等方面实现要素整合。从家庭和社会对学生培养的需求出发，建设实训平台、合作教学等实践载体，使学生的德性培养和人格塑造获得更多外部系统支持。

德育共同体是实践性的道德实体，通过道德教育使学生获得真善美的信仰和追求。而社会生活是道德孕育和孵化的场所，"现实的社会生活和社会环境作用于大学生的头脑，必然导致大学生产生反映和折射社会生活和社会环境种种实际的思想和行为问题，亦即高校德育面临的种种问题"①。形成家庭教育、高校教育、社会教育"三教结合"的实践共同体，正是从德育整体生态和现实状况出发，整体优化校内关系协调系统，以解决高校德育的生态性困境。

第一，以学生需求和市场需求为导向构建实践共同体。学生需求凸显了学生主体性，反映出学校课堂教学的安排、德育活动的组织是否尊重了学生思想品德发展的规律。同时，人才培养质量最终由市场检验，如何实现与市场需求的对接，真正实现为国家培养人才的目标，也是高校德育面临的重大挑战。第二，政策对三者合作价值的权威性分配和倡导具有重要影响，制定政策应以汇聚资源形成合力为落脚点。人的培养是一项系统工程，家庭是前置性要素，高校是全过程性要素，社会是拓展性要素，高校德育政策的制定应充分挖掘家庭、学校以及社会三方面的资源并整合汇聚。第三，建立合作教学、实训平台等实践载体，为合作行动提供技术路径和实践空间。就德育价值实现的方式而言，个体是否具备道德，应当具备何种道德，必须在生活实践中得到检验才可以体现出来。"三教结合"的实践共同体遵循"道德教育起源于生活""道德教育为了生活"的理念，它为学生道德的实践和检验提供了空间，建立了合作

---

① 骆郁廷.学科交叉是高校德育创新的重要源泉[J].高校理论战线，2012(2)：21-24.

教学和实训平台的载体。

　　总体而言,高校德育共同体是当前高校德育系统性重塑的必然方向。教育生态学为解决德育生态性困境提供了新思路,以其为根据所形成的德育共同体不是德育要素和德育环节的简单叠加,而是在课堂德育的微观层次、德育治理的中观层次和关系协调的宏观层次中实现德育全要素的深度融合和有效衔接,从而切实有效地推动高校德育改革与实践。

第九章 劳动创造共同体的价值规范

共同体内形成什么样的价值就会产生什么样的规范。劳动创造价值,劳动是价值之基。在这个意义上,共同体内有怎样的劳动创造,就会有怎样的价值,也就会有怎样的规范。作为高校德育共同体主体的师与生,要以马克思主义劳动观为指导,建立对劳动一致且正确的价值认同,自觉将劳动作为第一需要,对他人和社会积极贡献,以开展创造性劳动为共同目标,才能达到"意义建构",促进人的自由全面发展。

德育共同体为实现共同目标,需要在共同体成员间形成共同遵守的行为规范,从而指导共同体成员在一定情境下思维、感受、行动。规范与价值是紧密联系的,都具有主体性和实践性。"如果规范与价值判断之间有任何联系的话,在我们看来,这种联系全在下列事实:规范若要有效,必须以相关的价值判断为基础。因此,价值研究应先于规范的研究。"①

---

① [阿根廷]方迪启. 价值是什么——价值学导论[M]. 黄藿,译. 台北:联经出版事业公司,1986:97.

任务导向的科研劳动冲击共同体的价值认同

伴随着经济社会发展,"学校教育逐渐从简单的涉及教师、学生和学校的直接市场交易关系,演变为复杂的囊括政府、市场和社会等多方利益相关者的委托代理契约关系"①。可以说,政府、企业与高校科研机构的联系越发紧密,科研劳动早已成为社会化大生产的一部分。高校师与生作为科研劳动的主体,也是德育共同体的主体,成为联系社会生产的重要一环。当前,任务导向的科研契约关系冲击着师与生以兴趣为导向的科研探索。依托科研课题培养研究生已经是高校研究生人才培养的重要形式,导师通过向政府、企业申请课题获得科研经费,用以支持指导研究生开展科研活动,增强科研能力,完成科研任务。可以说,作为科研任务的科研课题和项目,在一定程度上深刻影响着师、生及两者间的关系。

很多高校对研究生导师的科研经费有明确的底线要求,达不到底线要求的导师便没有招生资格,难以晋升职称。教师要想方设法申请科研课题和项目,获得经费资助,取得招生资格。在循环往复的科研劳动中,教师若只是为了完成科研任务以获得外部资源,这时的科研劳动对于他们来说就会变成外在的东西而非本质需要。科研劳动若非兴趣导向的自由自觉的活动,就会成为教师争取科研奖励、职称晋升等的手段和工具,变成为了争取更多的科研经费而不得不从事的劳动任务。不能体现自由自觉之本质的劳动会使人急功近利,某种程度上也是导致学术规范问题屡见不鲜的原因。教师难以体会到之所以为师的价值意义,进而感到疲惫而非幸福。在教师的科研自主性和科研兴趣受到束缚后,学生在自由探索选择科研方向和科研路径上更会受到限制。

---

① 陈星.研究生与导师的合作冲突及其治理思路[J].学位与研究生教育,2020(12):10-17.

无论是在申请课题和项目，还是在完成课题和项目的过程中，学生都是不可或缺的重要劳动力，教师会支付给学生一定的劳动报酬，这也是很多研究生称导师为"老板"的原因，这种称谓上的变化却反映出师与生之间已在原本教育关系的基础上增加了雇佣关系。教师不再只是传道、授业、解惑之人，还是科研项目的组织管理者，掌握着资源与分配权的雇主，自然会考虑科研经费投入产出的效益问题。而学生也不再只是在教师的指导下求真知之人，还是科研项目的重要人力资源，是受雇者，是科研劳动力的输出者，需要按照科研项目目标及导师的科研进度安排完成工作任务。

传统师生之间围绕共同科研兴趣和好奇心开展科研的合作关系，容易转变为利益驱动下工作任务式的雇佣关系。在这种情况下，学生很少能自主发现科研问题，进而产生科研兴趣并选择科研发展路径，而容易陷入科研任务的漩涡无法自拔，扮演科研劳动的局部工具，成为科研项目的雇佣劳动力（有时甚至是十分廉价的劳动力），从而逐渐丧失创新思维，科研能力素质也难以得到全面发展。学生若并非受科研兴趣和好奇心的驱使激发出内在驱动力，而只是想着尽快完成老师交给的任务，以便老师为其毕业提供便利，那么这种难以自由发挥自己体力与智力的科研劳动，就会变成一种被迫的劳动，会让学生只要有机会就想逃离，且逃得越远越好。研究生期间的科研劳动消磨掉了研究生的科研兴趣和好奇心，一些研究生毕业后便不想再从事科研工作。

此外，功利性科研任务使得师与生的目标很多时候并不一致，甚至是相悖的。教师希望学生作为申请和完成课题和项目的重要人力资源，做的越多越好，质量越高越好，时间越长越好，以此帮助教师获得更多的科研资源，积累用于晋升的竞争优势。而学生则希望尽快毕业、拿到学位以便尽早工作，自然是做的事情与毕业越相关越好，越容易越好，只要能达到毕业底线要求即可，时间越短越好。目标的不一致就容易使得师与生双方产生分歧，甚至是矛盾冲突。正确认识劳动的价值，是作为高校德育共同体主体的师与生要形成的重要价值共识。

遵循马克思主义劳动观的基本价值共识

马克思恩格斯在批判唯心主义的思辨性、抽象性以及旧唯物主义的机械性中，形成了特有的劳动观，即从人创造自身、发展自身、解放自身的视角来谈劳动。劳动是"现实的人"实现人之价值的活动，是人自由自觉的活动，马克思恩格斯一方面肯定劳动产品对人生存的意义，另一方面考察劳动活动对人的影响。

劳动创造了人，形成了人的本质。马克思说："我们的生产同样是反映我们本质的镜子。"①恩格斯也在《自然辩证法》中阐释了劳动对人类进化的决定性作用。人通过劳动创造对象的同时，也创造了自身。"人的本质不是单个人所固有的抽象物，在其现实性上，它是一切社会关系的总和。"②

德育共同体的主体是人，人所开展的面向人的教育自然也会涉及人所带有的社会关系，这就意味着，讨论德育共同体时必须以人的社会关系为考察起点。劳动作为人的社会关系建构的主要载体，反映的正是社会关系的现实。社会关系不是孤立存在，而是在人的劳动中内生而成。"个人怎样表现自己的生命，他们自己就是怎样。因此，他们是什么样的，这同他们的生产是一致的——既和他们生产什么一致，又和他们怎样生产一致。"③可以说，研究德育共同体就是研究人如何通过劳动满足人的生存、享受、发展需要，研究人如何成为更好的人，研究人与人之间的劳动关系如何影响人自身。中国特色社会主义大学作为德育共同体，要促进师生对劳动形成正确的价值认同，即劳动是人的第一需要，只有劳动才能让人称之为人，让人充满意义，成为有德性的人。

---

① 马克思，恩格斯. 马克思恩格斯全集：第 42 卷[M]. 北京：人民出版社，1979：37.
② 马克思，恩格斯. 马克思恩格斯文集：第 1 卷[M]. 北京：人民出版社，2009：505.
③ 马克思，恩格斯. 马克思恩格斯文集：第 1 卷[M]. 北京：人民出版社，2009：520.

师生无论是从事体力劳动还是脑力劳动，简单劳动还是复杂劳动，首先是为自身成为人，是为自身寻找存在的价值。教师以身示范通过教书育人展现师者传道、授业、解惑的生命本质，通过科研育人展现师者求真、求善、求美、文化传承的生命本质，学生以师为榜样通过勤奋学习展现学生尊师重道、继承师者精神、进取超越的生命本质，教师与学生通过教与学的互动展现教学相长、彼此成就的关系本质。

劳动发展了人，是实现人的自由全面发展的根本实践活动。马克思恩格斯所提出的人的自由全面发展，是相对于过度社会分工造成的人的片面发展而言的，是在对工厂手工业取代个体手工业，之后又被机器大工业所取代的历史考察中提出来的，并不是今天所说的德智体美劳全面发展，而是劳动能力的全面发展，是体力与脑力相结合的全面发展。

马克思说："为了在对自身生活有用的形式上占有自然物质，人就使他身上的自然力——臂和腿、头和手运动起来。当他通过这种运动作用于他身外的自然并改变自然时，也就同时改变他自身的自然。他使自身的自然中蕴藏着的潜力发挥出来，并且使这种力的活动受他自己控制。"[①]人的脑力与体力协同发展的潜能在劳动中得到激发，劳动成为"自由的生命表现，因此是生活的乐趣"[②]。"我在劳动中肯定了自己的个人生命，从而也就肯定了我的个性的特点。"[③]马克思把劳动作为人的自由自觉的活动，劳动过程需要突破困难与阻碍，也正是如此，自由才能得以实现。马克思提出要摆脱异化劳动，使人取得人之为人的尊严和价值，将人的本质重新还给人，使人获得彻底解放。劳动的目的就是发展自由个性，促进人的个性、知识、能力在劳动中得到全面协调发展。

在中国特色社会主义大学的德育共同体中，师生都要以人的自由全面发

---

① 马克思，恩格斯.马克思恩格斯文集：第5卷[M].北京：人民出版社，2009：208.
② 马克思，恩格斯.马克思恩格斯全集：第42卷[M].北京：人民出版社，1979：38.
③ 马克思，恩格斯.马克思恩格斯全集：第42卷[M].北京：人民出版社，1979：38.

展为目标,辛勤劳动、诚实劳动、创造性劳动,老师间、学生间或许尺有所短、寸有所长,或许学术观点不同,抑或存在激烈竞争,但师生的自觉能动性、创造性和自主性能得以全面发展,师生仍能互相尊重、欣赏、理解、包容。师生间或许短期目标有差异,但指向人的自由全面发展的长期目标是一致的。学生在老师的指导下不断创新创造,脑力与体力全面发展,师生在互相成就中实现人生价值,共同推动社会进步和人类解放。

马克思主义劳动观肯定劳动既是合规律性又是合目的性的活动,体现了物的尺度与人的尺度的统一。劳动受制于一定的客观前提,需要合规律性。但同时,劳动更本质的是作为人的自由自觉的意志行动,是人在寻求对"真"的认识基础上而达到对"善"的伦理目的和"美"的精神体验的价值实现活动,劳动是人追求和创造"真善美"的价值实践活动。① 求真是求人与世界的认知之真,是对事物存在的变化规律的认同,体现着合规律性的认识世界目标。② 马克思说:"最蹩脚的建筑师从一开始就比最灵巧的蜜蜂高明的地方,是他在用蜂蜡建筑蜂房以前,已经在自己的头脑中把它建成了。"③高校教师传授知识,就是通过教学科研活动带领学生认识事物发展变化,发现掌握事物发展规律,总结形成对事物的认识。师生在教与学的劳动中,将自身作为认识和改造的对象物,形成作为师与生的自我意识。

师生的劳动也是不断"对象化"的过程,通过劳动不断选择、确定、创造对象世界。这种劳动并非随意为之,而是师生有意识有目的地活动,是师生求真合规律性的认识活动。求善反映的是人与世界的价值关系,是对个体与个体、

①　程从柱.劳动教育何以促进人的自由全面发展——基于马克思主义劳动观和人的发展观的考察[J].南京师大学报(社会科学版),2020(5):16-26.

②　徐海娇,柳海民.遮蔽与祛蔽:劳动的教育意蕴——基于马克思劳动概念的价值澄明[J].湖北社会科学,2017(6):13-18.

③　马克思,恩格斯.马克思恩格斯文集:第5卷[M].北京:人民出版社,2009:208.

个体与群体和谐关系的认同,体现着合目的性改造世界的目标。① 在人类社会的发展中,社会交往建立在劳动的基础上,人不是孤立的、抽象的人,是从事劳动的人,是处于一定社会关系中的人,是以社会关系的总和为本质的人。"社会——不管其形式如何——是什么呢？是人们交互活动的产物。"②社会不是个体的简单叠加,而是由从事劳动的人构成的。"正像社会本身生产作为人的人一样,社会也是由人生产的。"③"并不是'历史'把人当做手段来达到自己——仿佛历史是一个独具魅力的人——的目的。历史不过是追求着自己目的的人的活动而已。"④人与社会是同生同构的。社会需要是社会共同体赖以存在和发展的基础,既源于个体的人的需要,又高于个体的人的需要。更好地适应社会经济、政治、文化发展的需要,也是为了更好地满足个体的人的需要。高校师生的劳动作为一种交往活动离不开求善,在社会关系中、在交往中获得作为师与生的存在意义。

而求美反映人与世界的情感关系,体现着合感受性的超越。⑤ 马克思说:"动物只是按照它所属的那个种的尺度和需要来构造,而人却懂得按照任何一个种的尺度来进行生产,并且懂得处处都把固有的尺度运用于对象;因此,人也按照美的规律来构造。"⑥师生通过劳动不断确证自身的存在,展现师生的生命本质,使审美鉴赏能力、道德判断能力得到提升。总而言之,马克思主义劳动观中的人始终处于对"真善美"的追求之中,这应该是也必然是中国特色社会主义大学作为德育共同体的基本价值共识。

---

① 徐海娇,柳海民. 遮蔽与祛蔽:劳动的教育意蕴——基于马克思劳动概念的价值澄明[J]. 湖北社会科学,2017(6):13-18.

② 马克思,恩格斯. 马克思恩格斯文集:第10卷[M]. 北京:人民出版社,2009:42.

③ 马克思,恩格斯. 马克思恩格斯文集:第1卷[M]. 北京:人民出版社,2009:187.

④ 马克思,恩格斯. 马克思恩格斯文集:第1卷[M]. 北京:人民出版社,2009:295.

⑤ 徐海娇,柳海民. 遮蔽与祛蔽:劳动的教育意蕴——基于马克思劳动概念的价值澄明[J]. 湖北社会科学,2017(6):13-18.

⑥ 马克思,恩格斯. 马克思恩格斯文集:第1卷[M]. 北京:人民出版社,2009:163.

以创造性劳动塑造共同体价值规范

习近平总书记多次强调教育、科技、人才对于推进中国式现代化的重要战略意义,创新驱动的实质是人才驱动,人才培养依靠高等教育。中国特色社会主义大学作为德育共同体,最终指向培养什么人、怎样培养人、为谁培养人的问题。劳动作为人的类本质,是人的第一需要,具有育人价值已是无可争议的命题。但这并不意味着所有劳动都具有同等的育人价值,也不意味着劳动发挥育人价值是无条件的。只有经过有计划、有目的、有组织的创造性劳动,才能促进中国特色社会主义事业持续发展并最终实现中华民族伟大复兴,也才能实现人的自由全面发展并最终实现人类解放。

创造性劳动是相对于重复性劳动而言的。马克思没有对创造性劳动下明确定义,但判断出了重复性劳动将被机器逐渐取代的趋势,并认为"物化的知识力量"就是创造性劳动的产品。"自然界没有造出任何机器,没有造出机车、铁路、电报、自动走锭精纺机等等。它们是人的产业劳动的产物,是转化为人的意志驾驭自然界的器官或者说在自然界实现人的意志的器官的自然物质。它们是人的手创造出来的人脑的器官;是对象化的知识力量。"①有学者对创造性劳动和重复性劳动的概念进行了总结阐释,重复性劳动主要指"维持人类经济与社会发展中的简单再生产与扩大再生产"②,而创造性劳动则主要是"探索、发现、使用人类不曾使用过的知识、技能、手段、材料、工具,创造新的产品或新的生产方式从而以更高的效率从事商品生产的劳动"③。总的来说,创造

---

① 马克思,恩格斯.马克思恩格斯文集:第8卷[M].北京:人民出版社,2009:197.

② 冯骊.创造性劳动与劳动价值论——对马克思劳动价值公式的补充[J].河南师范大学学报(哲学社会科学版),2008(9):16-19.

③ 冯骊.创造性劳动与劳动价值论——对马克思劳动价值公式的补充[J].河南师范大学学报(哲学社会科学版),2008(9):16-19.

性劳动重在"创造",主要具有创新意蕴。

创新是指把一种从来没有过的关于生产要素和生产条件的"新组合"引入生产体系,生产要素新组合可以通过采用一种新产品或一种产品的新特性,采用一种新的生产方法,开辟一个新的市场,掠取或控制原材料或半制成品的一种新的供应来源,实现任何一种工业的新组织或打破一种垄断地位等五种途径完成。① 通常,创新包含两种方式,一种可称之为"小创新",即在旧有范式基础上的改进,在技术和产业所依赖的科学原理本质不变的基础上,在方式方法、工具步骤、外观展现等方面呈现创新。另一种则是"大创新",可称之为原始性创新或颠覆性创新,在库恩科学革命的图景中就是范式转换。在技术和产业变革中,主要指"技术和产业所依赖的科学原理发生了'从 0 到 1'的根本性转变"②。由此可见,创造性劳动无论关涉哪种创新,都具有不可重复性,即创造性劳动是唯一的,只有一次,重复第二次就不算是创造性劳动了。在知识、技能、手段、材料、工具等各环节要体现出新颖性,才能称之为创造性劳动。

创造性劳动是知识的来源,人类知识主要是创造性劳动贡献的,创造性劳动势必会带来人类社会发展的质变。人在创造性劳动过程中,体现和反映着人的自为存在特性,既创造物质财富、精神财富、为社会贡献价值物的社会性历史活动,又进行体现和满足自我主观意愿,确证自己的主体性价值,实现美好生活需要的自我性历史活动。③ 人的生命活动,不单单具有在自然生命意义上"活着"的自在性,还具有在此基础上为实现"更好更充分地活着"的自为性。④创造性劳动正是为了让人获得幸福,"摆脱人作为自在存在物的属性,更

---

① [美]约瑟夫·熊彼特.经济发展理论:对于利润、资本、信贷、利息和经济周期的考察[M].何畏,易家祥,等译.北京:商务印书馆,1990:73-74.

② 卢晓东.劳动教育与创新:从工具视角开敞的意蕴[J].华东师范大学学报(教育科学版),2021(1):94-106.

③ 罗建文.基于劳动过程理论的劳动情怀论析[J].湖南社会科学,2020(5):1-10.

④ 程从柱.劳动教育何以促进人的自由全面发展——基于马克思主义劳动观和人的发展观的考察[J].南京师大学报(社会科学版),2020(5):16-26.

加充分地、更加自由地、符合人性地实现人的自为存在物属性，真正实现人的自由而全面的发展和美好生活需要的价值目标"①。

苏霍姆林斯基(Sukhomlinskii)在《帕夫雷什中学》中提出了"劳动的教育力量"，他认为，"只有当劳动能使个人和集体的智力生活得到丰富，智力兴趣、创造兴趣得到多种内容的充实，道德更加完美以及美感得到提高时，它才能成为教育力量"②。马卡连柯(Makarenko)提出创造性劳动和集体性劳动，认为创造性劳动是使劳动发挥教育力量的根本条件，集体性劳动是使劳动发挥教育力量的重要条件。其实马卡连柯是在劳动属性和劳动组织形式两个层面来谈的，创造性劳动是就劳动属性而言的，而集体性劳动则是就劳动组织形式而言的。创造性劳动发挥劳动的教育力量不仅是个理论问题，更是个实践问题，需要有计划、有目的、有组织地开展创造性劳动，塑造共同体内部统一的价值规范，才能更好地发挥育人力量。

通过劳动塑造共同体内统一的价值规范，首先要注重思想政治性。马卡连柯说，"在任何情况下，劳动如果没有与其并行的政治和社会的教育，就不会有教育的好处，而成为不起作用的一种过程""如果这个人不参加社会的和政治的生活，那么，这种劳动就只能成为一种不起作用的过程，不会有积极有用的结果。"③德国教育家凯兴斯泰纳(Kerschensteiner)是最早在欧美国家推行"劳作学校运动"的代表人物，他主张劳动教育既要让学生掌握生产劳动知识和某一工种的技能与实践能力，以便在社会上谋生，也要让学生认识到劳动的价值，完成道德教化，成为合格的公民，即通过生产劳动的训练培养良好的道德品质、强烈的社会责任感，忠实地为国家服务，为国家朝着道德社会的发展服务。习近平总书记强调："实施创新驱动发展战略是一个系统工程。科技成

---

①　罗建文.论人民美好生活需要与社会主义劳动修复[J].湖南社会科学,2019(3):16-24.

②　[苏]B.A.苏霍姆林斯基.帕夫雷什中学[M].赵玮,王义高,蔡兴文,等译.北京:教育科学出版社,1983:361.

③　邱国樑.马卡连柯论青少年教育[M].北京:中国青年出版社,1984:74.

果只有同国家需要、人民要求、市场需求相结合，完成从科学研究、实验开发、推广应用的三级跳，才能真正实现创新价值，实现创新驱动发展。"①这意味着我们所倡导的创造性劳动，是要为中国人民谋幸福，为中华民族谋复兴服务的。中国特色社会主义大学通过创造性劳动培养人，是以习近平新时代中国特色社会主义思想为指引，坚持中国特色社会主义道路自信、理论自信、制度自信、文化自信，引导师生在辛勤的创造性劳动中将个人理想与国家理想融为一体，面向世界科技前沿、面向经济主战场、面向国家重大需求、面向人民生命健康，自觉为中国特色社会主义事业不懈奋斗。

第二，要注重集体性。马卡连柯说："共产主义教育中唯一主要的教育工具就是活跃的劳动集体。因此组织者的主要努力应当是建立这种集体，爱护和安排这种集体，养成一种作风和传统，并且加以指导。"②集体并不等于一群人聚集在一起，而是要有着共同目标有活力地开展活动。"一个自由的人类集体的生存方式就是——向前行进，它的死亡的方式就是——停滞。"③德育共同体本就是集体概念，是一个有着共同信仰和价值认同的有机体，这一集体若要存续，就要不断激发集体中的每个师生开展创造性劳动的活力。"通过劳动表现出来的个体与劳动的关系，本质上是个体与他人的实践的、现实的关系。"④高校与师、生不是对立的，而是统一的，是相互依赖共生的。高校因师与生的存在而存在，是每个师与生的集体。人的本质是社会关系的总和，人无法离开集体而存在，集体是人生存和发展的条件。社会生产力的发展伴随着社会生产关系的发展以及生活条件的改变，促使人在更有利的环境中实现自由发展。所以从本质上说，社会的发展需要与人的发展需要是一致的。虽然两者最终

---

① 习近平在中国科学院第十七次院士大会、中国工程院第十二次院士大会上的讲话[N].人民日报，2014-06-10(2).

② 邱国樑.马卡连柯论青少年教育[M].北京：中国青年出版社，1984：5.

③ 邱国樑.马卡连柯论青少年教育[M].北京：中国青年出版社，1984：18.

④ 周兴国，曹荣荣.论劳动的育人价值及其实现条件[J].南京师大学报(社会科学版)，2020(6)：30-38.

指向是统一的,但不意味着发展过程中始终一致,人的发展需要与社会的发展需要也时常不一致甚至有所矛盾,师、生与高校也常常会有不协调的步伐,这种矛盾也会促使师、生与高校、人与社会的关系不断完善改进。在面对人类社会发展过程中出现的各类问题时,需要先确保一定区域内社会的发展需要。实践也表明,从社会发展到个人发展是一种必然逻辑,个人服从于社会才能更好地实现自我也是必然逻辑。要引导德育共同体成员为达到立德树人的根本目标而劳动,并不是消解师生的个人主体性,反而是不断激发师生的主体作用,发挥每个师生的主人翁意识,为服务社会发展需要贡献高校师生力量的同时,促进师生朝着自由全面发展而努力。

第三,要注重时代性。以蒸汽机作为动力机被广泛使用的"工业1.0"开创了机器取代手工的时代,以电气技术广泛应用的"工业2.0"开创了电气成为补充和取代蒸汽机为动力的新能源时代,以信息化为标志的"工业3.0"和以智能化为标志的"工业4.0"正在影响着当下人类社会的发展。可以说,每一次的科技创新都在改变着人们的生产方式、生活方式、思维方式,也在改变着世界格局。习近平总书记在2013年主持十八届中央政治局第九次集体学习时指出:"从全球范围看,科学技术越来越成为推动经济社会发展的主要力量,创新驱动是大势所趋。新一轮科技革命和产业变革正在孕育兴起,一些重要科学问题和关键核心技术已经呈现出革命性突破的先兆。物质构造、意识本质、宇宙演化等基础科学领域取得重大进展,信息、生物、能源、材料和海洋、空间等应用科学领域不断发展,带动了关键技术交叉融合、群体跃进、变革突破的能量正在不断积累。国际金融危机发生以来,世界主要国家抓紧制定新的科技发展战略,抢占科技和产业制高点。这一动向值得我们高度关注。"[1]2020年9月,习近平总书记在科学家座谈会上又指出:"当前,我国经济社会发展、民生改善、国防建设面临许多需要解决的现实问题。比如,农业方面,很多种子大

---

① 习近平在中共中央政治局第九次集体学习时强调 敏锐把握世界科技创新发展趋势 切实把创新驱动发展战略实施好[N].人民日报,2013-10-02(1).

量依赖国外，农产品种植和加工技术相对落后，一些地区农业面源污染、耕地重金属污染严重。工业方面，一些关键核心技术受制于人，部分关键元器件、零部件、原材料依赖进口。能源资源方面，石油对外依存度达到70％以上，油气勘探开发、新能源技术发展不足；水资源空间分布失衡，带来不少问题。社会方面，我国人口老龄化程度不断加深，人民对健康生活的要求不断提升，生物医药、医疗设备等领域科技发展滞后问题日益凸显。对能够快速突破、及时解决问题的技术，要抓紧推进；对属于战略性、需要久久为功的技术，要提前部署。"[1]每一代人有每一代人的使命，实现中华民族伟大复兴正处于关键时期，中国特色社会主义大学作为德育共同体，要把人民对美好生活的向往作为奋斗目标，为培养时代新人贡献力量。

第四，要警惕技术理性。"从某种意义上讲，现代社会已形成技术化生存的局面。"[2]"当今技术已发展成为具有自身逻辑自主性的自在力量……形成了以'工具理性'为内在性标准的技术化的活动方式。"[3]劳动容易成为技术化的实践活动，仅仅是创造物质财富的工具，只注重对作为技术理性的劳动知识的传承，忽视劳动的育人功能，消解劳动的目的即实现人的自由全面发展。我们要警惕技术理性的僭越，激活劳动作为人的第一需要，彰显创造性劳动的育人价值。在推进中国特色社会主义建设的进程中，不断满足人和社会的发展需要，以创造性劳动实现人的自由全面发展。

---

① 习近平在科学家座谈会上的讲话[N].人民日报，2020-09-12(2).
② 刘同舫.技术的当代哲学视野[M].北京：人民出版社，2018：1.
③ 刘同舫.马克思的哲学主题[M].北京：人民出版社，2018：354.

第十章　主体道德的自我建构

解读一　激发德育主体的内生动力

建构主义意识到非实体的关系和过程自身就能够产生能动力量,但是这类能动力量需要在理论上进一步被建构,形成一个具有自我逻辑的理论闭环。高校德育共同体的建构和形成也是一个过程,需要激活主体的内在动力系统,使其形成共同的价值认同和道德信仰,最终实现德育主体自身的德性养成。

20世纪兴起的建构主义思潮,被认为是一场认识论哲学的改革,它以反思"客观认识论"为己任,其思想可以追溯到维柯"真理即创造"的诗性智慧,后以康德关于认识的"主客体间的双向性"、现代分析哲学等为哲学基础,以皮亚杰"认知结构说"、维果茨基"心理发展的文化探讨学说"等为心理学基础,经过与"结构主义"的"冲撞",并随着智能化的现代信息技术的发展以及与脑科学有关的人的高级认知机制研究成果的呈现而不断深入,随之产生了不同的理论流派,诸如认知建构主义、激进建构主义、社会建构主义等,并产生了建构主义知识观、学习观、教学观、师生观等观点。建构主义在对原有教育理念和方式反思总结的基础上，逐渐形成了自己独特的本体论、知识论、方法论。经过多年学术和实践累积，有些理论被否定，有些内容得以进一步阐释和发展，至今在多个学科领域影响广泛。从建构主义理论视角观察高校德育，有助于明晰德育主体德性塑造的自我建构性，从而确证德育共同体完善的关键在于充分激发德育主体的主体性。

培养主体性的人

德育的目标是"成人"，培养主体性的人。教育过程的实质是"引导人不断地实现和创造人所特有的本质和生存方式的过程"[①]。道德教育是教育者对受教育者传播道德知识，启迪道德智慧，使受教育者形成对社会真善美的认知并逐渐落实在个人行动中的教育实践活动。无论是智育还是德育，主体性因素一定是"人"。培养主体性的人，促进人的自主建构是教育的基本价值追寻。人生活在现实世界，但人是社会关系的总和，有不同于动物的精神世界。道德作为人类的精神活动，是对可能世界的把握。它反映的不是"事实"，而是"应是"；不是对人们现实行为的写照，而是把这种现实行为放到可能的、应是的、理想的世界中加以审视，用应是、理想的标准对它做出善恶的评价，并以此来引导人的行为，促使人的自我超越。道德的这一特性必然规定了道德教育的超越本质。[②]

应当承认，道德教育作为一种教育活动、一种精神活动，受物质的、现实的生活制约，但精神活动的现实化并非这种活动的最后归宿，它所指向的是对现实的超越。也就是说，按照某种超越于现实的道德理想去塑造人、培养人，促使人去追求理想的精神境界与行为方式。所以，道德教育不能只迎合现实，而

---

① 鲁洁. 重新认识道德和道德教育.[J]. 人民教育，2015(19)：72.
② 鲁洁. 道德教育的期待：人之自我超越[J]. 高等教育研究，2008(9)：1-6.

是要在超越中提升。引导人实现自我超越，这是道德教育的根本使命。

高校要培养的时代新人，不仅要适应社会的需要，更应具备主动性、创造性，凸显主体性，这是中国高校之为德育共同体的必然要求。主体性是人对生成状态的价值判断，表现为主体在一定对象性活动中对客体所具有的主动态势、能动作用和支配地位等。发展人的主体性，不仅是现代社会发展的客观要求，更是德育理论和实践的重要课题。

德育的主体性包括教育者的主体性、教育对象的主体性和教育活动的主体性等内容。关照当前的德育现实，教育活动基本是在教育者的组织领导下进行，教育对象的主体性激发尚不充分。因此，探讨如何更好地激发教育对象即学生的主体性，是解决德育主体性的关键所在。在我国德育传统中，培养学生的主体性理念已经逐步被人们接受，但现实中仍然存在诸多困境。

一是学生主体意识不强。主体意识是主体对自身地位、主体能力和主体价值的自觉意识，是学生能够积极地、自觉地发挥其主体性的内在条件。学生只有在主体意识的统摄下，才能对自身在教育中的地位、作用及对自身的本质力量有自觉的认识，更加明晰自身需求，确认自己的目标，深刻地理解自我。[①]党的十八大以来，党和国家更加重视高校德育工作，提出把"立德树人"作为教育根本任务。但由于思想转换不足及德育教育传统的影响，高校德育还未达到理想效果。原因之一便是学生对自身主体地位认识不足，往往还是将自身作为教育客体，忽视了自身也是德育主体的事实。由此，德育更多的还是表现为外在的被动感知和"接收"，而不是学生的主动认知和内化。[②] 例如，大学生对思政课程认知不足，投入时间少等问题较为凸显。[③]

二是学生主体地位不凸显。主体在对象性关系中，自觉、积极、主动地认

[①]　周飞.高校主体性德育探析[J].思想教育研究,2012(12):42.

[②]　吴宁.高校主体性德育培养的新视域探索——基于日本高校德育发展的启示[J].东北大学学报(社会科学版),2019(2):204.

[③]　赵亮,周松.高校思政课翻转课堂的应用问题及其对策[J].广西社会科学,2020(11):185-188.

识客体和改造客体，而不是被动、消极地进行认识和实践。以人为对象的德育必须关注人的自觉、积极和主动，只有尊重学生的主体地位，教育者以平等的地位对待学生，教育者发挥自身主体性的同时，激发学生的主体性和充分发挥学生的主体作用，才能提升大学生的主体意识，带动他们的积极性。学生主体地位得不到尊重，也会导致他们接受德育影响的态度消极化。

三是学生主体能力不高。主体能力是使自身主体性得以不断发展的能力，主体能力愈强，就愈能充分利用外部条件发展自己。个体在主体能力的推动下，发挥自主、自立的独立解决问题的能力，懂得自我主体性，充分实现自我，从而摆脱过分依赖组织或个人的传统。马克思在分析生产过程三个基本要素时，将劳动者作为主体性要素，也是唯一能动性的要素，是"最大的生产力"。而主体能力的培养需要激活主体自身的生理要素和社会要素，社会环境对于大学生文化和心理等素质的培养至关重要，主要包括教育环境、教育氛围、教育方式等。

主体对道德的自主建构

建构主义把学习者看作是信息加工的主体，看作知识意义的主动建构者，学习不是单纯地从传授者到接受者被动刺激的知识传递过程，而是学生在一定条件下主动建构知识的过程。学习也不是简单的刺激反应过程，而是通过新旧经验的同化和顺应来建构意义的过程，它强调的是学习的主动性、实践性、创造性和社会性。[①] 建构主义始终强调学生是中心，将学生由外部刺激的被动接受者和知识的灌输对象，转变为信息加工的主体、知识意义的主动建构者。[②] 高校德育共同体的目标首先是使大学生形成符合社会主流价值要求的

---

① 郭跃进. 高中英语新课程高效创新教学法[M]. 武汉：武汉大学出版社，2008：5.
② 郭跃进. 高中英语新课程高效创新教学法[M]. 武汉：武汉大学出版社，2008：59.

思想政治素质,包括政治、思想、道德、法律、心理等,实现目标的教育途径有课堂教育、文体活动、实践活动、报告会等。如何提高大学生的主体性,可以从建构主义理论视角寻找更多的方案。

以学生为中心,突出主体参与。建构主义学习理论强调,学习过程需体现学生的首创精神,让学生有多种机会在不同情境下运用所学知识,根据自身行动的反馈信息,形成对客观事物的认识和解决实际问题的方案,实现自我反馈。而传统德育的方式以正面传输为主,有时候甚至脱离学生需求,很难提高学生参与的积极性。大学生群体处于思维敏捷、精力旺盛的青年期,往往会有很多创意和想法,思想理论学习内容如果能够给大学生更多创意空间,让大学生在高校校园文化活动、社会实践中成为自我管理、自我教育的主体,那么他们潜在的主动性和主动能力就能够受到激发,从而发挥出来。教师可以在课堂教学中充分考虑学生的实际需求,给学生自主选择任务以及决定完成任务方式的权利。[①] 学生不仅学会了运用所学知识,还学会了自我指导和自我调控,学会自觉地去关注学习过程,学会反思,进行自我评价和改善,从而学会真正对学习负责,由此才能实现学生自始至终的主体参与。这种参与不仅是行为上直接参与,而且是在情感、心理、思维上的全面参与。

通过情境创设及协作学习,为主体意义的自我建构打下基础。建构主义理论强调"情景、协作、会话、意义建构"四大要素,在客观上搭建了"交际思想"和"建构思想"相融合的平台。教师首先要注重学习情景的创设,这种学习情景须具备两个特征,即突出学生的全员主体参与和促进学生的主动建构。教师需要不断调整师生间、生生间的关系,使课堂教学活动在民主、平等、和谐、宽松的情境中展开,为学生主动建构所学知识打下基础。借鉴建构主义学习观,教学以合作学习作为主要策略,教学就是与学生合作建构知识。教学不是教师单项的信息传递,而是师生间、学生间的双向交流和多向交流活动。学生

---

① 龚亚夫,罗少茜.课程理论、社会建构主义理论与任务型语言教学[J].课程·教材·教法,2003(1):53-57.

在教师指导下主动开发自己的思维品质，并完成自己知识意义上的建构。在互动过程中，每个个体带着自己的知识、经验、思考、灵感参与课堂活动，成为课堂教学的中心，从而使课堂教学呈现出丰富性、多变性和教学资源的可生性。每个个体都会产生一定的影响力，在活动中相互配合、启发、分享、促进、完善，循序渐进地锻炼和提高学生的共享的学习过程的主动建构。同时，增强学生间的平等意识，促进相互了解，发展协作意识和能力。协作学习不仅使学生学会沟通和处理分歧，而且在情感态度及价值观等非智力因素方面，都会使学生得到全面的发展，获得最佳的教育效果。

多资源利用，促进和完善德育内容建构。德育方式多样，载体多种，充分利用多种资源，有利于促使学生主动建构教育内容。充分利用网络和信息技术，运用慕课和翻转课堂的教学方式，旨在支持学生形成自主学习和协作式探索。在学生探索的过程中，教师给予学生必要的帮助和指导，随着资源的不断丰富，学生学习的渠道和方式也不断增加和改变，给予资源学习的学习者会是成功的知识建构者。教师不仅自身要成为资源的开发者和受益者，还应成为学生基于资源学习的引导者、促进者和合作者。

主体的互动合作与有效参与

人们在社会关系的协调中会形成社会交往的制度、方式、规则等，道德规范即是其中重要的社会规则。道德规范的学习，品德的传承与延续，也是在人际交往的经验获得过程中形成和发展的。因此，道德教育及道德学习不是主体对物的自主建构，而是发生在主体间的社会协商中，是一种交互合作的关系，通过对话、共享、协商、体验、理解等环节来实现。①

---

① 王俊卿.社会建构主义与道德学习[J].上海师范大学学报（哲学社会科学·教育版），2002(10)：72-73.

德育共同体倡导多元主体的主体性发挥,其中"以学生为中心"更是导向立德树人根本任务的落实。师生在此目标引导下,在共同体内以更加紧密的交互合作、更加自觉的主动建构,共同推动德育目标的落实。在德育理论教学中,师生之间平等、合作的交往关系体现了课堂教学中的师生主体间性。学生的发展是在师生共同主动相互作用中实现的,学生不再是被动的受改造者和被灌输者,而是主动的学与教的交往中的自我发展者。就此而言,建构主义教学中的师生关系,与传统单向的教师提问、学生回答的课堂交流不同,学生可以是问题的提出者、意见的倾听者、反思者、回答者和辩护者等等。

根据建构主义教育理论的观点,教师的作用不在于给予"真理",而是在确定的经验领域里,在概念建构上给予学生支持和控制。因此,教师不是传授知识的工程师,而是苏格拉底似的"助产士";教师不再是教学活动唯一的主角,而是学生学习的辅助者、教学环境的设计者、教学气氛的维持者、教材的提供者;教师不再是操纵教学的决定者,也不是支配学生学习的权威者,而是与学生相互对等的参与者。

高校德育共同体符合共同体的一般属性,共同体成员有一致的价值追求,多元主体立足交往理性和交往行为构筑成多元育人体系,在集体实践中提升道德认知水平。我们可以将德育共同体的组成要素界定为德育主体、德育媒介体系和场域体系。其中,德育主体是共同体存在的基础,形成良性互动的德育主体关系是德育共同体主体关系的目标。

形成互动合作的主体间关系,是实现立德树人目标的重要前提和基础。现代教育理论界一致认为,教育者与受教育者间是平等互动关系,教育者与受教育者相互尊重,双向互动。教师是教学过程和德育活动的发起者,是学生理论学习和实践活动的辅助者和发现者。教育者对德育理念、内容、意义、自身使命的价值认同,是内生性德育主体形成的前提和基础,找准自身在教育过程中的定位是自身主体性的主要体现。而在德育过程中自觉实践教育内容和教育使命,是内生性德育主体最终形成的体现和保障。

高校德育共同体首先是具有共同的道德信仰和价值认同的共同体。人类的一切思想认同、政治认同、道德认同、文化认同等，归根到底都可以归结为价值认同。德育价值认同的主要表现形式，是对德育所意欲传达之内容的价值意义确认、信念和信仰。高校德育工作者是德育内容的理解者、确信者、传导者，他们须对德育的意义确定不疑，坚定德育的信念，形成对德育工作者是学生引路人的信仰，即教育者个体形成对德育的价值认同，教育者群体达成德育价值共识，才能成为合格的德育工作者，才能成为学生德育行为的引领者。

教师的角色定位，决定了教育关系的基本结构。教育的指向对象是学生，是学生的成长和发展，教师只有明确自身的角色定位，才能综合教育资源，利用教育情境，借助教育载体做好育人工作。"而教师也必须通过教育实践不断地总结反思自身教育角色的定位问题"①，在不同的教育内容和教育对象中转变不同的角色，以学生是否能够有效的接受教育内容来评估自己的教育效果，形成自己的教育标准体系，从而在自身主体性发挥的过程中，激发学生的内在学习动力，使学生获得更多的成长。高校德育工作者形成对教育的价值认同并清醒地进行角色定位后，应积极进行自觉实践。教育者首先应对学生的思想道德认知水平做初步的了解，明确教育的目标，以激发学生主体性势能为核心，熟悉教育的内容，并为开展教育内容做各种准备，选择贴近学生生活、易于理解的教育方式，构建德育的特定情境，理解学生表达的具体语境，促进学生产生德育体验，推动学生形成自己的道德信念。

德育接受过程实质是将外部思想政治要求转化为内在思想道德品质的过程。在这个过程中，既要由需要来激发接受主体动力以反映、选定接受客体，又要有认知心理对接受客体进行反映、解释、理解、整合及内化，还要有情绪情感对接受活动整体过程进行调控。需要、认知、情绪情感三者之间既彼此独立又相互联系、相互作用、相互制约，直接决定着德育接受主体接受活动的效果。

---

① 郭建荣.建构主义视野下外语教师角色探析[J].中国成人教育，2011(11)：88-90.

需要具有多层次性,德育需要是其重要构成。学生接受德育的内在动力,源于自身不断从精神需求到实践的转化。教育者主体要首先激发学生的德育需要,使学生产生德育学习的动机,利用思想政治理论课以及教育活动,让学生有效地开展学习活动,并通过实践活动,推动学生将思想道德意识转变为行动,即推动知行合一。同时,还要调动学生的参与意识,开展情境创设及协作学习活动,为学生意义建构打下基础,依靠多资源利用,促进和完善德育内容建构。

学生主体意识的觉醒与增强,意味着他们能自觉、自主、积极地参与自身和社会发展的活动,从而在德育活动中充分发挥自身的能动力量,不断地调整、改造自身的心理状态和思想道德行为方式,从而提升德育效果。主体性德育突出强调教育者和受教育者的主体意识,而不仅仅是强调教育者或者受教育者单方面的主体性,它充分尊重教育者的主体性,充分发挥受教育者在德育工作中的主体能动作用,它改变了传统德育单向的"传授—接受"模式,实现了对传统德育的扬弃。

创设德育情境促进道德内化[①]

一、创设激发情感共鸣的教育情境

建构主义尤为重视情境的作用,认为知识产生于人与周围环境的互动中。知识是在高度基于情境的实践活动中传递的,是因个体与环境交互作用而构成的一种交互状态,也是人调试自身行为、适应动态变化环境的能力。[②] 学生

---

① 许占鲁.情感驱动式思政课教学模式探究[J].教学评论,2020(4):144-149.
② 王文静.情境认知与学习理论:对建构主义的发展[J].全球教育展望,2005(4):56-57.

在课堂中的知识参与、思维参与、行动参与等，都离不开情感的投入，这种投入能够引起学生情感变化或者共鸣，从而让学生真正参与其中。因此，在德育活动中，运用情感的内在动机作用，在学生进入德育主题情境后，应最大限度地发挥情感的纽带作用和驱动作用，并充分运用教育手段，调动学生的情感参与。

一是以视觉体验促进情感参与。通过多媒体技术，播放与德育主题相关的图画、音乐、视频等直观艺术形式，激起学生的情绪共鸣，使他们形成无意识的心理倾向，情不自禁地投入德育教学活动中，作出积极反应，形成新知识学习的迁移、内化。目前，很多高校推出了德育有关的技术平台，如清华大学的"雨课堂"等，慕课也已在各个高校普及开来。情境教育把跨度宽阔的教育教学空间，用各种暗示手段联动起来，就是通过边缘方式感知情境达到教育效果。视听觉情境显示的美感和情趣，易于被学生接受，并持续地关注，从而激起了相应的情感。建构主义理论强调知识建构与情境的关系，认为有针对性的"学习情境"与"应用情境"有利于知识学习的迁移，学生新知识的产生与两者共同作用于学习过程分不开。教师可以通过众所周知的事例、故事或者个人切身经历，在移情的作用下，加深学生对教育主题的理解，最终通过情感的弥散，渗透到学生的内心世界，达到德育内容入心、入脑的效果。

二是以思辨体验促进学生情感参与。知识和道德的关系实质上是知识与人的德性之间的关系，外在的道德规范只有内化为人内在的德性才能成为人的德行的动力，德性的形成体现为道德的内化过程。一个人对道德的认识，与其他认识一样，来源于他后天的实践活动，亦即来源于他的道德实践活动。因此，开展德育活动，在课堂中进行思想道德知识讲述，必须遵守道德形成发展的规律，以思想道德知识形成的社会性为基础。通过课堂上的师生学习共同体，发挥协商对话的作用，在解决目标问题时，鼓励小组内的学生个体发出自己的话语，表达自己的看法，在争论和分歧中达成妥协，在思辨中表达情感，也在不同观点碰撞中反馈或调整自己的观念，最终在情感上认同相应的决定和结论。在此过程中，教师适时进行引导，并对学生遇到的问题进行协调，融洽交流，与学生形成师生共同体，以知识为基础，以情感为支撑，更能驱动学生主动参与课堂。来自莱芙和温格的研究表明，儿童新知识、新技能的习得离不开与成人、专家和同辈的共同交往与协同活动，在这个过程中，学习情境很重要，也离不开广阔的社会世界环境。① 围绕学习者对知识的意义和自我身份的建构，运用各种有利于学习者个人建构和意义协商的教学形式，使学习者体验意义生成的过程和学习的责任，学会倾听不同的声音，学会批判与反思。

三是以角色体验促进学生情感参与。在课堂教学中，可以通过角色扮演的方式，营造教育氛围，能够增强学生的情境感。课程教学要吸引学生参与的兴趣，根据建构主义教学理论，"身临其境"的参与效果更加直接，应该充分利用情境的作用。思政课虽然理论性强，但很多课程与学生的生活以及感受息息相关，无论是"思修课"中的道德与法律主题，还是"纲要"课程中的历史事件，学生都有自己的理解，如何让学生的问题域充分展现并表达出来，角色体验是有益的选择。以与教学主题相关、源于生活实践并且学生感兴趣的故事、小品、话剧等角色体验为教学形式，让"表演舞台"成为思政课堂的新形象。当学生成为所扮演的角色，通过"进入情境—担当角色—理解角色—体验角色—表现角色"，使自己与角色同一，产生顿恰。② 通过角色转换，学生由在教学过程中等待接纳的被动角色，转变为主动角色，让学生在角色扮演以及角色体验中感受理论知识的实践基础以及历史事件的过程，并在角色展现中体验事件以及问题的复杂性，从而达到情感上的共鸣以及深刻的内心体验，更有利于提升学生解决实际问题的能力，促进学生化思考为行动，从内心情感上认同教学内容。

---

① 赵健.从学习创新到学习组织创新——试论学习共同体研究的理论背景、分析框架与教学实践[J].教育发展研究,2004(8):18-20.
② 高文等.建构主义教育研究[M].北京:教育科学出版社,2008:176-177.

二、走向重视激发人本动力的发展性德育范式

在库恩(Kuhn)的范式理论中，科学共同体及其成员的信仰、理念和价值是进行科学研究的前提和基础，它表明一个对某项研究持有共同信念的人，才能对所研究的内容、方法和范围形成共同的科学传统。中国高校进入新时代后，对"办什么样的大学"和"如何办大学"等价值和目标方面的认知更具中国自信，对"学生为中心"和高校"本分""初心"的认识走向一致，核心价值观教育成为高校各主体行为的共同追求。高校不再仅是教师的学术共同体或学生的学习共同体，而正在成为促进内部各主体自身德育并协同承担学生德育责任的德育共同体。中国高校不仅要有强大的智育、体育、美育和劳动教育，还要摆脱西方高校价值中立的理念，建立中国特色的德育体系。德育共同体逐步成为高校的中国特色之所在，这是我们探索德育范式建构的基本立足点。

共同体的价值一致性、目标一致性在新时代中国高校比以往任何时候都需要强调，德育共同体是中国特色社会主义高校实现立德树人根本任务的必然要求。"与过去的自上而下、职能隔离、主客体明确的体系相比，共同体模式有了较大的提升和优化，以人为本、发展为目、德育为纲、全面协同成为共同体的探求方向。"①

坚守"人本"发展的价值属性。内生性发展过程体系首先体现在教育理念的人本发展价值属性上。新时代是高校德育共同体主体竞相发展的时代，随着"人本"理念得到广泛认可，未来高校德育研究必将不断探索如何创新主体的内生发展。新时代，人们的主体自主意识、民主法治意识增强，网络普及也使原有的德育方式方法受到巨大挑战。大学生成长发展出现新规律，紧扣中国特色社会主义条件下个体发展这个关键，高校德育理念的本质表征呈现促进学生主体自我发展性特质。高校德育将深入践行"三全育人"理念，教育过

---

① 任少波.许占鲁.新时代高校思想政治教育范式建构初探[J].国家教育行政学院学报,2018(12):48-54.

程体现对学生主体地位的尊重,教育主体间形成平等互动的良性关系,教育内容贴近社会实际、围绕学生发展需求,教育环境充分为学生个性化成长服务,教育方式更具吸引力且更易被教育主体接受。

马克思主义主体性思想及人学理论对于人的关照更加合理。人作为高校共同体的主体,有个体的自我发展需求,也有作为社会人的社会共同体属性。集体的发展要通过个体的发展来实现,强调以人为本的具体化和现实化。人生来以劳动作为起点,以工具为中介,以实践为根本,认识世界和改造世界。因此,对以人为本的把握首先将人根植于其所生活的现实世界。当代大学生生活在物质丰富、知识爆炸、科技发达、虚拟人际的多元世界,他们的需要多样化,认识多元化,知识获取直接化,价值追求个性化,这使德育过程面临前所未有的困难和挑战。实践证明,只有将德育与未来个体发展需求相挂钩,变"文本"教育为"文本加交互实践"教育,才能更好提升针对性和有效性。以共同体的理念审视德育过程,高校还需要在教育实践中把握德育过程的人性化、具体化、生活化等追求,围绕如何发掘人的潜能,利用各种中介,最终实现教育对象个人价值观念的成熟以及思想道德素质的提升。

夯实全面素质培育的内容结构。人的自由全面发展不是一句口号,它是教育的本质体现及价值归属。德育关涉社会培养什么样的人以及如何培养人,是助推和实现人全面发展的重要力量。高校德育主要培育大学生政治意识、思想意识、道德意识、法律意识,教育者须以学生为核心,尊重学生需求,设计贴近大学生实际的教育内容,实现大学生自然属性和社会属性的协调发展。同时,发挥德育人文价值的功能,将德育的思想育人与精神育人的特点运用到大学生的成长成才中,最终实现人的科学而全面的发展。

"马克思主义人学理论将现实、实践的人作为人学研究的逻辑起点,把人看作为一种生成性的存在。"[①]人的自由而全面发展目标内含着个人能力、个人

———————

① 赵士发.马克思主义人学观的历史变革及其当代启示[J].武汉大学学报(人文科学版),2009(3):165.

社会关系、个性自由的实现。首先，高校德育工作者应在学生个人专业知识学习上给予精神鼓励与帮助，在学生思想道德追求上给予指导，使学生个人能力综合发展。其次，德育的育人功能也包含了对教育对象世界观、人生观、价值观的引导。高校对大学生进行三观教育，是为了让学生更好地处理个人与个人、个人与社会、个人与自然的关系。最后，高校德育的目标不是培养批量的同质化的人，而是有理想追求、个性化发展的人，尤其在新时代，德育应尊重学生的个性化发展需求，以丰富的教育方式和手段，培养多样化的、符合社会发展需求的各类人才。

强化可持续发展的路径意识。德育是历史的、持续发展的过程，是在继承原有理论和实践的基础上不断向前发展的过程。全球化发展的现实不断提醒人们，任何理论和实践的发展都应该是可持续过程，而不是暂时或者阶段性的过程。新时代，我国对外面临意识形态挑战的现实，对内面临青年学生价值观多元化的境况，德育从内容到形式都受到了挑战。面对新情况、新对象，德育应扎根中国现实，并以中国历史文化传统为基础，在继承中发展，尊重人的发展规律和思想道德形成规律，将德育放在高校教育改革的背景下，放在新时代的现实中全面考察。

高校德育一方面要将学生视为动态发展的生态个体，并将教育本身作为动态发展过程，用发展的眼光看待德育各要素；另一方面，努力实现大学生个体的可持续发展与社会整体的协调发展，培养具有民族意识、国际视野，具有发展眼光、面向未来，具有合理竞争与有效协作的国际化人才。从教育过程的各要素着手，理论与实际相结合，探索德育可持续发展的过程体系，形成人的可持续发展的教育价值追求。实现人的可持续发展也是人的全面发展的根本点、内在动力和必然要求。教育过程应将生态德育纳入教育体系和教育内容，扩大教育视角，着眼全球化问题，关注人类发展的趋势，关注人类共同面对的问题，以更加开放的眼光对待德育过程，以更加人性化的角度对待德育过程，以更加前瞻性的思维看待德育过程。

综合来看,新时代高校德育以生为本的教育理念不断扎根实际,在国家重视德育的背景下,围绕学生实际需要,从教育理念到教育过程、教育方法等环节,都将学生作为教育主体开展教育工作,不断激发学生学习兴趣与动机,促进教育内容与教育主体之间和谐共存,建立师生互动、生生协作的学习共同体,让学生学会自我教育和自我管理,最终实现教育对象之于教育内容或知识的同化与顺应。这对高校教育者提出了更高要求,教师要善于运用情境、工具或者平台,激发学生的学习兴趣和求知欲望,通过激励、学习团体等方式促进学生自我探索,通过目标引导,努力创设学生主动探索与自我学习的浓厚氛围;准确把握学生德育过程参与的时机,引导学生明确自己的探索目标,给予方法选择的指导;关注学生学习认知中的情绪情感,鼓励学生自主探索的自信心与自主性;在保证学生个体独立探索的同时,鼓励合作探索,并充分利用主体间的思维冲突,通过讨论和争辩,深化学生对教育内容的学习和掌握。

建构主义看到了非实体的关系和过程自身就能够具有能动力量,但是这类能动力量需要在理论上进一步被建构,形成一个具有自我逻辑的理论闭环。高校德育共同体的建构和形成也需要过程,需要激发主体的内在动力系统,使其形成共同的价值认同和道德信仰,即对马克思主义基本理论的认同,对社会主义核心价值观的认同,最终实现德育主体道德素养的提高。在这个过程中,德育主体、客体、介体等要素必须形成良性互动和有效协调,才能使德育共同体成为促进各成员共同成长、超越自我的德育生命体,才能吸引更多的高校德育要素加入共同体中,以德育目标为指向,以共同的价值追求和价值认可为动力,培养有德性的人,实现人的全面发展。

解读二 关系建构是道德学习的根本

道德学习中"物—我"的关系超越了"我—我"的关系,导致了道德学习的主体性在目标、价值、动力和责任方面的消解，道德学习的生命失去了自我超越和自我否定的能力。要复归"我—我"的主体性地位，即要把道德学习复归回真实而丰富的生活中，以多元取代一元，以具体取代抽象。承认活生生的人是道德学习的主体，遵从人是一切社会关系总和的本质，以多重多种关系的建构，来促成多元主体交互关系的形成，达成共同体成员从共在、共生到共荣的生命存在状态。

困境：主体性的消解

道德学习的主体性何在？作为道德学习的人在道德学习的现场吗？教育活动是可以自我主宰的活动吗？道德学习的主体是人，现在却被各种外在的注入式规范和规则所绑架，被动输入道德知识体系的各种概念、内涵。道德学习的"主体性"本质在逐渐消解，具体表现在以下四个方面。

一、目标主体性的消解

康德（Kant）认为，"每个人都应被视为目的"，每一个有理性的人都应成为目的王国的成员。这与马克思所强调的人不能像物一样成为工具和手段的特殊本性，人要过有尊严的幸福生活的思想是一致的。目标主体性所揭示的是人与物相比，不再受生物体本能的完全支配，而具有主体自身改造世界的"自由"和"自觉"，并努力使自己这种有目的的改造行为达成人的幸福生活这一最终目的。可见，人与物区别的根本之处就在于人摆脱了"物"的存在方式，真正成为"以自身为目的"开展创造性存在的事实。

目标主体性一方面强调了人的主体存在，另一方面揭示了人存在的意义，即为了幸福生活。那么，对照道德学习的目标转向，从习俗性德育形态时期，道德学习是使人成为一个人，到现代德育形态下，道德学习在教育中处于"边缘化"地位,教育的目标是使人成为从事某种职业的人的这一转变来看,我们一方面用"职业人"代替了"自由自觉的人",另一方面用"职业人"遮盖了幸福生活的终极目标,这不能不说是对目标主体性的消解。

二、价值主体性的消解

笛卡尔的"我思故我在"开启了近代哲学的认识论转向,认知主体代表了主体性的一切,并被等同于主体性本身。现当代西方哲学对主体性进行批判时指出"理性主体"受欲望控制的事实,同时,他们批判实体化的主体以及实体化主体所带来的独断、孤立与无根的"抽象主体"。这时,人们回到康德,认知主体的能动性仅限于现象界,还有认知主体无力企及的地方,那是价值主体得以体现的地方。在康德看来,价值主体拥有比认知主体更为优先的地位,前者是对现象界的描述,后者对现象赋予了价值判断。康德对主体性所涵括的认知主体和价值主体的阐述,并对价值主体优先地位的认可,被认为是自笛卡尔以来认识论领域中的"哥白尼式的革命",这对我们的教育有很大的启发。

知识最终必须服从于道德价值,知识的繁荣最终服务于道德实践的福祉。① 在学术资本时代,更要把道德学习摆在教育的中心位置,而不是围绕着学术资本及其产生的效益,将价值主体性的实践形式边缘化。我们对价值主体的维护,即是在凸显一个事实:个人的自由和人格尊严是社会一切其他价值得以存在和发展的基础性和前提性条件。价值主体神圣不可侵犯,如果说现当代哲学家们批判的"抽象主体性"有其合理性的一方面,那么需要注意的是对认知主体的消解过程中,不能同时消解价值主体性。

三、动力主体性的消解

资本与权力只要其来源和基础具有充分的合法性,并在运行过程中遵守

---

① 贺来."主体性"的当代哲学视域[M].北京:北京师范大学出版社,2013:55.

必要的边界原则，那么它们就不会与人的个体生命产生对立。而现实却恰好相反，资本与权力成为当前人类社会绝对的支配力量。他们成为一种抽象的具体存在，渗透在人生活的方方面面，并作为一种物的代表力量，对人的生命无孔不入的规训和控制，成为了一种"主义"或"逻辑"。这种抽象的具体存在的"物"吞噬了人的主动性、创造性、丰富性和差异性，使真实的个体生命失去了作为人的主动性和个性。

因此，动力主体性的消解主要表现在抽象对人的统治。我们把这种抽象放到道德学习上来考察，注入式的规范和规则成为人们道德学习中的金科玉律，人由内向外地自发地对真善美的价值追求被金科玉律所统治甚至吞噬。金科玉律是人道德学习中的终极的"绝对存在"，金科玉律成为人道德学习中的至上权力和价值母体，人更多的是遵从和无条件接纳，人对道德需要的动力主体性因此消解。

四、责任主体性的消解

物无法成为价值信念的承担者，只有人才具有责任主体的担当。确切一点说，只有自由的、具有独立人格的人，才是价值信念的真实承担者。如果一个人失去了自由，失去了独立人格，就不会具有自觉的反省与选择，没有了反省与选择，就不会有真心服膺的价值观念，也不会形成自身对人生意义的深切理解，并把生命的目的与生活本身内在地统一起来。因此，人要成为责任主体的首要前提是不能成为"物"。

以道德学习为例，人不能成为道德知识的被动接受"机器"，如若是机器，我们是没有任何理由要求它承担"责任"的。道德学习中的人不但不能成为机器，而且要主动建构和承担道德学习主体的责任。但是道德学习中所体现的手段对目的的僭越，注入式的道德规范对人的规训以及抽象的、普遍性道德知识的学习，都把学习者当作学习的"机器"，由此消解了学习者作为道德学习责任主体的主体性。

寻因：关系认知的断裂

道德学习的根本使命是"成人"，但是我们在成为"人"的过程中却因为主体性的消解，而难以到达"成人"的彼岸。究其原因，还需要从人类最初的道德学习形态开始反思。

习俗性德育是在学校教育产生以前就存在于社会中的德育形态，道德教育在当时是调解社会成员之间关系，维护氏族、部落团结的有效手段。它以习俗的传承为主要学习内容，儿童通过日常生活以及参加宗教或节庆的仪式、歌舞、竞赛等形式接受道德教育。可以看出，习俗性德育形态时期道德学习的突出特点是"生活化"，生动形象并兼具生活的美感。到了奴隶社会和封建社会时期，由于出现了阶级，道德教育内容除了习俗的传承之外，还注重等级观念的传递及人伦关系的建立，如《论语·颜渊》中"君君，臣臣，父父，子子"，《孟子·滕文公章句上》中"父子有亲，君臣有义，夫妇有别，长幼有序，朋友有信"。可见，道德学习的内容从生活化的习俗进一步扩大到人与人之间的关系，并且这种人伦关系的学习一直延续至今。从对道德学习的本初事实进行回顾中我们发现，道德学习从一开始就是基于生活的，它注重人与人之间的关系，并强调道德实践。

道德学习是基于生活中人与人之间的关系，这与马克思对人的界定"人是一切社会关系的总和"是相一致的。我们是否可以这么理解，因为关系，人所以才成为了人。鲁洁认为，生活自身就是一个关系的体系，生活的逻辑即是关系的逻辑。① 人每天要处理各种关系：政治关系、经济关系、文化关系、家庭关系、同事关系、朋友关系等，这些关系像网一样纵横交错在一起，渗透在我们生

---

① 鲁洁.生活·道德·道德教育[J]，教育研究，2006(10)：3-7.

活的方方面面。费孝通先生形象地描绘了现实生活中的关系网络，他说个人与社会的关系网络犹如把一块石头丢进湖里，以石头落下的地方为中心，在湖面上所荡开的一圈圈水波纹，与其他石头丢进湖里在湖面上所荡开的一圈圈水波纹交织在一起，即是社会中的个人与个人，个人与社会链接的关系网络，这个网络是纵横交错的复杂的关系网。①

人作为关系的存在，必然会涉及共同的存在规范。在社会这个群体中，人与人在复杂的关系网中相互交往形成大家普遍认可的秩序、准则和规范，然后大家一起来共同遵守这些被普遍认可的"公序良俗"，由此就形成了道德。因此可以这么说：道德来源于生活，道德教育的本源是生活，道德教育的本质是对生活中各种关系的认知和把握。反观当前道德教育的开展，是基于对"道德"这个物的规律性把握，比如学生的道德学习更多地表现为遵守学校、班级的规范和条例，表现为专设德育课程的书本知识的记诵。② 它沥干了道德源起于生活，源起于丰富生动而又复杂的关系属性，片面性地选择了所谓具有普遍性的规律性认知，把道德学习简单化为抽象性的道德知识的学习和记诵，并外化为实际的可操作的行为规范加以执行。这种做法割断了道德来源于生活这个母胎的事实，把活生生的人与生活中各种复杂的关系隔离开，造成了人对关系认知的断裂。

对关系认知的断裂中成长起来的教育对象，缺失在丰富生动而又复杂的生活关系网中的道德实践，因此也就缺失了人之所以为人的目的性、价值性、动力性和责任性，人的主体性被消解。活泼生动的人本该是关系的制造者和认知者，却在对关系认知的断裂中变成抽象干瘪的被动者。当关系的制造者和认知者的主语消解了，外在规范此时却翻了个身，成为了主语，"物—我"的关系代替了"我—我"的关系，主体性消解的困境因此而形成。

---

① 费孝通.乡土中国[M].北京：天地出版社，2020：41.
② 钟晓琳，朱小蔓.德育的知识化与德育的生活化：困境及其"精神性"问题[J].课程·教材·教法，2012(5)：91-98.

出路:关系的建构

尊重并还原人的主体性,还原人对关系的认知和建构,把人当作具体的人,让真实的关系回归具体而丰富的生活,这应该成为当前道德教育遭遇困境后找寻的一条出路。马克思认为:"人最初是以别人来反映自己的。名叫彼得的人把自己当作人,只是由于他把名叫保罗的人看作和自己相同的。因此,对彼得来说,这整个保罗以他保罗的肉体成为人这个物种的表现形式。"①这里想要表达的是人因为别人才认识到自己为人的事实。也正如荀子所说:"人之生也,不能不群。"对于道德教育来说,必须把自己紧紧地纳入到关系这个大器皿之中,"在人与人、人与社会、人与世界的真实关联中走向生命的中和,臻于至善"②。道德教育的本质即是关系,要十分清晰地知道人与人、人与物之间的关系,不断地增进自己对这些关系真实关联的认识。对关系的认知和建构,要解决好一对一的关系和一对多的关系。

一对一的关系,即自己对自己的关系。首先人要解决自己是谁的问题,承认自己是一个活生生的人。人类在认识和改造社会的实践中产生了知性思维方式,它的认知逻辑是透过现象看本质,去伪存真,讲求同一律或是本质,目的是把所要认识的对象区别于其他物的各种属性中抽取出最根本、最重要的一种,确定为该物的"本真"。③ 有人称这种认知逻辑为"物种思维方式"。物种思维方式的本质内核是对物的认识,如果把"人"也当作物来认识的话,就忽视了人还具有思想,具有情感,具有生存实践能力的能动性的人。单纯用物种思维

---

① 刘献君.交往的教育意蕴[J],高等教育研究,2021(4):15-20.

② 刘铁芳.个体成人目标体系的当代建构——培育基于传统的现代中国人[J].高等教育研究,2021(5):19-26.

③ 贺来."主体性"的当代哲学视域[M].北京:北京师范大学出版社,2013:131.

方式来认识人，只会造成对人个性的抹杀，人作为社会的主体性被遮蔽，呈现出的只是人的共相，所有的人"长"得都一样，就如同物一样，没有了思想，没有了情感，也就失却了关系建构的主体性基础。因此，关系的建构首先体现在对自己的认识上，要承认"我"是一个活生生的人。

其次，一对一的关系还要求解决好个体内部理性与非理性的冲突问题。社会生活因为其充满着每一个社会成员的个性和差异性而变得丰富，但是社会生活又有着同一性方面的特征。我们在充分肯定个人主体性、合法性的同时，也需要意识到它的有限性，即社会生活有着统一的大家普遍认可的规范，当个体的主体性在社会中需要表达的时候，他首先要考虑的是这种表达是否符合社会的普遍规范，如果他的表达不符合社会规范，就要考虑如何调整自己的需求或表达。是否间接地表达，是否先隐藏自己的个人需求，是否需要调整自己的目标等，这里面包含着妥协、协商、暂时的服从或以退为进等，所以主体的体验不仅仅包括知性的理性体验，而且还包括情感、愿望等非理性因素体验。黑格尔提到："如果他不同别人发生关系，他就不能达到他的全部目的。……他只能通过与别人的接触，才能明确他的目的的范围。"[①]因此，个体要在社会中生活，实现自己的各方面目的，必须要与别人发生关系，而这种发生关系的过程给予个体的是理性和非理性共同支配的充满张力的体验。

一对多的关系，即"我"与多元主体的关系。主体性也有其使用的具体要求，如果一个社会中，每一个人都讲求自己的主体性，都希望把"他者"作为客体，那么这个社会一定充满着对立和冲突。这种绝对的主体性反过来会遏制主体性的活力，让主体性成为抽象的主体性，而非充满活力的主体性。主体性具体使用的环境就是主体与主体之间彼此尊重对方主体性的前提下，接纳对方也作为一个主体的存在，即多元主体视角，如果从道德学习的角度来理解，

---

① ［德］黑格尔.法哲学原理［M］.范扬，张企泰，译，北京：商务印书馆，1961：197

即在个体确保自身理性的同时,尊重他人理性的彰显。① 比如"感受他者",感受他者的目的是达成"共识",这里的"共识"指"由思想见解根本不同的人们达成的一致,它是艰难的谈判和妥协的产物,是经历多次争吵、多次反对和偶尔的对抗后的结果"②。这个过程不是简单的"共有的理解",其实质是说服自己的过程,这过程本身就是一次艰难的自我谈判和自我妥协的过程。这个过程之所以可能实现,是因为道德主体作为利益相关者以利益平衡的方式,做出的对"一"和"多"来说都相对合理的判断。

此外,"多"比"一"更加体现主体间关系的丰富性,多元主体为主体提供了同样为主体的其他人,感受到主体与主体之间共生性的联系。从这一层面上来说,道德学习不仅仅是针对受教育者个体或者是群体,以学校为例,它应该包含个体层面的学生、专业教师、行政管理人员及学校其他成员;群体层面的学校、家庭和社会,甚至是道德学习的各种媒介及环境等,形成一个道德学习的共同体,打破以往单线、单向的道德学习的注入模式,变成多元主体间的多向交互的交往体验模式。

超越:共同体化

一对一关系的重点是解决主体自身问题,它是一对多关系的基础;一对多关系的重点是解决主体与公共交往中多元主体的关系问题,是对一对一关系的超越。道德学习在解决主体目的性、价值性、动力性和责任性的基础上,最终是要回归生活中去的。而人作为现实的生命存在,有着最基本的生理和安

---

① 张彦,郜风芹.共同体化:当代道德教育的一种新向度[J].浙江大学学报(人文社会科学版).2020(9):5-13.

② [英]齐格蒙特·鲍曼.共同体[M].欧阳景根,译.南京:江苏人民出版社,2003:5.

全的需要。① "抱团"生活是人的类特征，基于不同交往方式和利益关系而形成的各类共同体是"抱团"的具体表现形式。可以这么说，道德教育的共同体化基于人之为人的基本规定使然，是相互依赖的个体在复杂庞大的社会体系中安身立命的伦理基础，②是对一对一的关系和一对多的关系的超越。

不论是一对一的关系还是一对多的关系，其出发点都是道德个体，即个体对自己，个体对多元主体的关系，这容易让人产生道德教育个体化倾向的联想。因此，共同体化的出现适时推进了道德标准的匡正工作。事实上，除了一对一和一对多的关系，还存在着一种关系，那就是多对多的关系，也可以理解为群体与群体之间，共同体与共同体之间的关系。

如何理解多对多的关系，就有必要先来认识我国传统的熟人社会和熟人社会文化。我国传统社会中的道德关系是以熟人为基础的亲密关系的人伦交往，俗称熟人社会。熟人社会认可圈子文化，"圈子"内的人以讲规矩、走人情和拉关系的形式交往，③"圈子"以外的就是所谓的陌生人，因此熟人社会文化也可以理解为圈子文化。多对多的关系主要体现在不同圈子与不同圈子之间的关系，熟人社会的圈子文化保护圈子内的人，对圈子以外的陌生人往往会排斥、排挤和碾压，有的甚至为了私人利益和所谓的圈子利益，不惜牺牲对陌生人合法权益的侵犯，反映在公共道德领域的诸如毒奶粉、地沟油、贩卖儿童及虐童案等各类失范事件。这些事件的制造者与受害者之间无冤无仇，正是私人利益的无限膨胀与"陌生人与我无关"的圈子文化的影响，导致道德主体在实施行为时忽视需要以公共价值的视角来判断应该或者不应该的问题。"陌生人与我无关"的圈子文化不但在人与人之间竖起了一道墙，而且也让个人的道德实践缺失了公共价值的视角。

---

① 张彦，郗凤芹.共同体化：当代道德教育的一种新向度[J].浙江大学学报（人文社会科学版）.2020(9)：5-13.

② 张彦，郗凤芹.共同体化：当代道德教育的一种新向度[J].浙江大学学报（人文社会科学版），2020(9)：5-13.

③ 冯珊.马克思个人与共同体关系的思想研究[D].吉林：吉林大学，2018.

哈贝马斯(Habermas)指出:"每一个人都应怀着普遍的、团结互助的责任心……团结他人,即把他人视作我们中的一分子。"①这里的团结互助已经超越了人类最初的"抱团"生存的概念,更多地包含着一种"共生"的意思,即如何看待命运共同体的问题,团结互助以便更好地共生共荣。

从共生共荣的视角看,公共性应该是人类社会发展的最高目标,它既是整体的"一",又是个体的"多",它是"多"中的"一"和"一"中的"多"的统一。② 它区别于原初社会共同体的整体性,原初社会的共同体中不存在"一"的问题,即原初社会共同体概念中没有个体主体性的概念。我们所说的公共性,其实质是保持"一"前提下的多对多的关系的阐释,也就是承认个体主体性的前提下,如何解决多对多的关系问题。

公共性对道德层面的形式要求是共同体化。共同体化是基于共同的需要、利益和价值追求上的多对多关系的最优选择。它提倡在共同体内部的共享之善,以善观念和共同体的规范文本来打破以私人利益为轴心的圈子文化。共同体化和圈子化的本质区别在于,是否站在公共性的出发点上,是否关照到公共价值的呼唤。

事实上,公共价值的视角一直存在于中国传统文化之中,天道、地道和人道讲的就是人类如何与天、地以及他人共处的规则,这种规则上升到整个社会的价值层面就变成了公共价值。公共价值在一定范围内具有普遍认可的特性,成为道德主体开展道德实践时做合理性判断的主要依据。但是,具有普遍性的公共价值的形成需要一定的内外部条件,仅仅依靠社会内部自发形成不但时间长,也不具有现实性。当社会内在自发形成社会公共价值的条件还未成熟或者说不具有现实性的情况下,我们又需要这种公共价值体系的建设来

---

① 　贺来.社会团结与社会统一性的哲学论证——对当代哲学中一个重大课题的考察[J].天津社会科学,2007(5):24-30.

② 　冯建军.从主体间性、他者性到公共性——兼论教育中的主体间关系[J].南京社会科学.2016(9):123-130.

提升道德主体整体的判断力，这时就需要主动地去寻找和确立公共价值。

当前，这个公共价值就是社会主义核心价值观，它是个体与个体、群体与群体、个体与群体之间善的"最大公约数"，也是当代中国社会公共价值的集中表达，①体现当下社会所普遍追求的价值共识和共同意义。其最大的价值就是当不同圈子发生利益冲突和价值冲突时，可以提供最基本的价值遵循，使熟人社会的陌生人交往在价值冲突的时候，更加迅速地找到合乎天道、地道和人道的"重叠共识"，并依此做出相应的行为选择。

一对一的关系和一对多的关系阐明了道德学习中主体性和主体间性的问题，既体现对主体性的尊重，又对如何处理主体之间的关系问题提出建议。在此基础上，以共同体化来应对多对多的关系，是对前两者关系的超越。如果说一对一的关系和一对多的关系体现的是主体和主体之间的"共在"，那么共同体化则体现了人类在关系问题上的"共生"。共在与共生既是关系的存在内容，也是关系的存在方式，它源于人类的"抱团"生存，并指向人类命运共同体的构建。人类命运共同体的构建可以理解为"共荣"，从共在、共生到共荣，中间依靠的是"关系"的维系。不论是生命本身的生产和再生产，还是物质资料的生产和再生产，"关系"始终把人—他和人—物联系在一起，使人成为"多"中的"一"和"一"中的"多"，最后实现在原初的"抱团"生存基础之上的"共同体"式的共荣，而道德恰恰是"关系"在促成社会秩序和个体整合中发挥着必要担保的作用，从这个意义上来说，关系的建构是道德学习的根本。

---

① 任少波，范宁宇.道德教育共同体：学校道德教育的公共性建构[J].教育研究，2021(5)：66-76.

第十一章　德育要素的协同关系

德育共同体作为开放的复杂系统,蕴含着开放协作、非线性、自组织性等重要特征。德育共同体协同的本质在于打破德育系统要素之间的壁垒与障碍,探究德育共同体在宏观、中观和微观维度的系统建构。德育共同体的协同优化关涉主体、内容、载体等向度,可从增强主体协同意识,调整和完善德育内容协同体系,推动不同类型德育载体有效协同等方面展开。

德育共同体作为开放的复杂系统,由大量子系统构成。德国物理学家赫尔曼·哈肯(Haken)于 20 世纪 70 年代创立协同论,即"协调合作之学",主要研究开放的复杂系统形成有序结构的普遍规律。① 协同论主要强调系统的协同效应、自组织性等,对熵值、混沌、不确定性有着独特的研究。协同论在多领域的应用中,淡化了学科的应用背景,并在社会科学领域逐渐推广和应用。无疑,以协同论视角探究德育共同体具有重要价值。从认识论意义上来看,协同论超越了线性系统的整体观,认为整体并不等于各个子系统或组成要素的简单加和,而是各个子系统或组成要素之间相互耦合形成的协同效应。从方法论意义上来看,协同论注重系统思维和对复杂问题的处理,重点研究开放的复

① ［德］赫尔曼·哈肯.大自然成功的奥秘:协同学[M].凌复华,译.上海:上海译文出版社,2018:2.

杂系统中各要素之间如何协调、合作，进而实现系统的结构优化和功能跃迁。可见，协同论与德育共同体具有逻辑契合性，在德育共同体研究中引入协同论，有助于不断优化德育协同体系。

德育共同体的协同性意蕴

"协同"思想古已有之，如《汉书·律历志上》中有"咸得其实，靡不协同"，《乐府诗集》中有"协同内外，混一戎华"，等等，均表达了协调一致、团结统一等含义。在现代社会中，互助、协作、和谐已成为重要的发展理念。德育共同体并非由特定的概念、范畴的推演而形成，而是根据德育现实发展需求和德育形态演进而理性建构形成。协同论的引入，深化了德育研究中协同问题的新认识和新观点。协同论视域下德育共同体表现出开放协作、非线性、自组织性等特征。

一、开放协作性

"无论是生物体、神经元还是公司，任何单个主体的持存都依赖于其他主体提供的环境。"①德育环境不同于一般意义的环境，它特指对人的品德形成和发展具有影响的环境因素。一方面，德育共同体面临的是一个多维性环境。其中，自然环境是德育共同体空间配置的自然物质基础，如对地域、设施等环境的适应；社会环境是影响德育共同体演化的重要因素，如对政策、科技等环境的适应。正是因为德育环境中自然、社会等生态因子的不同组合，造就了不同地区和学校之间德育环境的差异。另一方面，德育共同体对其所处的环境也会带来诸多影响。环境中必然有主体活动的迹象，如价值观念的传播、文化

---

① ［美］约翰·H.霍兰.隐秩序：适应性造就复杂性［M］.周晓牧，韩晖，译.上海：上海科技教育出版社，2011：27.

氛围的营造等。换言之,主体的德育活动能反作用于环境,根据主体需求发挥主体能动性,积极影响客观环境,并能创造出适宜于德育发展的生态环境。这种将人、环境、德育进行综合分析的思维和视野,也是德育共同体的应有之义。

从当今时代发展特征来看,德育共同体必然要置于开放的场域中。故步自封意味着落后,开放才能增强育人动力。传统的德育场域通常具有规范的空间,然而,在信息时代背景下,由于信息资源的开放和便捷,德育场域打破了时空的界限。德育共同体需突破传统德育所设定的场域与界限,融入时代发展大潮,在开放的环境下获得更多的社会支持,不断挖掘和汇聚各类育人资源。此外,从德育发展现状来看,德育共同体的广泛协作是准确把握德育发展趋势的重要体现。学生道德的培育是学校、家庭、社会等多方面共同影响的结果,协作强调的是各构成要素之间的相互协调、相互促进,以及各个环节的关联性、均衡性。德育共同体的开放协作有助于调动多方育人力量参与到德育活动之中,形成强大的育人合力。

二、非线性作用

德育共同体属于非线性系统,由许多相互作用的变量组成,这些变量之间的关系决定了系统的整体运行状况。从词源上看,线性和非线性是源于数学中的概念,在坐标系上体现为直线状态和曲线状态。系统的非线性作用是现代系统科学的基本原理之一。协同论认为,系统内部大量子系统相互作用产生序参量,序参量是大量子系统集体运动的产物,支配系统内各子系统行为。哈肯通过大量研究得出结论:不论是自然系统还是社会系统,都是大量子系统之间相互作用的结果,复杂系统从无序状态向有序状态转化的关键在于系统内的大量子系统在一定条件下通过非线性作用产生协同现象。

系统的非线性作用本身具有双重功能,当系统远离平衡态时,通过非线性作用可促使系统走向平衡态;当系统处于平衡态时,通过非线性作用能打破系统已有的稳定、平衡的状态,促使系统走向新的平衡态。换言之,系统平衡态的实现，并非系统各要素功能的简单叠加，而是各要素之间的非线性作用、协同运作的结果。可见，德育共同体要实现协同效应，需要各个子系统或要素之间的协作与互动，调节与优化，不断循环演进，促使系统向新的有序结构演进并发挥其正向功能，产生整体大于部分之和的效果。

三、自组织性

协同论在宏观维度侧重研究集体的自组织现象，系统的开放性和子系统之间非线性作用是自组织发生所需具备的重要条件。事实上，自组织现象广泛存在于自然界与人类社会。热力学中，"熵"作为物质状态的参量，是对系统混乱程度的度量，"熵"的概念引入常应用于分析系统的状态。德育共同体的自组织过程不断引发系统"熵"的降低，在宏观维度形成空间、时间或功能上的有序结构，在一定程度上决定了德育形态演化的稳定性和延续性。

德育共同体的自组织性体现为多元主体、内部条件、外部环境共同作用下，内部子系统之间通过协同作用形成一定的结构或功能，具有内在性和自生性的特点。相对于"外推"而言，"内生"是任何现实的伦理道德产生和发展的主要方式、真实途径。① 全球化进程对德育发展具有深远影响，对传统的德育模式、形态带来了巨大变革。"变"与"不变"辩证统一于德育发展过程之中，德育共同体的形态演化是建立在德育的指导思想、根本任务、基本原则"不变"基础之上的"变"。通过变革教育理念、教育方法、主体结构，始终注重对人的现实发展需求的满足，建构合乎德育发展规律与实践发展要求的结构体系来实现德育价值目标，使德育在"变"与"不变"的辩证关系中实现新的发展。德育共同体的自组织性促使系统从不稳定的无序状态向新的稳定的有序状态演化，不断提供系统向更加平衡方向发展的动力，进而达到系统的良性循环、动态平衡。

---

① 李德顺. 普遍价值及其客观基础[J]. 中国社会科学，1998(6)：4-14.

三个维度的协同关系建构

德育系统从封闭转向开放,从单一转向综合的整体研究,有助于德育系统的不断优化。德育共同体基于协同关系的"整体性建构"可从宏观、中观、微观三个维度进行探究,共同构成了宏观、中观、微观相互结合、相互渗透的系统结构,从而破解长期以来德育所面临的分散化、割裂化的境遇。

一、宏观上,德育系统与外部系统存在物质、能量和信息交换

系统是事物存在的普遍形式,是具有一定结构和功能的有机整体。运用协同论的宏观方法考察德育共同体,即"用宏观观察量来处理复杂系统"①。从育人范围来看,需要构建"家庭教育、学校教育、社会教育"有机联系的协同育人体系,整合课内与课外、线上与线下等多个领域,挖掘不同领域的育人资源,形成纵横关联的德育网络,体现德育的全面性与立体性。在多元开放的现代社会中,德育系统与外部系统存在密切关联和非线性作用,如政府部门出台的一系列关涉德育协同发展的政策引导;家庭、企业等参与学校德育协同实践;学校自身不断调整和完善协同育人机制等。

协同论强调,开放的复杂系统的运行过程具有非线性、随机涨落、反复性等特征。开放的复杂系统需要与外部系统不断进行物质、能量、信息的交换,从而维持自身的平衡和循环运行。德育共同体只有向外界开放,才能获得更广泛的支持,从外界持续获得物质、能量和信息,通过与外部因素之间的非线性作用触发系统"内涨落",引发系统"熵"的降低,促使系统从不稳定的无序状态发展到新的稳定的有序状态。

---

① ［德］赫尔曼·哈肯.信息与自组织:复杂系统的宏观方法［M］.2版.郭治安,译.成都:四川教育社出版,2010:48.

二、中观上，德育组织之间的竞争与协作推动了系统有序结构形成

从协同论来看，"多元"是系统参与主体的重要特征。德育组织涉及教学、管理、服务等多方面，各有侧重，各自承担着不同的育人职责，摸索和形成了各具特点的教育措施和方法。由于不同组织在育人工作中所占权重不同，而且在组织结构上所属系列不同，其相互之间难以协调一致。德育系统的构成要素和组织结构直接关系着系统的整体功能发挥。完善德育组织共同参与育人工作的协同结构，发挥各自育人价值与功能，在德育目标、理念、载体、内容、方式等多个维度互相衔接，有助于提高德育工作科学化、精细化水平。

正如哈肯指出："无论是原子、分子、细胞、动物或人类，都是由其集体行为，一方面通过竞争，另一方面通过协作而间接地决定其自身的命运。"① 德育组织尽管分工不同，但有着共同的价值取向，即发挥自身的育人功能，服务于学生的成长成才与全面发展。一方面，德育组织在性质上的独立性和差异性，有更多自主发展的空间和契机，同时也造就了德育系统的复杂结构和竞争环境。协同论强调，合作活动与竞争活动至少有同等的重要性，在大多数情况下，合作活动起着主导作用。② 竞争本身若不断强化而发生异化，则会导致过度竞争带来的不利影响，对协同育人机制产生破坏效应。因此，应避免德育组织之间的过度竞争、破坏性竞争。另一方面，德育组织在关系上的互补性和协作性，彰显了德育共同体是"有组织的综合体"的属性。这一属性对德育组织提出了优势互补、沟通协作、规范监督的要求，反映在内部组织结构上，将组织建设与价值引领结合起来，在不同职能部门、不同学科之间，以协同育人为导

---

① ［德］赫尔曼·哈肯.大自然成功的奥秘：协同学［M］.凌复华，译.上海：上海译文出版社，2018：9.

② 鲍勇剑.协同论：合作的科学——协同论创始人哈肯教授访谈录［J］.清华管理评论，2019（11）：6-19.

向,加强人力、知识、技术、信息、设施等育人资源的整合,共建共享育人平台,发挥协同育人的综合优势。从系统的运作机制来看,竞争与协作在系统中共存,并在系统要素之间发挥了关键作用。从德育共同体的内部结构来看,正是德育组织之间的竞争与协作,促使德育系统的组织结构趋向有序和育人功能的有效发挥。

三、微观上,德育个体协同关系注重价值认同和共同信念

"微观层面的个体活动从属于宏观规律。"①微观意义上的个体,其价值、德性的形成和发展离不开个体之间的协同关系,并由各种关系互动而形成交互网络,进而形成宏观意义上的社会关系的总和。在德育共同体整体平衡和协同联动的宏观指引下,需要注重微观维度的个体关系协同。教育者与教育对象是德育共同体内部一对最基本的关系,有着不同的角色定位和具体特征。无论是教育者还是教育对象,他们都是独立的个体。完整的德育过程既是教育者对教育对象"价值引导"的过程,也是教育对象"自我建构"的过程。在德育过程中,由于个体差异而造成的无序状态,在一定程度上对系统的有序运行带来影响。

"德育共同体关照每个个体的自由全面发展,在个体目标实践的过程中,逐渐扩展从而达到'类'的共同发展。"②这种"类"本质,"理解为一种内在的、无声的,把许多个人自然地联系起来的普遍性"③。首先,德育个体协同是德育共同体成员之间相互尊重、达成共识的基础。正如哈贝马斯(Habermas)指出:"如果我们撇开言语模式不理不问,我们就根本无法阐释清楚,两个主体之间

---

①　鲍勇剑.协同论:合作的科学——协同论创始人哈肯教授访谈录[J].清华管理评论,2019(11):6-19.

②　任少波,楼艳.论高校德育共同体的三重意蕴[J].高等教育研究,2018(8):86-90.

③　马克思,恩格斯.马克思恩格斯文集(第1卷)[M].北京:人民出版社,2009:501.

进行沟通究竟意味着什么。"①这种对话交往方式建立在互相理解、真诚相待的基础上，共同体成员之间若忽视个体协同关系，则难以达成道德规范和价值认同的共识。其次，德育共同体成员之间通过个体协同关系而生成了新的关系与价值。教师也可以是学生，学生也可以是教师。② 个体协同关系并非局限于师生之间，还有学生与学生之间等多种方式。共同体成员之间的互动交往不仅包括知识的传递和交流，还包括共同体成员之间的情感交流与心灵沟通。可见，在德育个体协同关系建构中，愈来愈重视德育的个体自觉，引导个体树立正确价值观和积极回应现实生活、学习中遇到的问题与挑战，不断促进个体对知识和观念的自主建构；愈来愈重视激发个体的协同意识，并融入于集体德育活动之中，在德育活动中生成协作、互助、友好的良好氛围。

多元主体协同的优化理路

协同育人已成为德育发展共识，指向落实立德树人根本任务，解决好"培养什么人、怎样培养人以及为谁培养人"这一根本问题。在德育过程中，德育各要素之间存在难以协同的诸多障碍。在围绕德育的目标、主体、内容、载体等问题的探讨中，针对如何破解德育体系面临的碎片化等发展瓶颈，协同思维已成为德育研究的重要思维方法。实际上，德育面临的问题和症结往往不是个别的、局部的原因所致，而是复杂的、全局的系统性原因造成。协同论认为，系统内部诸要素之间通过彼此联系、相互协作形成相对稳定的组合形式和系统结构，在一定程度上影响系统整体功能的发挥。立足我国国情和德育发展趋势，需要不断探索具有时代特征的系统化、协同化的德育体系。德育共同体

---

① ［德］尤尔根•哈贝马斯. 交往行为理论：行为合理性与社会合理化［M］. 曹卫东，译. 上海：上海人民出版社，2004：275.
② 杜时忠. 论德育走向［J］. 教育研究，2012（2）：60-64.

的协同优化关涉主体、内容、载体等向度,探索其有效协同的规律及策略,契合德育发展的目标任务和现实需求。

一、促使主体协同意识与德育价值目标相互契合

德育共同体参与的主体多元,且相互之间难以凝聚育人合力。"一切价值都是以一定人的主体尺度为根据的现象。"[①]一方面,教育主体之间协同育人的联动性不足。教育主体都担负着育人的职责,然而在具体实施育人过程中,全员育人的观念意识不够深入,相互之间缺乏联动,导致德育工作存在脱节现象。同时,教育主体所在的机构部门如教务部门、学生工作部门、共青团组织、后勤服务部门等不同部门之间难以协同发力,协同机制创新不足,造成德育出现盲区等。另一方面,受教育主体即学生群体在价值观上呈现多元化趋势。在当前社会背景下,信息传播途径和交互方式多元,各种文化思潮相互碰撞、西方意识形态渗透等现实挑战,对青少年的价值观念和道德意识带来冲击。学生思想行为的问题表现,在某种程度上是社会环境与社会矛盾的折射。能否把握学生的时代特征,能否有效引导学生的思想意识,能否满足学生的成长需求和期待,直接关乎德育工作的实效。

德育多元主体有着不同的现实需求,不同类型和层次的需求难以兼顾,相互之间可能会产生不协调甚至是矛盾。德育主体需求具有内在规定性,即离不开对"人的本质"的理解,"在其现实性上,它是一切社会关系的总和"[②]。同时,德育主体需求具有拓展性,伴随主体需求的不断被诱发和挖掘,必然会不断唤起新的需求,不断生成新的动力。在主体需求的不断拓展中,需要处理好与国家和社会需求之间的关系,将人的全面发展融入国家和社会的发展进步之中。价值共识是德育共同体成员共同的奋斗目标,也是共同体成员一致的情感归属。为此,德育共同体的主体协同需要扩大多元主体的价值共识,提升

---

① 李德顺. 普遍价值及其客观基础[J]. 中国社会科学,1998(6):4-14.
② 马克思,恩格斯. 马克思恩格斯文集(第1卷)[M]. 北京:人民出版社,2009:501.

协同育人的主体意识，建构合理的交互关系和顺畅的交互渠道，尊重个体之间的差异，尊重个体的认知特点和行为选择特征，保持彼此间的宽容、合作与交流，合力建构德育共同体的集体协同。此外，需要关注主体需求新变化，注重人文关怀，重视人的情感、认知和信念，平衡不同主体的理性需求，激发德育的主体自觉，促使主体协同意识与德育价值目标相互契合。

二、适时调整和完善德育内容协同体系

时代变化和社会发展不断对德育内容做出新的补充。"德育如不及时超越自身的局限，从根本上增强其超前引导性，那就可能面临被遗弃的危险。"①党的十九大报告指出："我国社会主要矛盾已经转化为人民日益增长的美好生活需要和不平衡不充分的发展之间的矛盾。"②培养能够堪当民族复兴重任的时代新人是新时代赋予德育的重要使命，是立足中国特色社会主义发展的阶段性特征的育人目标。德育共同体坚持立德树人根本任务，注重学生思想道德素质的全面提升，注重德育内容的全面整合。"一切教育活动，都是直接、间接地为了达到一定的教育目的而展开的，一切教育目的又都是为了解决一定时期人的发展与社会发展之间的某种不适应或者说某种矛盾而主观预设的。"③立德树人作为教育的根本任务，"其地位与重要性是确定不变的，但立德树人的具体内涵和时代要求则是与时俱进的"④。如果偏离了立德树人根本任务，德育实践就会背离立德树人的方向，违背德育的时代使命和要求。

协同论强调用系统思维和协同方法分析系统的要素构成。德育内容体系本身是严密完整的内容结构，而并非零碎的分布。从内容构成来看，德育涵盖

---

① 刘惊铎.中华美德教育论［M］.哈尔滨：黑龙江教育出版社，2002：78.

② 习近平.决胜全面建成小康社会　夺取新时代中国特色社会主义伟大胜利——在中国共产党第十九次全国代表大会上的报告［M］.北京：人民出版社，2017：11.

③ 扈中平.教育目的论［M］.武汉：湖北教育出版社，2004：3.

④ 白显良，崔建西.新时代立德树人的价值定位、时代内涵与实践要旨［J］.思想理论教育，2018(11)：4-9.

的内容多维,需要加强政治教育、思想教育、道德教育、法制教育和心理健康教育等内容的协同,聚焦知识、能力和价值观的全面性。以道德知识为主要内容的传授推动了德育的传承与发展,然而,在现实德育中知识性与价值性分离的现象,直接影响到德育实施的成效。道德素质的塑造以道德认知为前提,尤其在多元的文化思潮中,重视道德知识传授的同时,还应加强对学生价值的引领,即德育过程中知识性和价值性的内在融合。实现德育内容的合理配置、整体协调,有赖于德育内容协同和实践理性。从纵向上而言,针对不同教育阶段的德育内容存在重复和脱节的现象,需要加强不同教育阶段德育内容的协同,更加突出育人过程阶段性与连续性的统一。从横向上而言,学校是德育的主阵地,同时家庭、社会所应发挥的作用也不可忽视,需要加强学校教育、家庭教育、社会教育的协同,实施全方位育人。德育内容协同蕴涵着德育的目标和任务,既要注重内容结构、内部要素的独立性,又要注重各要素之间的协调性,体现内容结构的科学性与合理性。同时,需要及时调整和完善德育内容结构,不断适应社会发展形势和人的发展需求,以完善的德育内容协同体系和正确的价值导向引导学生。

三、推动不同类型德育载体有效协同

德育共同体需要借助一定的载体来承载、传递德育内容。德育载体是联结教育者与教育对象的中介之一,是德育过程中必不可少的组成部分。德育共同体包含的载体多样,并不断发展变化。不同载体通常对应德育活动的不同需求,加强不同类别载体的协同,需要推动传统载体与现代载体的协同。现代信息技术的日新月异和广泛应用,必然要求对信息社会以来的德育载体进行反思与重构。传统载体的局限性日益显现,德育内容的承载、传递在空间和时间上难以协调、同步。互联网、大数据、人工智能等快速发展深刻改变着信息传递方式,通过"技术赋能",注重科技成果的实践转化运用,现代载体为当下德育载体转型和创新提供了技术支持,打破了人与人信息传递的时空屏障,

实现了信息传播在时空上的便捷、高效。实现传统载体与现代载体的协同需要传承传统载体的育人优势，同时不断开发具有时代特征的现代载体，如借助互联网、新媒体等创设育人载体，以更好地适应德育新形势、新要求。

此外，需要促使显性载体与隐性载体的协同。显性载体如课程教学、机构设置等通常德育目的明确，应对德育现实需求的针对性强。长期以来，学校往往偏重于显性载体的开发与利用，而忽视了隐性载体的利用。相对于显性载体而言，隐性载体具有内隐性、潜在性等特征，如校园文化建设等，以文化人、以文育人，往往具有"润物细无声"的效果，是一种无形而又无处不在的力量。德育载体的不同分类存在交叉和重叠，把握协同论强调的整体性、开放性、协同性和动态性要求，紧紧围绕育人目标和内容，推动德育载体的拓展和协同，使之相互衔接、有机整合，不断满足学生成长成才需求和增强德育工作的生机与活力。

综上，德育共同体的协同优化是不断满足人的发展需求的与时俱进的过程，也是集体协同促进人的全面发展的过程。德育共同体的协同论视角是对事物普遍联系原理的"现实化"，需要在现实生活世界中厘清和凝聚各方育人力量，全面整合育人资源。同时，需要根据环境和条件的变化，不断更新理念和方法，实现德育模式从"孤立式"向"协同化"的创造性转变。面向未来，德育共同体需要传承传统育人优势，更需要适应时代趋势的前瞻性变革，不断突破其现有形态的界限，增强其协同性和有机性，在跨学科视域和育人实践中不断推进德育协同创新。

第十二章　界定性框架下的德育协同实践①

　　高校德育的多元主体间存在协同的现实壁垒，主要受制于顶层设计层面整体性构思不足、多元主体间协同的动力不强、协同推进中的制度性保障缺乏、育人主体育德自觉的激励不够。遵循协同理念，从主体间协同所涉及的两个核心变量即"目标"和"利益"出发，提出德育协同机制的分析框架，界定科层制协同、沟通性协同、约束性协同和战略性协同四种协同机制，并结合案例进一步阐释各种机制的内在关系和运行逻辑。实现战略性协同的有效做法就是构建高校德育共同体，切实为突破德育协同育人的现实壁垒提供有效的路径参考。

　　中共中央、国务院《关于加强和改进新形势下高校思想政治工作的意见》指出："坚持全员全过程全方位育人。把思想价值引领贯穿教育教学全过程和各环节，形成教书育人、科研育人、实践育人、管理育人、服务育人、文化育人、组织育人长效机制。"②《高校思想政治工作质量提升工程实施纲要》进一步强调："充分发挥课程、科研、实践、文化、网络、心理、管理、服务、资助、组织等方面工作的育人功能，挖掘育人要素，完善育人机制，优化评价激励，强化实施保

---

　　①　楼艳.德育共同体视角下高校思想政治教育协同育人机制探究[J].学校党建与思想教育,2020(11):37-40.

　　②　十八大以来重要文献选编(下)[M].北京:中央文献出版社,2018:480.

障,切实构建'十大'育人体系。"①由此可见,实现高校思想政治教育多元主体间的协同育人,是当前高校思想政治工作加强和改进的重点。

多元主体协同育人的现实壁垒

高校思想政治教育是一项系统工程,客观上要求全体师生发挥各自的自组织能力,在一定条件下形成合作、配合、互补、同步的协同效应。然而,传统思想政治教育更多建立在高度的专业化分工和僵化的科层式组织基础上,各部门的工作界限比较明显,对整体的重视却相对不足,不同育人主体存有"一亩三分地"的思维定式,缺乏协同配合的理念主导和积极有效的协同行动,往往导致各自为政,直接影响思想政治教育质量。

一是顶层设计层面整体性构思不足。顶层设计是从总揽全局的高度出发,系统地考虑工程的各个层次和多元要素,从整个项目的最高层次设计问题的解决方案,为思想政治工作的具体开展设定目标、指明方向。"十大"育人体系涵盖了"高校课内与课外、教学与科研、理论与实践、管理与服务、线上与线下等涉及学生成长与生活的方方面面"②,高校应从促进学生全面发展的目标出发,强化顶层设计,理清各体系间的内在关联与作用机理,制定符合新时代要求的思想政治教育战略规划,加快形成思想政治教育协同机制,把高校思想政治教育的"应有作用"转化为"实际作用"。然而,目前高校承担思想政治教育职能的育人主体,并不能完全适应新时期整体系统推进思想政治工作的要求。如宣传部门、学工部门、马克思主义学院等单位属平行关系而不存在隶属关系,

---

① 中共教育部党组关于印发《高校思想政治工作质量提升工程实施纲要》的通知[EB/OL]（2017-12-05）[2017-12-05]. http://www. moe. gov. cn/srcsite/A12/s7060/201712/t20171206_320698. html.

② 张正光.构建高校思想政治工作"十大"育人体系的有效路径[J]. 高校辅导员学刊,2018(4):1-4,9.

各司其职,在具体工作中往往围绕各自单位目标开展,具体人员在育人工作上疏离大于协作,在目标和理念上存在误解,在信息和资源等方面共享不够,在活动安排和环节设计上也配合不够,缺乏对思想政治教育的顶层设计和整体性构思。

二是育人主体之间协同的动力不强。从系统产生协同效应的角度出发,互动的、互补的、协同的主体人际关系有助于推进思想政治教育的实施。但在边界约束条件下,系统内部与外界要素的影响都会对系统内部各要素间的相互关系和协同方式产生影响。当前,大学生接受思想政治教育的渠道和途径是多样化的,学生思维的选择性和差异性也较之前有显著增强。这就对主体间的协同提出了更高的要求,只有彼此间的紧密结合与协同运作,才可能形成协同育人的合力。然而,目前高校思想政治教育基本上被划分为思想政治理论课上教师的课堂教学和课堂外辅导员的日常思想政治工作,彼此间的协同动力不足,传统的课程备课方式、考核评价方式使多数思政理论课教师不愿意与辅导员开展协同教学,也有辅导员因为缺乏专业学科背景,倦于事务性工作,缺乏教学热情而不愿意承担课堂教学任务。

三是育人主体育德自觉的激励不够。在当今价值多元化的时代,人类的目标是多样的,每个个体都会有自己的生活目标和职业发展追求,它们并不都是可以公度的。所以当高校教师面对较大的科研压力和生活压力时,除了完成既定的教学、科研任务外,如何要求他们能够禀赋师者传道授业解惑的天职,却成为教师们的自觉行为了。社会对教师的职责要求,建设中国特色社会主义大学对高校思想政治工作的要求,"十大"育人体系涉及师生互动的各个场域,这些都对教师提出了育德自觉的前提,而且随着社会的发展和进步,做好人的思想工作的难度不断增大了,思想政治教育的内容更多地要从显性政治规范向隐性价值引导发展。从根本上而言,这些工作都需要育人主体来承担,需要他们树立育德自觉。

四是协同推进中的制度性保障缺乏。目前许多高校尚未建立起思想政治教育的协同机制,条块分割、各自为政的现象依然明显;教育信息及资源共享的制度尚未建立，不能体现整合资源集中育人的优势。比如有些高校的教务部门和学工部门没有建立一种共享机制，辅导员不能实时动态地把握学生学业情况，当出现学业预警时，往往只是由教务人员简单地通知辅导员，交由辅导员处理，防止学生出现心理问题等。再如，专业教师与学生的沟通多限于课堂之上，课堂外的传道授业解惑因为没有指标性的考核评价制度，就变成了一种良心活。

遵循协同理念打破协同育人的现实壁垒

高校承担思想政治教育的不同主体在性质上有着相当的独立性、自主性、差异性，在关系上则存在着互补性、共生性。作为高校这一整体中的不同个体，他们之间的这种独立性和共生性，往往体现了一种共生共荣、同向同行的生态思维和价值理念。

一是不同育人主体要确立明确的共同体意识。从马克思关于社会关系学说的论述来看，个体总是特定社会关系中的个体，也就是说个体的意义生成或价值体现是置于其社会关系、社会网络中的，而且个体意义的生成是出现在既定的共同体之中与之后，并不是"在这之前"。因此对于高校的各个育人主体而言，他们作为独立的个体，要清醒而自觉地认识到自身和他人的行为可能造成的相互影响，意识到自身在高校中应承担的职责和任务。

二是确立各主体彼此间界限的模糊性和灵活性。高校内部各个育人主体之间存在着复杂的"自主—依赖"关系，师生之间的这种"自主—依赖"关系显得更为明显。在这种情境中，各个主体逐步发展了自身的双重角色意识：教师与学生作为教育实施者和接受者，管理队伍与专业教师、辅导员作为教育管理主动者和被动者，辅导员与专业教师作为教育领域独立的个体和共享系统的"部分"……他们彼此间的关系界限变得模糊、灵活，也正是在他们之间多向、多层的互动中，协同育人才得以不断更新发展。

三是协同的价值是导向动态的过程平衡而并非静态的结构平衡。高校围绕立德树人共同目标展开思想政治教育，其发展是依据学生的需求、学生的成长规律变化，不断适应的动态过程。这个过程就是不断集聚资源、化解矛盾、共促发展的动态网络，它的当下生成是依据当前育人主体的多元、育人场域的多样、育人方式的多态，创造性地突破以往的经验界限，同时又不断地充实同心同向的价值核心，通过反复的循环来验证和丰富共同体的核心理念。

界定性框架下的协同机制及案例分析

协同指向的是各种力量的整合、协调以发挥整体效应。协同机制涉及的是不同主体之间的协调与合作，但是这些主体本身的利益是各不相同的，因此他们参与协同的动力机制也不尽相同。有些协同是在协同双方自愿协商基础上达成的，而有些协同则需要通过制度层面的约束才能够达成。如果我们试图将焦点关注于协同主体的多元性和协同领域的多元性来构建一个协同的体系，就会显得比较困难甚至自相矛盾。因此，我们不妨从主体间协同所涉及的核心变量出发，也就是从协同的目标和利益出发，来构建一个高校不同育人主体间协同的体系框架。

首先是目标。所有协同都涉及目标问题，目标是否一致直接影响协同的达成。协同育人的基本原则是基于目标的同一性，但很多时候各个主体的目标并不完全一致，而且现实是目标冲突也一样可以达成协同。比如，组织开展志愿服务活动，辅导员的目标是引导学生更多地融入社会、关注社会、服务社会，而少部分学生在具体实践中可能考虑更多的是志愿服务学分的获得。这就存在目标的冲突，但是并不影响这项工作的具体落实。其次是利益，一般分为利益耦合和利益冲突。利益耦合主要是指需要协调的各方在利益方面有相互依赖性，一方需要借助对方或者其他各方的资源来达成目标；利益分离主要是指各方在利益方面不存在相互依赖性,这种情况下协同是不可能自动形成的,而是需要自上而下的强制力来推动协同的实现,或者是各方意识到离开协同就不能实现自己的利益,因而产生妥协,导致协同。目标和利益这两个变量的结合,会形成四种协同的形式,如图 12-1 所示。

	目标冲突	目标一致
利益分离	I 科层制协同	II 沟通性协同
利益耦合	III 约束性协同	IV 战略性协同

图 12-1　界定性框架下的协同机制

一、科层制协同

目标和利益均不一致,但可以产生协同。这种协同关系最常见的就是自上而下的协同安排,如针对社会主义核心价值观教育,宣传部门、学工部门、团组织都会组织开展,尽管教育的主题内容是一致的,但由于各部门的核心职责不同,自上而下的考核任务也不同,它们在协调合作中的目标和利益是不同的。这时往往会出现不愿意主动协调合作的情况,因为合作不能带来"利益",在上级的考核中也没有加分,合作反而可能增加部门的工作成本。因此,科层制协同天然地强调的是分工而不是合作,高校可以通过科层体系中的上级部门施以统筹协调,来推动不同主体间的协同。

上海一所知名大学学生工作指导委员会的工作开展,提供了很好的科层制协同的案例。该大学学生工作指导委员会(简称学指委)是统筹全校学生工作的职能部处,由学校分管学生工作的党委副书记担任主任,分管教学工作的副校长担任副主任,学指委秘书长兼任学生工作党委书记、学生处处长,全校

16家单位①组成执委单位。学指委围绕学生培养建立理想信念与思想教育、能力建设与人格养成、成长服务与事务管理"三大平台",根据学校整体建设要求科学规划了25个思想政治教育工作领域,全力推动学校创新人才培养体系构建。由学指委统一配置育人资源,打破了部门间的壁垒,在原有的条块上建立统筹协调各项学生工作的专门委员会,提高了学校统筹全校学生工作的能力。对各部门来说,需要协同的事务可能存在目标和利益上的冲突,因为这些事务有些并不是明确界定的本部门职责,与其他部门协调合作处理这些事务很有可能会影响本部门其他工作的完成,所以很大程度上会缺乏主动协调的动力。建立这种集体协商的委员会制度,恰是解决了各个主体间协同动力不强的问题。

二、沟通性协同

目标一致但是利益分离。各方目标一致但是利益不存在相互依赖性时,其协同关系一般只是临时性的、沟通性的或者非制度化的。这种情况下的协同往往是碎片化的、不稳固的,比如应对一些突发事件时,各个主体为了应对所面临的共同问题,需要相互间不断地沟通、协调、配合,在这种情况下产生的协同就是沟通性协同。

沟通性协同最常见的案例就是应对学生突发事件。这里说的学生突发事件是指突然发生的、危及学生生命和财产安全,对高校和社会的安全稳定具有重大影响的、急需高校快速应对的负面事件。当这类事件发生时,所有人都组成临时性的集体组织,站在维护学校声誉、维护学校安全稳定的角度,共同应对事件的处置。如某高校2015年"外语＋X"类专业学生电子学籍注册群体事件发生后,学校马上启动应急预案,成立应急工作领导小组,由校领导、职能部处、相关院系、辅导员等共同组成现场处置、舆情监控、联络接待、法律援助等

---

① 上海交通大学学生工作指导委员会机构简介[EB/OL].(2017-12-05)[2017-12-05]. http://sac.sjtu.edu.cn/index.php? option=com_wrapper&view=wrapper&Itemid=280.

工作小组，共同应对事件的处理。这类协同组织在事件处理完成后，往往就自行解散了。在沟通性协同中，各方的协同合作往往缺乏特定的利益联系，有时候甚至会存在一定的利益冲突。所以，它一般只是在特定目标任务下的临时性协同，是各方为了完成共同的目标任务，必须通过多方协同来提高效率。

三、约束性协同

尽管彼此目标冲突，但是利益耦合，各方为了保证利益的获得而必须要参与协同。同时，为了使利益最大化，一方需要在其中承担监管者的角色。这种协同在公共服务领域出现得较多，类似于市场的买卖关系，即各方为了各自目的进行利益交换，他们的目标不具有同一性，但是通过协同可以获得各自的利益。例如公共服务领域的民营化公私伙伴关系，政府与企业的目标并不一致，政府致力于公共利益最大化，而企业则是将利润最大化作为自己的目标。双方在目标上并不一致甚至存有冲突，但是政府在其中承担了监管者的角色，使得企业在提供公共服务的过程中不至于损害公共利益。

这种情况在高校实践育人中也存在。创新创业教育已经成为我国当下高校工作的重点之一，高校创新创业教育需要高校与社会资本力量的对接，但是学校育人力量与社会资本力量的目标并不一致。高校开展创新创业教育是以培养学生的创新精神和实践能力为核心，以育人为目标；社会资本力量与高校合作推进创新创业实践的目的是谋取利润。两者虽然目标不同，但是利益是耦合的，双方通过协同合作满足不同的利益需求。

四、战略性协同

目标一致，利益耦合，往往能够形成制度化、经常性、持续的战略协同关系。由于各方彼此间并不存在实质上的目标冲突和利益冲突，因此这种协同关系就显得十分稳固，它是促进整体效应最大化地发挥功能的理想协同机制。战略性协同的实现需要高校在对整个思想政治教育工作的开展达成共识并进行全局性的顶层设计的基础上,适应外部需求、适应高等教育自身发展规律、适应学生成长规律,贯彻立德树人根本任务的要求,关注学生面向未来发展的需求,结合高校人才培养的实际情况,制定具有前瞻性、科学性、针对性、可操作性的德育工作战略规划。在这种协同中,各方彼此间可以达成制度化、经常化、常态化、稳固化的协同机制,各方通过投入一定的资源,为实现共同的目标而努力。

高校德育共同体与协同育人

实现战略性协同的有效做法是构建高校"德育共同体"。德育共同体以"共同的利益需求和价值取向"为基础,是由"个体出于本质意志形成的一种关系体",在维系和发展群体关系的同时,更为强调个体在实践中的交互主体性,主张多元主体在积极对话、启发引导、持续反馈中形成一种主体间的互动关系,通过集体实践达成教育目标和规范价值,如图 12-2 所示。

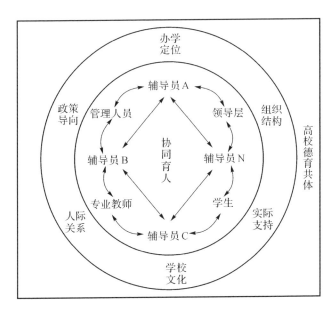

图 12-2　高校德育共同体与协同育人

协同理念本身强调的是制度化和经常化，而非约束性和短暂性。其中，制度化是发挥契约作用、保障协同各方利益的有效措施，通过一定的制度约束，规定各方在执行过程中必须遵循既有的约定，以实现共同的目标；而经常化体现的则是共同体发展的长期战略性规划，也就是要求高校对整个思想政治教育工作有前瞻性、统揽性、整体性、一致性的指导，从动力机制上保障共同体破除协同的困境。

一是形成"同向同行，协同育人"的目标固基。高校各个育人主体围绕"全面提高人才培养能力"这个核心点，形成共同育人的目标认同。在此基础上，以此目标认同为支点切入实际，促使高校开展建构德育共同体的理论思考和实践创新，形成更加细致、贴切的制度建设；以此目标认同为支点切入实际，进行各种育人资源的利益调适和利益求解，改进并完善共同体内部各方的利益共享机制；以此目标认同为支点切入实际，促进共同体内部价值意识的凝聚，强化共同体成员的心理定式和身份归属，以此固基共同体建设。

二是构建上下贯通、多层级有效协同的管理体制。在高校的组织体系设计中，为了应对分工的要求，往往没有重叠的角色和功能，各个部门、机构的分工是相对明确的。而有效的协同强调的是彼此开放，进行有效的物质、信息和能量的交换；消除部门之间、人员之间的壁垒，理顺关系、协调合作、构建平台，推动有机融合。在这方面，上海交通大学学生工作指导委员会的管理体制架构，是一种很好的模式。换言之，要打破原有的部分分割并且相对独立的多层级管理体制，确保不同管理主体及管理层级之间，既科学分工、各负其责，又有机统一、协同育人，以此强化德育全过程和各主体全视野的系统规划与整体推进。

三是建立促使育人主体发挥育德自觉的激励保障机制。"思想政治工作，各个部门都要负责。共产党应该管，青年团应该管，政府主管部门应该管，学校的校长教师都应该管。"①因此,要发挥各个主体在育德上的自觉性,建设激励保障机制。激励机制是指通过满足个体需求的方式激发内部各要素在系统运行中的能动性更好发挥的机制,包括物质激励与精神激励相结合、教师激励与学生激励相结合等,目的是最大限度地发挥师生的主动性和积极性;保障机制是指为德育共同体的运行提供良好的内外部条件,以保证德育活动的有序运行,包括物质保障、队伍保障、组织保障等。

综上,协同是在高校不同育人主体供给下的必然选择,当超过一个主体时必定会形成协同的需求。但是,各方间的协同并不是必然会发生的。在从各自工作碎片化走向彼此协同的过程中,有很多因素影响着协同能否发生以及发生何种协同关系。因此,分析在何种情况下以及会发生何种协同关系,有助于指导实践在不同情况下有选择地推进协同机制的建立。上述四种协同机制的分析,梳理了协同的内在关系和运行逻辑。现实中往往存在多元交互的协同关系,我们应当在理清协同机制的理论逻辑基础上,打破协同的现实壁垒,主动地构建适应高校思想政治教育实际的协同机制。

---

① 毛泽东.毛泽东文集:第 7 卷[M].北京:人民出版社,1999:226.

第十三章　交互关系中的德育主体[①]

解读一　德育共同体中的导学关系

  导学关系是德育共同体多元主体之导师与研究生之间形成的关系，其和谐发展关乎高校立德树人的根本任务与研究生教育的高质量发展。导学之间局部存在的知识与德性疏离、互动情感遮蔽、德育生态失衡等现象，暴露出在导学关系中存在育德与传道相脱节的倾向，共同体意识有所缺位。导师与研究生命运与共，应在知识探求过程中不断实现德性的共同成长。审视德育共同体中的导学关系，应更为强调德性修养的协同性，以构建集价值引领、知识探索、情感关怀与制度保障为一体的新时代导学关系为目标。

  改革开放以来，我国研究生教育快速发展并持续深化，"截至 2020 年，作为国民教育最高层次的研究生教育已累计为国家培养输送 1000 多万高层次

---

  ① 覃鑫渊,任少波.德育共同体:建构导学关系的新视野[J].学位与研究生教育,2021(9):67-72;楼艳.高校辅导员职业角色定位的再认知[J].学校党建与思想教育,2021(13):78-80.

人才"①。当前世界正处于百年未有之大变局，全球范围内文明的演进、发展的变革、价值的重塑、学术的争鸣都面临新的历史交汇点，作为最高层次人才培养的研究生教育重任在肩。"研究生教育在培养创新人才、提高创新能力、服务经济社会发展、推进国家治理体系和治理能力现代化方面具有重要作用"②，必须担负起育人育才和创新型国家建设的光荣使命。构建和谐的研究生导学关系，是实现研究生教育高质量发展的首要前提。有研究显示，当前我国高校师生关系总体状况良好，对当前师生关系表示"基本满意"及以上的比例在高校教师群体中达到95.15％，在高校学生群体中达到94.55％。③ 然而，近年来个别导学问题引发的舆情事件在社会中造成了恶劣影响，如公开指责、法律纠纷、学生自杀等各类冲突，既不利于研究生个人的健康成长，也损害了导师队伍的整体形象，严重制约研究生教育的长效发展。德育工作的时代要求与人才培养的内生需求出现偏差，和谐导学关系的建构迫在眉睫。

导学关系的现实变异

在良好的导学关系中，导师不仅是研究生学业的指导者，更是其人格养成的引路人；研究生不仅是导师学术理念的传承者，也是与其价值契合的同路人。二者的影响是双向度的，导生之间在教学、科研、生活等方面相互启发、共同促进，而且命运与共。但现实中的和谐导学关系建构面临着多维度的难题，主要表现在以下三方面。

---

① 我国自主培养研究生突破 1000 万人[N]. 人民日报, 2020-07-29(1).
② 习近平. 习近平对研究生教育工作作出重要指示强调 适应党和国家事业发展需要 培养造就大批德才兼备的高层次人才[N]. 人民日报, 2020-07-30(1).
③ 刘志. 高校师生, 和谐关系收获更高质量教育[N]. 光明日报, 2020-06-16(14).

一、导学间知识与德性疏离

《中庸》有云:"故君子尊德性而道问学,致广大而尽精微,极高明而道中庸。"①意为君子不仅要发扬天赋的善的德性,而且要努力探索真知,在求知过程中,其固有的道德天性才能发扬光大,达到"中庸"的至德境界。大学的理想是育新人、致良知,引导师生尊德性、道问学,实现探知世界和锤炼心性相统一。立德树人是高校的根本任务,研究生教育更是尊德性与道问学的天然结合点,学生的学术能力培养与德性养成是一体的,"道问学"的过程也是锤炼德性"致良知"的过程,"尊德性"在对学问的追求中得以实现。研究生在导师的学术指导下对知识和真理进行探索与追问,在"道问学"中提升自己的科研能力,知识的掌握与创造自然成为导学关系中最基础也是最重要的环节。

然而,现实中的导学关系却存在育德与传道相疏离的倾向。例如,在研究生招生、指导过程中,不同程度地存在学术机会主义倾向,少数导师在招考研究生时主要以帮助自己完成科研项目为目标。过分重视目标导向不仅可能引发各类学术不端行为,而且导致研究生受老师的影响也以多发论文、多做项目为主业,难以静下心来钻研学术。同时,少数导师在指导研究生的过程中相对忽视对研究生的学术指导,而是将学生视为廉价劳动力,要求研究生协助自己做项目、拉课题。若任其蔓延,研究生不仅难以得到导师真正意义上的学术指导,也无法养成严谨求学的学术品德,本该实现"尊德性"与"道问学"相统一的导学关系趋于疏离。

二、导学间的互动情感遮蔽

在柯林斯(Collins)的互动仪式链理论中,情感被看作是互动仪式的核心要素和结果,这一情感并不是通常意义上的具体情感,而是长期稳定的社会情

---

① 子思. 中庸全解[M].墨非,编译.北京:中国华侨出版社,2016:245.

感,即情感能量。在柯林斯看来,情感能量是互动仪式中重要的驱动力,人们可以通过参与互动仪式增进积极情感,生成共同情绪,形成情感共鸣,并根据道德规范将其符号化。研究生导师作为研究生培养的第一责任人,是落实高校立德树人根本任务的重要抓手。这个"第一责任"既包括科研学术,又涵盖思想政治教育,是全方位全过程的。实际上,育人的过程不仅是知识授受的过程,更是涵养品性、发展人格的过程,要求导师将情感熔铸于课堂内外的各类情境中,达到与学生的情感共鸣。

但是,随着研究生招生规模不断扩大,导学间的深度交往面临挑战。有数据显示,2019 年全国在学研究生 286.37 万人,其中,在学博士生 42.42 万人,在学硕士生 243.95 万人。① 在此背景下,每个硕士生导师平均指导 6.5 名硕士研究生,最多的高达 30 名。② 部分导师对研究生的管理实为"放养式",关心和指导不够,甚至还存在"有师无导"的情况。导师较少关心学生的科研和生活情况,师生间的互动缺失。导师无法及时回应学生的关切,学生由于畏惧导师或与导师存在代际阻隔等原因,不愿与老师进行交流。久而久之,师生的情感无形中被遮蔽,师生关系愈加淡漠,长效稳定的导学关系难以存续。

三、导学间的德育生态失衡

导学关系的异化不仅表现在师生之间,也反映在高校与整个社会的德育生态之中。一方面,高校制度生态内卷化。"内卷"本是社会学术语,指一种社会或文化模式在发展到一定阶段后停滞不前,或无法转化为更高级模式的现象,现在代指各行各业中非理性的竞争和无意义的消耗。如今高校中也存在内卷化现象,学校对教师的业绩考量仍侧重于专利申请数量、论文发表质量、

---

① 教育部. 2019 年全国教育事业发展统计公报[EB/OL]. (2020-05-20)[2020-05-20]. http://www.moe.gov.cn/jyb_sjzl/sjzl_fztjgb/202005/t20200520_456751.html.

② 周文辉,吴晓兵,李明磊. 关于导师与研究生学术交流的调查研究[J]. 国家教育行政学院学报,2012(6):82-86,95.

主持科研项目等量性指标，而对师德素质缺乏具体的考核标准，在一定程度上弱化了师德在教师考评中的地位。教师之间竞争的压力使导师将有限的精力主要放在学术共同体之间的关系处理上，而对师生共同体的维护缺乏耐心和投入。

另一方面，社会文化生态功利化。全球化时代，经济社会快速更迭，技术水平不断革新，追求实用价值的功利主义逐渐渗透在社会生活的各个领域，高校也不可避免受其影响。这些反映在导学关系中，就是过度强调学术和教育活动的工具理性，忽视教育过程中人的存在价值和意义，人的自由个性和独立性受到限制。例如，少部分研究生存在功利短视的行为，表现为自信不足、害怕失败，或过分在乎得失，计较论文、实验的一次性成功，甚至因为几次实验的失败就抑郁、轻生。这表面上是由于压力挫折导致的心理问题，本质上是过分追求利害的功利主义倾向。不仅研究生受工具理性至上的思维主导，一些导师也总想在科研、生活等方面"走捷径"，忘记长远目标而囿于眼前利益，由此引发一系列代写、抄袭等学术不端的行为，丢失了科学本应是求真之学的初心，加剧导学关系的功利化，破坏良好的教育生态。

简言之，无论是导学间的内部关系，还是高校与社会的外部环境，都在一定程度上存在育德与传道相疏离的倾向，共同体意识有所缺位。弥合这种分离状态，实现研究生教育的良性发展，应充分认识到高校是一个德育共同体，师生是德育共同体中的主体，双方有着共同的利益诉求和价值目标。高校应基于此理念，积极构建新时代的导学关系。

德育共同体：导学关系的新视角

一、对导学关系既有研究的脉络梳理

学界对导学关系积极关注，广泛讨论，形成了较为丰富的研究成果。纵观现有研究,着重围绕"和谐导学关系"这一话题展开,在导学关系的本质问题探析上,刘志认为导生关系的本质"是一个以知识传承创新为核心纽带,集学术指导关系、科研合作关系和情感交往关系等多性质关系于一体的复杂的关系系统"①;在导学关系的矛盾冲突研究中,陈恒敏认为导学关系中存在伦理性与经济性两种属性,因二者的价值取向与内在规定不同,使导学间可能产生冲突;②在导学良性互动关系的构建上,施鹏等人认为需要"从基础、着力点、动力、制度建设"③等多维度协同发力。一方面,学界出现从不同学科视域分析导学关系的新趋势。在心理学视域下,王璐等人认为在导师与学生的显性关系之外,还存在着"隐含的、非正式的相互期望和要求,即心理契约"④;在伦理学视域下,宋晔等人认为教师和学生除教与学的关系之外,还存在着多种类型的伦理关系,⑤拓展了研究视野。另一方面,学者们也积极转向质性研究,探究导学问题的现实表征、深层根源和生成机理。肖香龙通过对研究生和导师进行问卷调查与访谈式调查,分析导学关系的满意度及如何提升;⑥欧阳硕等人基于扎根理论分析教育类硕士对导学关系的认知,指出要关注当前导学关系中普遍存在的"相安的疏离"状态,丰富了事实材料。⑦

　　回顾既有研究可以发现,学者们更多将改善导学关系的路径着眼于导师

①　刘志. 导生关系的内在规定、对象范围及基本特征[J]. 学位与研究生教育,2020(12):4-9.

②　陈恒敏. 导师、研究生关系的内在属性冲突及其超越——兼论一元主义雇佣关系的建构[J]. 江苏高教,2018(1):69-72.

③　施鹏,张宇. 论研究生教育中和谐师生关系及其构建路径[J]. 学位与研究生教育,2015(5):37-41.

④　王璐,褚福磊. 新时代研究生导学关系异化的成因与现实出路——以心理契约为视角[J]. 内蒙古社会科学(汉文版),2018,39(6):184-188.

⑤　宋晔,刘光彩. 师生共同体的伦理审视[J]. 东北师大学报(哲学社会科学版),2020(2):175-181.

⑥　肖香龙. 研究生人才培养中导学关系满意度分析及提升研究[J]. 中国高教研究,2020(10):76-81.

⑦　欧阳硕,胡劲松. 从"相安的疏离"到"理性的亲密"——基于扎根理论的研究生导学关系探析[J]. 高等教育研究,2020(10):55-62.

维度,包括加强导师师德建设①、提升导师指导能力②等方面,相对忽视学生自身主体因素,以及高校与社会等多重环境因素,共同体的整体视角有所缺乏。因此,对导学关系的研究亟待引入共同体的视角,以德育共同体理念建构新时代的导学关系。

二、德育共同体与导学关系的逻辑联结

在高校场域中,导师与研究生既是学术共同体,也是德育共同体,二者命运与共、相互成就。德育共同体理念的引入对新时代导学关系的重构有重要的促进作用。一方面,新时代导学关系的重构需要德育共同体理念的支撑;另一方面,和谐导学关系的建构有利于更好地开展新时代的高校德育工作,推动集体协同的德育共同体形成。具体来看,二者的逻辑联结主要体现在三个维度。

其一,知识与德性:价值目标的内在契合。共同的道德信仰和价值认同是德育共同体得以长久运行的前提和基础。"中国特色社会主义大学不仅具有学术共同体和学习共同体的属性,强调大学知识传授、科学研究和服务社会的基本职能,更是将立德树人作为高等教育的根本任务和人才培养的中心环节。"③知识与德性的双重责任都导向"培养担当民族复兴大任的时代新人"的历史使命,彰显了高校德育共同体立德树人的价值目标。在导学关系中,导师既是经师,又是人师,承担着教书与育人的双重使命。德育的目标即通过知识的掌握与价值的认同促成主体德性养成,使导师与学生在知识探求的过程中不断实现德性的共同成长。和谐的导学关系首先需要师生秉承一致的价值理念与学术遵循,实现知识与德性的内在耦合,促进导学双方的共同进步。

---

① 王贤纯.研究生教育中导师的自身修养[J].学位与研究生教育,2020(12):1-4.

② 包水梅,杨冰冰.研究生导师应该具备怎样的指导能力[J].高等工程教育研究,2021(1):108-114,121.

③ 任少波,吕成祯.德育共同体:中国特色社会主义大学的新认知[J].浙江大学学报(人文社会科学版),2019(5):5-12.

其二,交往与情感:主体互动的内在融通。主体的交往互动是德育共同体运行的内在驱动。哈贝马斯(Habermas)指出,要将人与人之间的关系视为多主体间、平等互动的关系共同体,强调具有主体性的人在实践中的多向度交流,使不同个体在平等对话、协商讨论、理解沟通的基础上达成共识。德育共同体强调多元主体间的交往互动,突破了传统德育以教师为中心、以课堂为中心、以书本为中心的观念桎梏,转向主体交互的情感交流,以更好地实现德育的价值目标。同样地,导师与研究生之间也非单一的线性交往模式。在导学关系中,导师与学生都是主体,需要通过积极对话、持续反馈形成交往关系,推动导学德育共同体的发展,并且不断延伸课堂、生活、网络等场域的交往互动,及时解决问题,达到高效的沟通、融洽的感情和深度的理解,促进导学关系的良性循环。

其三,协同与关怀:集体力量的内在呼应。集体关怀是德育共同体运行的重要保障,也是连接共同体成员的无形纽带。如何发掘多主体多路径多场域的德育功能,营造集体关怀的德育生态,既是高校德育工作的未来指向,又是和谐导学关系建构的着眼点。这就需要共同体中的多元主体通过集体协同的德育实践深化理性认知,增强德性修养。正如恩格斯所言,"许多人协作,许多力量融合为一个总的力量,用马克思的话来说,就产生'新力量',这种力量和它的单个力量的总和有本质的差别"①,这就是集体的力量。同样地,和谐的导学关系不仅需要导师与研究生之间的有效互动,也离不开高校的教务管理部、学生工作部、专业院系等部门的共同努力,多方发力,为导学关系的运转创设更具人文关怀的德育生态。

---

① 马克思,恩格斯.马克思恩格斯选集:第3卷[M].北京:人民出版社,2012:505.

以德育共同体理念建构和谐导学关系

德育共同体的理念与导学关系之间存在着多维度的逻辑关联与内在耦合，新时代的导学关系强调导师与研究生命运与共，应在德育共同体理念指导下，朝着集价值引领、知识研究、情感关怀与制度保障为一体的发展态势不断迈进。

一、涵养立德树人的高尚师德，实现导学德性的共同成长

《教育部关于进一步加强和改进研究生思想政治教育的若干意见》中明确提出，"导师负有对研究生进行思想政治教育的首要责任"，要"充分发挥导师在研究生思想政治教育中首要责任人的作用"。和谐导学关系的构建，首要的就是深化导师的师德师风建设，解决好教育者自身的德性成长问题。教育者只有先受教育，注意自身修养的提高和完善，才能更好地立德树人，为学生做好榜样示范，在涵育高尚师德中实现成风化人的追求。教师从事的事业是育人，在学生面前呈现的不只是专业能力，更是全部的人格。如果一种教育只是教会学生某种技能，只能将其称为训练，只有学生的心灵、品格、思维等受到积极影响，才能称之为教育。好的导师会对学生产生持久而深远的影响，如有学者表示，在硕士、博士与博士后期间遇到的三位导师不仅影响了他对学问、对生活的诸多看法，甚至影响到他整个生命的节奏。"在指导研究生的过程中，我导师培养我的往事历历在目，就像标杆一样，让我时时以此为参照，做一名称职的老师，一名让研究生始终心存期待的导师。"①

习近平总书记号召广大教师要成为"大先生"，就是要"做学生为学、为事、

---

① 孙庆忠.人的培养与研究生教育的期待——三位导师对我的影响[J].学位与研究生教育,2020(2):1-4.

为人的示范,促进学生成长为全面发展的人"①。导师要育德,首先自己要以德立身、以德立学、以德施教。同时,和谐导学关系的构建,关键在师生,应该立足师生德性的共同成长。研究生入学以后,同导师、课题组建立起最为密切的导学关系,个人的学术成长与导师及课题组的发展命运与共。好的大学,应当是以德为先的德育共同体,导师和学生都是德育共同体的主体。要追求师生互动,互动不是单向度的,不是教师高高在上地"上所施下所效",而是师生间的平等对话与情感交流;要让导师"去老板化",回归师者的初心,实现师生间的教学相长;要促进彼此磨合,师生彼此都要从对方立场出发考虑问题,互相帮助、互相欣赏,以心育心、温润心灵,在德性共同成长中建立和谐的导学关系。

二、夯实导学团队的知识根基,走向知识与德性的深度融合

中国特色社会主义大学作为德育共同体,是在知识共同体的基础上构建的。以多元主体的知识结构为前提实现德育教化,是中国特色社会主义大学作为德育共同体的核心特质。研究生知识理想与德育目标、知识规训体系与德育体系是相一致的,在"道问学"与"尊德性"的统一中实现知识进步与德性塑造。因此,要不断夯实导学间的知识根基,走向知识与德性的深度融合。研究生首先就是"研"字当头,以"研究"为本职。不可否认,当前研究生学习的功利性很强,做学术往往更加求稳,亦步亦趋,热衷做重复的研究,不敢做引领性的研究,研究生求知的精神和探索的毅力不足。"用德国哲学家雅斯贝斯的话来说,这是一种'失真'的教育,也就是失去其本真意义的教育。"②

2018年,教育部印发《关于全面落实研究生导师立德树人职责的意见》,要求导师注重培养研究生的学术创新能力与实践创新能力,引导学生关注学科

---

① 习近平. 习近平在清华大学考察时强调 坚持中国特色世界一流大学建设目标方向 为服务国家富强民族复兴人民幸福贡献力量[N]. 人民日报,2021-04-20(1).
② 鲁洁. 道德教育的当代论域[M]. 北京:人民出版社,2005:155.

前沿动态,创设和谐的学术环境来培养研究生的创新思维,激活研究生的创新动能。研究生教育理应以知识本身为目的,导师应指引研究生从事纯粹的学术研究,使学生不仅学到已有的知识,更启发他们的智慧,实现"授人以鱼"向"授人以渔"的转变,扎牢学生的知识根基,以知识的前沿性驱动德育创新,以知识的整合性促进德育协同,以知识的实践性激发德育转化。同时,在国家大力支持新工科、新医科、新农科、新文科等新兴交叉复合学科的时代浪潮下,导师要鼓励研究生抓住机遇、立足本业,做有意义有价值的引领性创新,使其敢于在认真研究的基础上批判既有知识、质疑权威、拓荒无人区,做从 0 到 1 的探索,努力闯出一条能够引领而不是跟跑的路子,在探索知识的过程中不断锤炼自身创新品格。

三、厚植集体关怀的德育生态,提升导学间的情感温度

不少负面的导学关系案例折射出师生之间的情感淡漠,因此要重视导学间的情感互动,提升导师与学生之间的情感温度。一方面,导师要关心、爱护与尊重学生,在学术指导、日常生活与人生发展等方面都尽力关照;另一方面,研究生也要积极主动,定期向导师汇报学习和生活近况,与导师沟通交流、增进情感。同时,现代德育"必须按照多元共生的理念,建构真正的共同体。真正的共同体是异质性的多元共生体"①。德育共同体强调多元主体的协同育人,从这一视域出发,新时代的导学关系不仅要实现导学间的双向互动,更要调动多元主体力量,壮大德育队伍,拓展育人场域,通过课堂、生活、网络、角色、团队、实践等多路径多场域交互协同,实现集体关怀、公共关怀,把个人与他者结合为休戚与共的命运共同体。集体关怀旨在于润物细无声中推动人的德性塑造与全面发展,正如学者李政涛所言,只有静默的教育才是"渊默而雷声"的教育。在这一过程中,导师既要"严管",做到选苗要严、培养要严、把关

---

① 冯建军.公共人及其培育:公共领域的视角[J].教育研究,2020(6):27-37.

要严、学风要严、标准要严；又要"厚爱"，激发兴趣、建立信心、提供帮助、承担使命、引领未来。要"培养好"研究生，而不是"用好"研究生，不能把研究生当作免费的劳动力。

除了导师自身育人以外，团队德育也非常重要。浙江大学首创"五好"导学团队评选，以尊师爱生好、教学相长好、同学互助好、文化传创好、团队发展好为"五好"建设要求，在重视科研成果的同时，将考量点更多着眼于导学关系建设、研究生培养质量等要素，既要求导师角色在场，在团队育人中为研究生学业发展和个人成长保驾护航；也强调师生双向发力，实现导学间德育和智育的良性互动。借助团队德育，加强团队成员之间经验、思想、情感的分享交流，导学和谐，师生共进，实现学术与人生的全面领航。

四、强化人才培养的制度保障，促进导学关系的良性发展

教育的根本是关注人的精神世界，本质在于关注个体生命的成长而不是纯粹的知识传授。高校内卷化现象折射出现有的评价体系需要优化，服务人的全面发展的教育不能由单一的物化标准来衡量。"我们在'德育共同体'中要特别培育的，是设计层的德育协同与系统性的德育协作。"①合理的制度体系正是促进共同体内主体协同与协作的重要抓手，也是保障导学关系健康发展的关键要素。因此，学校要改革评价体系、细化奖惩要求，用制度为和谐的导学关系保驾护航，筑牢导学命运与共的理念。

一方面，要完善导师考核机制，增强对研究生指导的考核比重。高校要按照中央印发的《深化新时代教育评价改革总体方案》(以下简称《总体方案》)要求，以立德树人为主线，以破"五唯"为导向，从重视量性考核更多转向质性评价，肯定教师在传授知识、指导学生等方面的价值，推行师德考核负面清单制度，把教师的学术作风、对学生的德育指导等内容纳入考评体系，以考评来促

---

① 任少波,单珏慧. 构建基于"知识共同体"的"德育共同体"——高等学校立德树人的二维耦合[J]. 教育研究,2019(7):44-50.

使教师关注自己的道德规范，推动形成长效发展的师德建设机制。另一方面，要革新研究生培养机制，以《总体方案》为指导，尊重教育铸魂育人的本质属性，强调德智体美劳全面发展，建立从入口到出口的研究生发展全过程精准画像，优化研究生培养全生命周期质量评价、保障、监督体系。此外，学校还可以健全导学沟通机制。完善导师与研究生的双向选择制度，增强师生之间的匹配度；鼓励导学间多种形式的非正式交流机制，根据不同学科特色，设立定期读书会、传帮带、师长引航等机制，畅通导学知识共享、思想碰撞的有效渠道。

解读二　德育共同体中的高校辅导员

德育共同体中的高校辅导员，其职业角色与传统认知有所不同。从高校德育共同体的目标一致性、主体交互性和集体实践性出发，重新认知新时代辅导员的角色定位和任务要求，显得十分必要。新时代的高校辅导员应聚焦德育共同体培养时代新人的价值目标，做学生德智体美劳全面发展的"引领者"；践行"三全育人"理念，做德育共同体多元主体协同育人的"强驱动"；在协同实践中激发主体性，做自身潜能的"重新发现者"。

党的十九大报告明确了中国特色社会主义进入新时代的历史方位，并把建设教育强国作为实现中华民族伟大复兴的基础工程，标志着中国特色高等教育进入了新阶段，呈现出新特征。党的二十大报告又明确指出："教育、科技、人才是全面建设社会主义现代化国家的基础性、战略性支撑。"①高校思想政治工作关系高校"培养什么样的人、如何培养人以及为谁培养人"这个根本

①　习近平.高举中国特色社会主义伟大旗帜为全面建设社会主义现代化国家而团结奋斗——在中国共产党第二十次全国代表大会上的报告[M].北京：人民出版社，2022：33.

问题,关系建设高等教育强国的全局,加强新时代高校思想政治工作已经成为教育主管部门和学界广泛关注的问题。中国高校是围绕立德树人,全员育人、协同育人、集体实践构建成的德育共同体,表征出目标一致性、主体交互性和协同实践性"三重特性",作为高校多元主体共同回应培养什么样的人、如何培养人以及为谁培养人这个根本问题所形成的关系体,使多元主体在集体实践中达成德育目标并实现主体自身的德性养成。

辅导员以思想政治教育为主责主业,是高校思想政治工作的骨干力量,德育共同体为我们深化对辅导员职业角色的认知提供了新的视角。辅导员是德育共同体多元主体合作框架下的关键主体,辅导员的角色定位必然与德育共同体对主体的期待和要求相关,多重角色体现出多元的价值向度。从中国高校德育共同体的"三重特性"出发,对辅导员如何立足新时代,真正担负好"大学生思想政治教育的骨干力量"的角色定位进行再认知,是辅导员"奋进新时代、开启新征程,以自身思想到位引领工作站位的基本前提"①。

学生全面发展的"引领者"

德育共同体是目标一致性导向的价值共同体,共同的价值目标即"培养堪当民族复兴重任的时代新人",这是德育共同体的存在前提,也是高校思想政治教育的逻辑起点和实践旨归,反映了中国高等教育"扎根中国大地办大学"最基础最本质的愿望和要求。我国高等教育和西方高等教育有很大不同,西方高校在相当长时期里只强调其作为学术共同体的特性,它们将思想教育、道德教育的职能让渡给其他社会组织完成。然而,中国高等教育始终承担着"修身、齐家、治国、平天下"的德育使命,新时代中国特色社会主义大学更是担负

---

① 冯培.高校辅导员新时代角色定位的再认知[J].思想教育研究,2019(5):99-102.

着为实现中华民族伟大复兴的"中国梦"培养人才的特殊使命。

党的十九大报告已经对我国高等教育办学明确提出"要以培养担当民族复兴大任的时代新人为着眼点"的战略部署,党的二十大报告再次强调,"全面贯彻党的教育方针,落实立德树人根本任务,培养德智体美劳全面发展的社会主义建设者和接班人"①。可见,能否培养出大批合格、优秀的中国特色社会主义事业建设者和接班人,成为新时代评价大学办得是否成功的根本标准。为实现民族复兴大任培育时代新人,成为中国特色社会主义大学师生共同的价值追求。共同的价值追求有利于凝聚不同的个体、强化成员的共同体意识,并促成成员的共同决策和一致行动,成为共同体发展的根本动力,是德育共同体成长之基。高校辅导员应在认识德育共同体的"目标一致性"特征中把握好人才培养的方向和任务,"从 70 年辅导员队伍建设的主流来看,服务于学生成长发展的需要始终是队伍建设的价值导向"②。

一、把握时代新人的内涵特质

时代新人是"社会主义建设者和接班人"在中国特色社会主义新时代的体现和要求。③ 从党的十九大报告的表述和教育部的一些文件表述来看,"有理想、有本领、有担当"是时代新人的培育指向和素质构成。

第一,培养"有理想"的中国特色社会主义事业建设者和接班人,是时代新人的政治诉求。习近平总书记在全国教育大会上深刻阐述了我国教育的根本任务与使命,是"培养一代又一代拥护中国共产党领导和我国社会主义制度、

① 习近平.高举中国特色社会主义伟大旗帜为全面建设社会主义现代化国家而团结奋斗——在中国共产党第二十次全国代表大会上的报告[M].北京:人民出版社,2022:34.
② 彭庆红,耿品.新中国成立 70 年来高校辅导员队伍建设的历史进程、总体趋势与经验启示[J].思想理论教育导刊,2019(8):132-137.
③ 刘建军.论"时代新人"的科学内涵[J].思想理论教育,2019(2):4-9.

立志为中国特色社会主义奋斗终身的有用人才"①。在党的二十大报告中,习近平总书记再次强调:"广大青年要坚定不移听党话、跟党走,怀抱梦想又脚踏实地,敢想敢为又善作善成,立志做有理想、敢担当、能吃苦、肯奋斗的新时代好青年。"②为党的事业奋斗终身的理想信念是时代新人的立身之本,高校教育首要的就是要引导学生坚定不移地以实现中华民族伟大复兴为己任。

第二,培养"有本领"的中国特色社会主义事业建设者和接班人,是时代新人的内在要求。马克思说过:"全部人类历史的第一前提无疑是有生命的个人的存在。"③时代新人首先是作为个体的现实的存在,自然将个体实现自身全面发展的愿望作为最基础最本质的要求。高校教育应把握时代新人的本质,掌握个体全面发展与新时代发展同频共振的规律,培养学生在德、智、体、美、劳各方面都符合新时代发展要求。

第三,培养"有担当"的中国特色社会主义事业建设者和接班人,是时代新人的价值标尺。时代新人的政治诉求和内在要求都必须外化并表现为其使命担当与功能作用,因为人的全面发展只有在实践中才能得到充分体现。因此,把握时代新人的内涵特质还是要聚焦"担当民族复兴大任"的目标指向,能否在实现中华民族伟大复兴的实践中体现"有担当",这些是衡量青年是不是时代新人的根本标准。

二、以引领和助力学生全面发展形塑时代新人

培养"有理想、有本领、有担当的时代新人"是高校德育共同体的价值目标,是高校落实立德树人根本任务的起点和落脚点。理清"有理想、有本领、有担当"的素质构成是形塑时代新人的前提,但更为艰巨和重要的是高校如何完

---

① 坚持中国特色社会主义教育发展道路 培养德智体美劳全面发展的社会主义建设者和接班人[N].人民日报,2018-09-11(1).

② 习近平.高举中国特色社会主义伟大旗帜为全面建设社会主义现代化国家而团结奋斗——在中国共产党第二十次全国代表大会上的报告[M].北京:人民出版社,2022:71.

③ 马克思,恩格斯.马克思恩格斯全集:第1卷[M].北京:人民出版社,2012:146.

成这个时代课题。习近平总书记在全国教育大会上强调，要在坚定学生理想信念、厚植学生爱国主义情怀、加强学生品德修养、增长学生知识见识、培养学生奋斗精神、增强学生综合素质上下功夫，助力学生成为德、智、体、美、劳全面发展的社会主义事业建设者和接班人。辅导员作为高校德育共同体的关键主体，理应思考在前、行动在先，引领和助力学生德、智、体、美、劳全面发展。

第一，辅导员要深度参与课堂教学，着力培养"有理想"的时代新人。增强高校思想政治教育质量的关键在课程，关键在教师。当前，高校辅导员普遍担任《思想道德与法治》《形势与政策教育》等课程主讲教师，应坚持在教学中做较少的知识转译工作，要善于把握学生认知规律和接受特点，创新教学形式，引导学生发挥主体性作用，增强课程的亲和力和针对性。要加强价值辨析教育，在课堂上把爱党爱国的道理讲深讲透，引导学生从理性认知上理解"为什么要爱党爱国，怎样才是爱党爱国，如何去爱党爱国"，增强课程的思想性和理论性。正如习近平总书记所言："思政课的本质是讲道理，要注重方式方法，把道理讲深、讲透、讲活，老师要用心教，学生要用心悟，达到沟通心灵、启智润心、激扬斗志。"①

第二，辅导员要深度推进素质教育，着力培养"有本领"的时代新人。党的二十大报告提出："加快建设高质量教育体系，发展素质教育。"②对高校而言，着眼于大学生德、智、体、美、劳全面发展的素质教育不能脱离爱国主义这个根和魂。辅导员要当好学生素质教育的导师，将解决学生思想问题与解决学生实际问题相结合，始终围绕学生、关照学生、服务学生，引导学生培养综合能力，锤炼"有本领"。例如浙江大学辅导员工作室在增强学生综合素质上下功夫，侧重在价值体认、责任担任、问题解决、创新实践等方面，不断提高学生的

---

① 习近平.习近平在中国人民大学考察时强调：坚持党的领导传承红色基因扎根中国大地 走出一条建设中国特色世界一流大学新路[N].人民日报，2022-04-26(1).

② 习近平.高举中国特色社会主义伟大旗帜 为全面建设社会主义现代化国家而团结奋斗——在中国共产党第二十次全国代表大会上的报告[M].北京：人民出版社，2022：34.

思想水平、政治觉悟、道德品质和文化素养。

第三，辅导员要积极引导实践养成，着力培养"有担当"的时代新人。新时代思想政治教育不能仅停留在理论教育层面，还要引领和指导学生知行合一。辅导员与学生有着最亲密的关系，是学生的"知心朋友"，要善于将思想政治教育生活化，在生活交往中让大学生认识到"榜样不在天边，榜样就在身边"。一方面是辅导员自身要"有担当"，遇事不推诿，遇难不退避，使学生"见贤思齐"，做好学生的榜样。另一方面，要从学生的身边事、身边人出发，培育学生扎根西部、扎根基层、扎根人民的意识，建设好大学生志愿服务西部计划、高校毕业生基层成长计划、青年马克思主义者培养工程等育人平台，有针对性地为学生提供实践平台和实践方案。浙江大学辅导员群体建立的马兰工作室就是以加强学生理想信念教育为着力点，为学生"内化于心，外化于行"的实践提供平台支持，为高校培养"有理想、有本领、有担当"的时代新人提供实践样板。

多元主体协同育人的"强驱动"

德育共同体是主体交互性建构的关系共同体，它强调突破传统德育单一主体的桎梏，而转向现代德育多样主体的向度重构。马克思认为人的全面发展是以交往为前提、动力和根基的，"个人的全面性不是想象的或设想的全面性，而是他的现实关系和观念关系的全面性"①，"一个人的发展取决于和他直接或间接进行交往的其他一切人的发展"②。德育共同体的主体涉及个体层面的教师和学生以及群体层面的不同群体，彼此通过积极对话、持续反馈形成交往关系，在持续交往互动中既实现培养时代新人的价值目标，也促进主体自身的德性养成和全面发展。我们要认识到德育共同体作为关系共同体的实质，

---

① 马克思,恩格斯. 马克思恩格斯全集:第 46 卷[M]. 北京:人民出版社,1980:36.
② 马克思,恩格斯. 马克思恩格斯全集:第 3 卷[M]. 北京:人民出版社,1960:515.

改变过去那种从一个主体（辅导员）或者多个主体（辅导员＋学生）局部着手推进思想政治教育工作的方式，基于多元主体的交互理性优化高校"三全育人"体系。

一、在多元主体的交互中筑牢"三全育人"体系

高校德育共同体的各类主体围绕培养时代新人的共同目标，在高校不同岗位上各自承担着相应职能，体现了以立德树人为中心，实现全员育人、全过程育人、全方位育人的战略要求。

第一，形成全员育人的共同体意识。德育共同体的多元主体因承担的职责不同发挥的作用也各不相同，广大任课教师是课程育人的责任主体，从事科研活动的教师是科研育人的责任主体，共青团组织是实践育人的责任主体，宣传部门是文化育人的责任主体，信息管理中心是网络育人的责任主体，心理健康教育中心是心理育人的责任主体，校院两级管理部门是管理育人和服务育人的责任主体，学生资助中心是资助育人的责任主体，校院两级党团组织、社团、班级、学生组织是组织育人的责任主体。辅导员可以说承担着上述所有育人职能，是各类主体交互关系中的交叉点。主体分工虽然不同，但始终聚焦培养时代新人的价值目标，全员育人，形成了高校思想政治教育的"十大育人体系"，事实上是全局性、整体性、系统性的德育共同体。

第二，提高全过程育人的共同体格局。习近平总书记在全国教育大会上强调，思想政治工作是学校各项工作的生命线。"线"具有连贯性特征，不能碎片化或孤立化，应当贯穿学生培养的始终而不能断。换言之，全员育人要体现在教育教学的全过程和学生成长成才的全过程，融入学生入学到毕业的整个过程并前延至中小学、后拓至终身教育，形成持续性的长效化的育人格局。

第三，建立全方位育人的共同体保障。当前，以大数据、人工智能等为标志的第四次工业革命正在深刻改变高等教育格局，对人才需求结构和未来学习模式产生着重大影响。与之相应的，时代新人的培养更为强调全面发展、终

身学习和整合协同育人,更加注重全方位、全领域、全要素的有效覆盖。这就在客观上要求高校突破长期以来形成的学生培养上的矛盾,即以专业教育为依托的智育逻辑和以思想政治教育为依托的德育逻辑之间的壁垒,转而建立"十大育人体系"多维并进、互动互补、整合融通的全方位育人的共同体保障。

二、辅导员是全员育人的交叉集,应主动协同其他主体做好育人工作

从各类主体承担的工作职能来看,辅导员是全员育人的交叉集,"十大育人体系"中的任何一项工作都直接与辅导员相关。辅导员在"三全育人"的特殊地位和作用,体现在他们"已经是独立承担全程全方位育人的唯一主体,并且在全员育人中居于落地者、协同者和跟踪者的重要地位","在现有的高校人才培养体系和模式下,离开辅导员队伍,'三全育人'就会沦为无法落到实处的空话或幻想。"①因此,辅导员应当主动做好协同工作,成为筑牢"三全育人"体系的"强驱动"。

第一,辅导员要做全员精准育人的"强驱动"。全员育人不仅是共享价值,更要将育人职责落到实处。辅导员可以根据时代新人的目标指向和素质构成,结合德育共同体不同主体的工作属性、内容范畴、服务对象,建立特殊性与普遍性相结合的育人责任清单。辅导员根据学生特点建立学生个体或群体的育人清单,可以使其他育人主体更加明晰工作的指向性和针对性,明晰工作的着手处和落脚点,驱动他们共同完善德育共同体发展的行动自觉。

第二,辅导员要做全过程有效育人的"强驱动"。辅导员从事的思想政治工作本质上遵循一种"规范性逻辑",其工作宗旨、工作目标、工作内容、工作要求等都是有规范性和标准性的,而其他主体的教书育人、科研育人、管理育人等工作虽然也有基本要求和根本规范,但主要遵循一种"知识性逻辑",享有较

---

① 朱平.高校"三全育人"体系协同与长效机制的建构——以全员育人为中心的考察[J].思想理论教育,2019(2):96-101.

大的专门性和自主性。德育共同体要实现思想政治教育融入教育教学的全过程，就会面临这两种逻辑的矛盾。这就在客观上要求辅导员承担主动性，自觉建立学生成长档案，为每个学生或每类学生群体建立"画像"，有效衔接大中小学、本科阶段与研究生阶段、在校期间与毕业之后以及跟踪终身教育。档案的资料应当来自所有育人主体的及时反馈，建立"一生一档"机制，这个过程需要辅导员的定时定期跟进收集。

第三，辅导员要做全方位联动育人的"强驱动"。人的思想观念是以耗散结构方式生成和存在的，"每个人的思想观念也因此而打上了各具自身特点的社会交往关系的烙印"①。德育共同体的多元主体交往不是机械地应对具体任务的交往关系，它必然包括不同育人观念之间的信息交流关系，是全面性交往关系。其交往关系的核心点是学生，关键点在于"全面提高人才培养能力"。辅导员具有驱动学生"需求侧"和教师"供给侧"协同联动的优势，能够着眼学生"关心什么"、聚焦学生"需要什么"、立足帮助学生"解决什么"，拓展课程、科研、实践、文化、网络、心理、管理、服务、资助、组织等工作在育人空间上的全覆盖。

自身潜能的"重新发现者"

德育共同体是多元主体集体协同生成的实践共同体，"主体、主体性不是先验和预成的，而是在实践中生成、确证和提升的"②。思想政治教育、理想信念教育、爱国主义教育不经由实践，很难真正被人感知、理解，也难以进入个体的自我认知体系，无法实现培育时代新人的独特功能。然而，不管是作为主体的教师还是作为主体的学生，他们在实践过程中都具有主体选择性。教师主

---

① 王习胜."三全育人"合理性的逻辑诠释[J].思想教育研究，2019(3):52-53.
② 任少波，楼艳.论高校德育共同体的三重意蕴[J].高等教育研究，2018(8):86-90.

体(主要是高校内部的辅导员和"十大育人体系"的所有责任主体)愿意为培养时代新人付出多少努力、付诸多少行动、彼此协同到什么程度在根本上是由这些主体自身决定的,而学生主体接受什么、不接受什么、接受多少也是由学生主体自己决定的。所以,协同实践本质上是激发主体主体性的过程,是多元主体在交互中逐步从被动完成具体任务转向主动协同育人的实践过程。这就要求主体从外部的"角色规定"转向内在的"角色认同",不断加深对自身在德育共同体中的角色认知。

一、在协同实践中深化作为德育共同体关键主体的角色认知

辅导员是高校思想政治工作的骨干力量,但是辅导员客观上具有的重要角色和现实中的辅导员是否能够胜任这些角色职能,是两个不同的问题。客观上要求激发辅导员作为高校德育共同体关键主体的主体性,引导他们在协同实践中深化角色认知。

第一,辅导员要在协同实践中加深对德育共同体的理解。中国特色社会主义大学的独特性体现在它的思想政治教育重要性上,思想政治教育关乎中国高校的办学方向和办学质量,意识到它的极端重要性有助于加深辅导员对自身职业角色重要性的认识。

第二,辅导员要在协同实践中升华多元主体"交叉集"的角色认知。高校传统的办学思想和办学理念赋予师生的职能相对稳定并可预测,而新时代高校办学面临着育人主体演进、育人环境变迁、育人方式调整等变化,有些变化还难以预料。辅导员的工作从根本上说就是做人的工作,他们与学生的交往互动涉及学生学习生活的各个阶段、各个人群、各个场域,在不同的时间和空间上与不同主体围绕学生成长成才产生"交叉集"。这对主体行为的协同性要求更高,更强调主体在实践中随时应对协同的配合与同步。既要求各主体在时间上的配合与同步,针对学生成长的不同阶段遵循共同的时间参与;也要求各主体在空间上的配合与同步,在校内课堂、宿舍、活动室、社会课堂等各场域

形成同步。这个参与的过程也是辅导员不断升华自身角色认知的过程。

二、在实践中加深辅导员职业认同，促进主动协同的行动自觉

德育共同体强调每个主体的主体性，不仅指向学生的成长，还包括辅导员在内的教师主体自身的成长。辅导员如果只是规范地履行好角色职能，还不足以把握思想政治教育实践的本质。辅导员需认识到这种愿景只有与自己投身其中的道德认知和德性养成相结合，才能发挥好全员育人"交叉集"的作用。换言之，教育者要先受教育，在教育实践中不断坚定信仰、培养德性、提升自我。

第一，要唤起辅导员对思想政治教育的深层理解。辅导员以思想政治教育为主责主业，它从产生之时就被赋予了强烈的政治性和意识形态性，辅导员的一切工作都应围绕培养"时代新人"目标展开。同时，辅导员与其他主体（包括学生）在交往中积极对话，增长知识，发展专长，逐步深化对德育目标和职业职能的理解与认知，并将这种认知内化为自身的德性养成行为。

第二，要激发辅导员对职业角色的高度认同。职业专业认同体现的是"个体对自己作为专业人员身份的辨别与确认"[①]，其本质是个体在群体中突显职业角色特征并表达"做到最好"的主体诉求，它更关注个体在群体中的差异性。要注意的是，高校赋予全体辅导员的职业权威性是相同的，但他们在性别、年龄、学科、学历、职务、职称等方面的不同，又使辅导员角色具有显著的象征性差异。辅导员角色对该群体的责任、权利、规范都有制度上的"物化投射"，但这只是称谓上的类型一致性，也就是说大家共同享有"辅导员"这个称谓。但在其"物化"角色的背后，辅导员存在教育经历、习惯、认知、经验上的差异。共同体强调个体主体性凝聚成的群体关系，是融会不同个体的差异性，触动辅导员对履行角色职能的觉察、反省和调节。要使辅导员形成"我们"（同是高校德

---

① 张军凤.教师的专业身份认同[J].教育发展研究,2007(7):39-41,46.

育共同体的一员）角色的共同体概念，发现并深化德育共同体成员间彼此认同、平等、支持、帮助、信赖、互促的关系，能够参与关系并发展关系。

第三，要引导辅导员对集体协同的行动自觉。持续的、自觉的、深层的合作与互动是导向共同体长久发展的动力源，要先激发辅导员真正协同合作的意愿和主动性，在有形场域通过各个空间维度的德育活动形成交流与共享机制，在无形场域围绕实现立德树人根本任务的共同愿景，主动对话与协商，形成共同体的内生文化。同时通过交流和分享，将个体积累的实践性知识汇聚起来，针对学生培养构建群体共享的"技艺库"。

辅导员加深对中国高校德育共同体的理解认知，也是辅导员自身接受再教育的过程，是辅导员对角色定位的知、情、意、行的不断发现和不断提升，这是在与德育共同体其他主体的交往互动、沟通协作、集体实践中实现的。辅导员在和其他主体的交往中，不断找到"镜中我"的自我认知，不断深化对思想政治教育的理解，不断坚定信仰、培养德性、提升自我，成为培养时代新人的坚强力量和保障。

第十四章　德育主体交互关系的共同体实践[①]

解读一　思政理论课教师与辅导员
协同关系的建构

　　思想政治理论课教师与辅导员协同育人是德育共同体多元主体集体协同实践的重要体现。推进思想政治理论课教师与辅导员协同育人,为德育共同体多元主体协同关系的建构提供了案例。双方工作对象的一致、目标的契合、性质的相似,都承担了促进学生成长、落实全员育人、推动自身发展的职责任务。两支队伍开展协同育人并非一方附属于另一方,而是发挥各自优势达到双轮驱动、异法同道的效果。当前,双方协同育人的障碍在于体制运行分轨、协同动力不足、协同抓手较少、长效机制缺失。两支队伍协同的基本模式是建立基于专题教学的课程小组制和基于专职教师的班级负责制,以信息共享、资源共用为基本抓手,以知行互动、时空互动为基本组织形式。

---

　　① 代玉启.思想政治理论课教师与辅导员协同育人探究——基于"思想道德修养与法律基础"课程的思考[J].思想理论教育导刊,2018(9):139-142;代玉启,李济沅.高校班集体本质的时代拓展及其有效实现[J].思想教育研究,2019(3):110-113.

　　思想政治理论课作为大学生思想政治教育的主渠道,近些年取得了可喜的成绩。与此同时,进一步加强和改进思想政治理论课教学依然是十分紧迫的工作,而加强思想政治理论课队伍建设显得尤为关键。研究表明,"大学生思想政治教育工作队伍建设绝非仅是队伍成员的数量和成分的问题,而更主要是队伍成员间的机制构建和结构优化的问题。后者应是大学生思想政治教育队伍建设的重点和关键内容"①。思想政治理论课教师队伍和辅导员队伍都是德育共同体的重要主体,依托思想政治理论课与辅导员协同育人能够为改进思想政治理论课教学提供新思路,演奏好高校思想政治理论课的大乐章。

协同关系建构的必然性分析

一、可能性

　　思想政治理论课教师与辅导员都是高等学校教师队伍的重要力量和大学生思想政治教育的骨干力量,都是德育共同体的主体。前者是中国共产党的理论、路线、方针、政策的宣讲者,是大学生健康成长的指导者和引路人,后者是开展高校学生日常思想政治教育和管理工作的组织者、实施者和指导者。不难发现,尽管思想政治理论课教师与辅导员工作的理念、定位、形式、方法有所不同,但两支队伍共同的工作对象——大学生,一致的教学目的——立德树人,相似的职业特性——思想政治工作,使得两支队伍具备协同育人的可能性。

　　"思想道德与法治"课以社会主义核心价值观为主线,以理想信念教育为

---

　　① 客洪刚.高校辅导员队伍与思政课教师队伍交流机制研究[J].教育科学,2011(6):70-73.

核心，以爱国主义教育为重点，帮助学生提高学习、交往、心理调适、恋爱、职业规划、法律等方面的能力或素养，尽快适应大学生活，正确认识各种困惑和苦恼，形成正确的人生观、价值观、道德观和法制观，加强自身的思想道德和法律修养，为四年的大学生活打好基础，更为未来较好地适应社会生活和取得良好发展而服务。该课程教学目标与辅导员育人目标一致，都指向培养"有理想、有本领、有担当"的时代新人，这为辅导员参与课程教学提供了可能。课程内容的基本特点是理论与实践相结合，与学生发展过程中面临的现实问题有极强的关联性，但专职思想政治理论课教师由于与学生交往不足，因而对于学生现实问题的论述和剖析或缺失、或难以让学生信服，"有意义"的内容未能变得"有意思"，将辅导员实质性地引入本课程的教学活动进而做到双方协同育人，则能较好地弥补这一缺憾。因而，"思想道德与法治"课可以成为思想政治理论课教师与辅导员协同育人的重要载体。

二、必要性

习近平在全国高校思想政治工作会议上指出："整体推进高校党政干部和共青团干部、思想政治理论课教师和哲学社会科学课教师、辅导员班主任和心理咨询教师等队伍建设，保证这支队伍后继有人、源源不断。"①思想政治理论课教师与辅导员协同育人是推动德育共同体和谐发展、推进思想政治工作的必由之路。

一是促进学生成长的迫切要求。学生成长的内在诉求与德育的培养目标是一致的，即归根结底都是促进学生的全面发展，而全面发展本身需要两支队伍协同育人的支持。思想政治理论课教师对学生发展提供的是理论引导和方法论支持，而学生成长面临的是鲜活的现实世界，当其在生活中遇到现实难题彷徨无助时，当其无法用所学理论指导实践、用感知的实践检验理论时，与学

---

① 习近平.习近平在全国高校思想政治工作会议上强调：把思想政治工作贯穿教育教学全过程 开创我国高等教育事业发展新局面[N].人民日报，2016-12-09(1).

生接触较多的辅导员可以借助思想政治理论课的重要载体，充当情感传输的纽带，帮助学生在知与行、理与法、人与我的关系探究中收获新知、加深感悟。

二是落实全员育人的本质体现。全员育人的理念不仅体现在课堂教学中，更离不开实践活动一点一滴的潜移默化的作用，其顺利开展离不开全方位育人、全过程育人的保障。只有思想政治理论课教师与辅导员协同配合，才能真正依托课堂教学、实践锻炼、校园文化等多重育人渠道，培养学生德智体美劳全面发展的素质体系，最终形成育人合力。

三是推动自身发展的内在之需。通过协同育人，思想政治理论课教师在与辅导员集体备课、交流讨论的过程中加深对学生的了解，有利于改变思想政治理论课过分拘泥于知识传授的客观现实，增强思想政治理论课教师把握学生实际的可能性，最终成为理论与实务兼通的"专家型"思想政治教育者。通过协同育人，辅导员在备课、授课的过程中提高理论素养，有利于辅导员的职业化、专业化发展，最终成为既懂思想政治教育实务又懂思想政治教育理论的"专家型"辅导员。

协同关系建构的障碍评估

一是体制运行分轨。当前，高校开展思想政治工作尚未形成统一协调的大布局，"大思政"体系仍处于建设中。思想政治理论课教师与辅导员分属不同部门，前者一般隶属于马克思主义学院（或思想政治理论教研部），由其考核评价，后者则由党委学生工作部指导、辅导员所在院系具体管理。在科层制、分类管理日渐流行的今天，两支队伍互相联系较少，交流契机不多。

二是协同动力不足。长期以来，思想政治理论课教师形成了"单兵作战"的惯性，多年来单独备课、单独授课的习惯使其不愿与其他思想政治理论课教师或辅导员开展协同教学，而传统的考试评价方式也使得思想政治理论课教师较为排斥集体评价学生成绩的方式，部分专职教师存在抵触与辅导员共同开展教学活动的情绪。辅导员由于日常事务性工作的繁忙，且学历背景大多不是马克思主义理论类，对于思想政治理论课教学不够熟悉，客观上缺少教学热情，因而也大多不情愿承担思想政治理论课教学任务。

三是协同抓手较少。辅导员与思想政治理论课教师开展集体备课、思想政治理论课教师与辅导员共同参与指导学生实践、读书会等活动，是双方协同育人的基本抓手。但就目前而言，缺乏更有效、更长久的协同抓手，双方开展协同育人的平台依然缺失。拓展平台、拓宽抓手是亟待解决的重要问题。

四是长效机制缺失。当前，思想政治理论课教师与辅导员协同育人，尤其是辅导员参与思想政治理论课教学缺乏长效机制保障。虽然辅导员通过教学、科研活动可以获得职称晋升，但双方之间仍存在难以跨越的屏障，辅导员更多是被动参与教学的状态，投入教学的时间、精力远远不够。缺乏激励机制的协同育人，持续发展的空间有限。

协同关系建构的模式探讨

一、基本定位：双轮驱动、异法同道

《说文解字》中提到"协，众之同和也；同，合会也"。协同是指两种或两种以上的资源协同一致有序地完成某项目标。思想政治理论课教师与辅导员协同育人，不是完全融合为一支队伍，不是一方附属于另一方，而是发挥两支队伍各自优势，避免各自劣势，在工作理念、思路、方式、载体等方面互补、支持，达到双轮驱动、异法同道的效应，提升大学生思想政治教育的时、效、度。

二、基本模式：专题教学制、班级负责制

协同育人首先是思想政治理论课教师之间的协同，即不再是一人讲到底，

而是将课程内容专题制,各思想政治理论课教师根据自身专业优势,实现课程合作、资源共享、优势互补,找到适合讲、善于讲的内容,实现教师与内容、方法的匹配。在此基础上,思想政治理论课教师与辅导员开展协同教学,两支队伍集体备课、分别授课或联合授课,使思想政治理论课的内容和形式更接地气,更适应时代的变化,更能引起青年学生的兴趣。在备课环节,双方共同参与,讨论和确定课程内容的重点难点,思想政治理论课教师给辅导员提供各章节涉及的理论热点难点,辅导员为思想政治理论课教师提供教学涉及的学生诉求、教学案例;在授课环节,思想政治理论课教师与辅导员各承担(或联合承担)各自适合的教学内容。以"思想道德与法治"课为例,如适应大学生活、处理人生矛盾、就业创业教育等专题较为适合辅导员授课,理论色彩较为浓厚的法律专题、中国精神专题较为适合思想政治理论课教师授课。最后,思想政治理论课教师与辅导员按计划协作教学,讲出精彩的内容,提升学生的获得感和满意度,二支队伍共同评价学生总评成绩。

具体而言,协同育人的模式是建立基于专题教学的课程小组制和基于专职教师的班级负责制。一方面,课程小组制即建立由"思想政治理论课教师1+思想政治理论课教师2+辅导员+助教"组成的若干课程小组,各小组间可以交叉,承担各个班级的教学,每位思想政治理论课教师或辅导员负责3—4个专题的教学活动,发挥思想政治理论课教师与辅导员各自的专业优势或工作优势。另一方面,实行班级负责制,即由其中一位思想政治理论课教师负责整个班级教学的组织工作,除承担自己的专题教学外,还需承担绪论和结语部分。以某班级的"思想道德与法治"课为例,思想政治理论课教师1负责绪论章、第二章、第四章及结语教学,同时负责整个班级教学的组织工作,思想政治理论课教师2负责第五章、第六章、第七章、第八章教学,辅导员负责第一章、第三章教学及日常的讨论、实践活动等内容,平时作业及教辅工作由助教协助各教师进行,期末成绩由平时成绩和三位教师集体评议。

三、基本抓手：信息共享、资源共用

信息共享、资源共用是思想政治理论课教师与辅导员协同育人的基本抓手。思想政治理论课教师与辅导员具有不同的教育背景、工作经历，也掌握着不同的信息资源，通过辅导员可以了解学生最新的思想动态和兴趣爱好，借力思想政治理论课教师能够加强了解最新的学术动态，加深对理论知识的理解程度，双方优势互补能最大程度上推动协同育人。例如，浙江大学 2016 年首次推出了面向新生的"新生养成教育 MOOC（慕课）课程"，在新生报到前 1 个月通过网络平台学习"浙大初印象、校园补给站、漫漫求知路、在浙亦在乡、未来任我行、规矩成方圆、活动全能秀、浙里正青春"等内容，帮助新生融入大学校园。这些内容同"思想道德与法治"课程的绪论部分有不少交叉重合之处。如果思想政治理论课教师不关注、不熟悉学校新生教育的相关安排与内容，在绪论中再详细讲授类似内容，不仅浪费时间、意义不大，而且可能引起学生的逆反心理。

四、组织形式：知行互动、时空互动

知行互动、时空互动是思想政治理论课教师与辅导员协同育人的基本组织形式。知行互动强调通过理论与实践两个平台推进学生思想政治素质提高。"思想道德与法治"课程具有较强的实践性特征，与学生的实际生活关联度较高，不是纯知识性的课程。将课堂内与课堂外、教材内与教材外结合起来，既讲授思想道德与法律基础方面的基本知识，又开展校园内外的思想道德与法律实践，才能让学生加深认识、增强感悟。在这一点上，辅导员与思想政治理论课教师可以携手做许多工作。时空互动强调思想政治理论课教学要利用好线上、线下两个平台，借助慕课等互联网技术做好课前、课后的反馈交流，拓宽学生学习空间，督促学生自主学习，努力为学生提供更丰富优质的学习资源。

协同关系建构的推进策略

一、创新理念：由自发走向自觉

第一，超越思维定式。为了增加协同育人的自觉性和实效性，思想政治理论课教师与辅导员需要超越只着眼于具体工作的思维定式，将工作、教学、研究三者有机统一。双方需要充分认识到，其各项工作的最终目的都应该围绕着育人展开，日常工作、教学、研究并不冲突，三者之间存在递进关系，日常工作中的经验、案例可以为教学所用，教学中所获得的理论提升能够为研究打下基础，也能够指导日常工作。与此同时，协同开展科研工作所积累的认识问题、分析问题的能力对于从事教学和日常工作也大有裨益。

第二，超越事务主义。所谓事务主义，是指为日常琐碎性事务所累，缺乏工作计划、不区分工作主次重点的工作思维和作风。当前，无论是思想政治理论课教师疲于授课、只见课不见"人"，还是辅导员整日忙于日常管理服务，都是事务主义的典型表现。双方都需要区分工作重难点，将常规工作程序化、特色工作精致化，为自己预留学习、"充电"、研讨的时间。

二、理顺机制：排除障碍壁垒

第一，管理机制。将思想政治理论课教师与辅导员纳入统一机制内进行考核评价，合理划分双方的权利、责任，推动两支队伍的融合、互补。例如，探索将辅导员的教学、科研、职称评审纳入马克思主义学院考核评价内，与思想政治理论课教师的教研评价统一进行，对于辅导员课题申报也予以相应的奖励；将经试讲考核等环节通过的副教授以上职称的辅导员，纳入马克思主义学院师资队伍，建立辅导员主讲思想政治理论课的长效机制；支持思想政治理论课教师参与辅导员相关工作，如担任兼职辅导员、班主任等，或到学生工作部门挂职。

第二，共享机制。构建长效的资源共享机制，就是为思想政治理论课教师与辅导员沟通交流提供固定的研究、实践和学习平台，提高他们的业务水平。例如，规定辅导员定期参加思想政治理论课集体备课、课堂教学活动，讨论热点难点问题；鼓励思想政治理论课教师担任学生社会实践、学生社团、学科竞赛、创新创业大赛等项目的指导教师；思想政治理论课教师为辅导员定期进行理论培训，辅导员与思想政治理论课教师分享典型的学生案例，两支队伍就互相关心的议题合作开展科研活动，对个别学生的异常言行邀请思想政治理论课教师展开针对性的思想政治教育。

解读二　班级共同体建设

以德育共同体理念理解和建构班集体，激发班级成员的积极主动性，进而满足和实现其共同需要，是新时代班集体建设的题中应有之义。德育共同体理念指导下的班集体建设，应当实现从"我—你"到"我们"，从管理到治理的转变。重构班主任、辅导员在班集体中的角色，以文化建设为引领营造班集体氛围，优化班集体治理模式，拓展班集体建设载体，是班级共同体建设的基本抓手。

班集体是高校思想政治教育的基本载体和重要抓手。受苏联教育模式的影响，以往我们侧重从组织学、管理学角度看待班集体，将其视为基于年龄、文化程度、专业性质等因素相似性而联结并服务于一定管理需要的教学单位。这种从管理角度来理解班集体的传统认识，将教育对象置于被管理层面，难以适应学生发展的需要，也与新时代社会发展潮流相背离。立足于对学生发展多维需求和社会发展整体态势的把握，我们需要对高校班集体本质的认识有所拓展。

班集体本质的时代拓展

在人们传统的认识中，班集体和班级往往等同，其实二者存在一定的差别。班级是校内行政部门依据一定的编班原则（如专业、年级等），将一定数量的学生编成的正式机构和组织。通过班级开展学生事务管理并进行思想引领、价值引导，是全程育人、全方位育人的题中之义。班集体不是人员的简单组合，而是相互间的融合，并在此基础上形成紧密相连的整体。在很长一段时间内，班集体作为高校育人的基本载体和依托，发挥着基石性的作用。这一作用的发挥至少包含以下三个由浅入深的层次：作为管理载体的班集体、作为互助组织的班集体、作为微观生态的班集体。作为管理载体的班集体，是日常思想政治工作的重要抓手，理论学习、奖助贷补、党团建设等繁杂的学生事务工作，都需要班集体来落实；作为互助组织的班集体，让作为个体的学生尤其是大一新生有一定的归属感，通过"抱团取暖"体味到集体的力量和自身的存在感；作为微观生态的班集体，在点滴之间甚至于无声处发挥成风化人的功效。

然而，随着网络的不断发展，多样多变的资讯让信息获取变得便捷无比。在这种情况下，传统的通过"学校—学院—年级—班级"一维传输信息的方式已成为历史，班集体的权威性在降低。而随着校园文化的日渐丰富，学分制下的选课制和社团活动异彩纷呈，带来学生关注点、兴趣点的分散，对于学生的日常生活而言，班集体不再具有不经思考即能想起的不可替代性，"有事找班主任、找班长"不再成为必然选择或第一选择。班集体是社会主义大学的显著特征和重要优势，目前来看没必要也不可能取消。那么，结合实际，该如何优化班集体的定位,调整班集体的功能呢?

我们可以从"共同体"视角来审视班集体。无论是社会学强调建设以异质性和利益驱动为主导的现代社会,还是政治学追求以至善原则构建政治国家,都认为"共同体"是多重主体基于共同的目标、价值追求、精神信仰,通过一定的情感交流和社会联结而形成的有机体。班集体概念本身蕴含着致力于共同体建构的要求,两者在价值追求上具有契合性。从发生学的角度看,班集体的形成主要是基于一定的共性因素(专业一致或类似);就发展的视角而言,班集体组建后得以发展壮大得益于成员间拥有共同的利益和诉求,这些都与共同体的追求基本一致。在今天,拓展班集体的本质需要将对班集体的理解由被动形成转向主动建构。班集体不再是单纯基于某些组织和管理原则被动形成的管理载体、互助组织、微观生态,而是具有多维目标、需要持续培育和发展的共同体。

班级共同体是班级成员(不仅包括学生,还包括相关的教师)在平等基础上建立的,以成员彼此之间有效交流与沟通为手段,以实现共同愿景为目的的组织。① 一方面,班集体成员具有共同追求成长进步的诉求,这使班集体具备了联结成为共同体的现实可能性;另一方面,从思想政治工作角度看,当代学生拥有多样化的利益诉求和价值追求,需要多重形式的联结纽带。共同体成员间往往具有更紧密的利益需要、更频繁的交往机会。因而,以共同体的理念理解和建构班集体能激发班级成员的积极主动性,进而满足和实现其共同需要。这种共同需要既包括个体需要,也包括集体需要;既包括近期需要,也蕴含着长远需要。

---

① 徐金海.对班级共同体的理性思考[J].湖南师范大学教育科学学报,2009(3):58-60.

班级共同体本质的基本指向

一、从"我—你"到"我们"

班级共同体构建的核心是形成共同体意识,从"我—你"到"我们"转变的关键是寻找双方认同的共性因素。这种转变的实质,是为了提醒与警示辅导员、班主任、班干部不应将自己置于天然的班级管理者角色,也是为了扭转部分学生在头脑中把自己置于班级管理中被动地位的观念,使其认识到自己也是班集体建设中的主动建构者。如果班集体成员能认识到自我成长离不开共同体,共同体成员间共同的交流学习能最大效率地促进个人进步,那么他们将不再寻求逃离班集体,而是主动融入班集体。这是班级共同体意识形成的基础。

从共同体的社会本质属性维度看,班集体具有形成共同意识的现实条件。虽然互联网和信息技术的飞速发展,突破了传统社会中获取信息的相对固定和单一方式,人们可以快速便捷地获取知识、交流信息。但是,班级共同体作为学习交流的重要场所依然具有重要价值。共同体本质上是人与人在社会交往中逐步形成的,个体增加智识、塑造德性的目的也体现在社会关系中,只有在交往中人所获得的进步和提升才有真实意义。

从班级共同体建设的内容维度看,促进知识增长、德性养成是班集体成员的共同诉求,也是班集体形成共识的价值基础。通过成员间平等的交流、沟通、对话,班级共同体可以有效促进成员间取长补短进而共同学习进步,以文化人进而凝聚共同理想,见贤思齐进而提升道德品行,心灵相通进而达成精神共识。因此,以德育共同体为指向,能够有效凝聚班集体成员的共识,促进班级共同体建设。

二、从管理到治理

传统的班集体建设主要依赖于自上而下的权威服从式管理,辅导员、班主任和班干部具有较大权威。而班级共同体理念下的班级建设,则是一种自上而下、自下而上、自左而右、自右而左的综合治理,强调共同体成员平等的社会地位和互惠互利、共同提高的关系。

在现代社会中,作为教育对象的大学生具有个性表达多样化、价值取向多元化的特点,且他们的主体意识不断增强、综合能力不断提升,由辅导员、班主任和班干部主导的班级治理模式正在渐行渐远。班级治理应在辅导员、班主任和班干部发挥作用的同时,充分促进学生主动性创造性的发挥。当面对多元利益诉求和多样价值取向的学生时,班级管理容易陷入管得过少或管得过多的两难境遇:管得过少容易使班级成为一盘散沙,在学生心目中可有可无;管得过多可能使学生产生厌烦感,逐渐疏离班集体。班集体建设需要避免不作为现象,也应当改变方式方法以避免管理过多导致的一系列问题。根据公共管理的一般理论,管得过多主要源于管理者没有抓住主要矛盾,在选择和判断时被个别事件、问题、利益蒙蔽,因而作出的决策难以赢得民意。"对于这些不同的利益诉求,只有在超然于其外的条件下才能找到其中最为关键的部分,才能真正理解具有代表性的公众意愿。"①班级共同体的治理模式本质上应该是一种文化治理,即基于文化认同来引导个体和集体的行为方式,建构包容性发展模式。

基于文化治理思维的班集体建设通过一定的纪律约束,发挥以文化人的功效,促进班集体成员的自我教育、自我管理、自我服务,实现基于契约原则的德治、法治、自治的统一。具体而言,这种文化治理主要通过制定班规的法治形式约束班集体成员的行为"不越红线";通过营造班风的德治形式使班集体

---

① 张康之. 论主体多元化条件下的社会治理[J]. 中国人民大学学报,2014(2):2-13.

成员认同一定的价值理念,引导其行为符合一定的规范;通过释放空间的自治形式赋予班集体成员充分的自主权,进而激发其主动性、创造性。

班级共同体的建设思路

一、重构班主任、辅导员在班集体中的角色

与之前的学习阶段相对比,大学班集体中各个角色(班主任、班干部、普通同学、辅导员等)的定位与内涵在悄然发生变化。大学班主任一般由专业课老师兼任,付出的时间、精力远远比不上小学、初中、高中阶段的班主任。大学辅导员也可以说是传统班主任角色的拓展和延伸。必须明确的是,班主任和辅导员依然是班集体建设的指导和管理主体,并且应该进一步在学生成长和发展过程中扮演知心朋友和人生导师的重要角色。这一作用的发挥要求班主任和辅导员在展现领袖气质中体现陪伴的温度,在扮演伙伴角色中彰显引领的高度。领袖,不是命令主义,而是让学生心悦诚服;伙伴,表明不高高在上,而是同伴同行。陪伴是引领的必要前提,引领是陪伴的重要意义,二者相互补充、相得益彰。班主任角色一直在学生心中具有较强的话语权威,在引领学生成长方面具有先天优势。辅导员在开展日常思想政治工作过程中逐渐与学生建立起强有力的情感联系,在陪伴学生成长方面积累了丰富的工作经验。领导力的真谛是将职位影响力与非职位影响力结合起来,并以非职位影响力为主。只有发挥人格魅力、道德感召力和情感凝聚力的作用,领导者才具有真正的领导力。[①] 班主任和辅导员在陪伴引领班级同学成长成才的过程中,应在人格魅力、道德感召力和情感凝聚力增强等方面下功夫,通过业务能力以及专业

---

① 李明,毛军权.领导力研究的理论评述[J].上海行政学院学报,2015(6):91-102.

领域话语权的提升形成独特的人格魅力，通过个人师德师风孕育出强大的道德感召力，通过对学生成长规律的深刻把握及情感倾注夯实集体的情感凝聚力，从而真正发挥引领和陪伴的双重作用。

二、以文化建设为引领营造班集体氛围

高校班级通常是根据专业或者大类进行匹配和编排，学风建设往往成为班集体建设的主要内容。显然，仅有学风建设既无法实现共同体理念下的班集体建构，也无法回应学生综合素质养成过程中对于班集体育人功能的现实诉求。学生发展的多维需要呼唤内涵饱满、形式丰富的班级共同体文化，班集体文化建设应该包含建设目标、组织制度、精神理念、环境氛围、成员情感等诸多方面。辅导员、班主任、班干部以及普通学生都可以在班集体文化建设的不同层面上发挥出主体作用。其一，班主任和辅导员应发挥专业特长。他们较高的学术水平、理论思维、业务能力会让学生对其产生尊重感和敬畏感，有助于带动凝聚班集体文化共识。其二，班干部要充分调动主观能动性，在班级各项工作中有意识地融入文化建设的"微元素"，例如班徽、班歌设计征集、寝室文化建设等活动。其三，班集体中各项素质突出的优秀学生也有用武之地，通过树立各方面的优秀典型能够促进班级整体文化氛围的营造。

三、优化班集体治理模式

从建制组成及架构设计上看，班级可以看作是一个层级压缩、功能简化的"微观"机构，因而也要遵循机构运行的一般逻辑。民主化和法治化运行对于班集体建设至关重要。民主化建设主要体现在班级事务的决策层面，民主决策的关键前提是集体中个体意见的有效表达和及时反馈，在集体决策的过程中既充分体现大多数人的意见又合理考虑个别人的意见。法治化建设体现于班级事务的建章立制，即结合班级的实际及班级成员的普遍诉求在学校及院系等上级各项规范制度的基础上进一步制定各项事务条例。这有助于更好地

规范班级同学的行为,高效优质地完成班集体承担的各项职能,更好地服务班级师生,例如班级章程、寝室公约等规范的制定都是班集体法治化建设的有益尝试。在班集体民主化、法治化建设过程中,也能够进一步培育大学生的民主意识和法治素养。

四、拓展班集体建设载体

近年来,高校学生社团组织蓬勃发展,社团活动丰富多样,已经成为大学校园一道亮丽的风景线。不可否认,学生社团工作对于充实第二课堂内涵,强化实践锻炼价值,提升学生综合素质具有重要意义,但不可避免地对学生心目中的班集体概念产生了冲击。① 从育人功能层面看,社团等学生组织其实是班级这一概念的拓展和延伸,是班集体功能的丰富化,但是班集体作为大学生思想政治教育重要载体的地位不会动摇,更不会取消。综合社团组织建设的成功经验以及班集体的组织优势,可以规划出班集体载体拓展的思路:其一,发挥平台优势,班主任、任课教师等除了在第一课堂上传授专业知识外,更要在文体活动、学科竞赛、社会实践等第二课堂的育人环节中深度参与;其二,紧密联系党团组织,实现牵引联动,实施党班团一体化建设,这有助于通过党组织和团组织对班集体成员进行思想引领;其三,立足于学生综合素质养成,铸就班级共同体德、智、体、美、劳协同提升的文化底色,助力班级成员的全面发展。

五、构建班集体思想政治教育中观理论

班级是开展大学生思想政治工作的基本单元,日常思想政治工作的各个环节基本都以班级为单位落实,然而辅导员、班主任在面向班集体开展宣传教育的过程中,可能会出现"上下一般粗"的弊端,陷入了简单照抄照搬的泥淖。当前,对于大学生思想政治教育,党和国家高度重视,宏观层面的要求很多,如

---

① 盛佳伟.新形势下高校班集体建设的思考[J].思想理论教育导刊,2014(5):139-141.

习近平总书记系列重要讲话和关于大学生成长成才的重要文件等；而在微观层面的学生实际状况，高校辅导员和班主任也基本能够把握得当，但是如何将大学生思想政治教育的宏观要求与学生成长成才的微观实际紧密结合起来、把宏观与微观贯通起来，目前中观理论的建构相对缺失，其落脚点应当在梳理归纳上级的文件政策和要求基础上，致力于养成在校大学生的公民人格，锻造堪当民族复兴大任的时代新人。只有将宏观理论的系统学习、深刻领悟，转变成学生易于理解的理论实际，才能帮助学生真正消化吸收。这需要高校辅导员和班主任具备较高的思想政治教育理论转化和话语转化的能力。习近平总书记的系列重要讲话，善于选取小切口、融入大视野，常用打比方、讲故事的方式阐述深刻的道理，这为高校辅导员和班主任提供了宝贵的指引，应该以"弱水三千只取一瓢"的理论厚度，以"身边人讲述身边事，身边事教育身边人"的实践路径，以灵动的表达形式和青春化的表达载体，构建起连接国家宏观理论与班集体微观实际之间的中观理论体系。

后　记

　　本书是研究团队在《高校德育体系新认知：共同体的实践》一书基础上，从2019年6月至今，围绕高校"德育共同体"展开的深入思考。在研究过程中，研究团队力求从不同的研究视角，采用价值哲学、伦理学、文化论、知识论、现象学、教育生态学、建构主义等多学科的观点分析问题，希望能在开放的学科交叉体系中产生新的观点，避免因局限于德育或思想政治教育系统内部分析问题所带来的短视。显然，本书并不刻意地构建完整的体系，而是选择当前高校德育面临的实际问题为研究对象，从不同的理论视角探讨解决问题的思路，以突出针对性。

　　研究工作由浙江大学党委书记任少波同志主持组织，他对全书的框架设计、学理逻辑、定稿内容进行了审定。引论部分由吕成祯、覃鑫渊、楼艳撰写，第一章、第五章由张彦撰写，第二章由吕成祯撰写，第三章由李明书撰写，第四章由单珏慧撰写，第六章由范宁宇撰写，第七章、第八章、第十二章由楼艳撰写，第九章由张威撰写，第十章由许占鲁、徐洁撰写，第十一章由曹政撰写，第十三章由楼艳、覃鑫渊撰写，第十四章由代玉启撰写。楼艳负责全书统稿工作，范宁宇、覃鑫渊承担了相应的编务工作。此外，本书的部分章节内容以论文形式在《教育研究》《高等教育研究》《思想理论教育导刊》《中国高等教育》《国家教育行政学院学报》《浙江大学学报（人文社会科学版）》《学校党建与思想教育》《学位与研究生教育》《思想教育研究》《思想政治工作研究》等期刊杂志上发表,并产生了一定的学术影响,在此一并表示感谢。

在研究过程中,研究团队参考了大量研究资料,先后召开了 20 多场交流讨论会,但理论研究永无止境。限于研究团队的学术水平,书中定有不少纰漏与不妥之处,敬请各位专家学者和广大读者批评指正。